"马克思主义理论学位点培优培育"
系列丛书

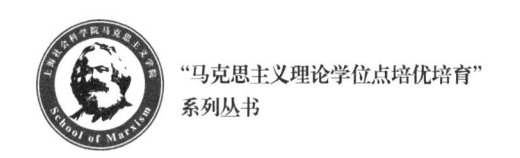

中国式现代化道路的生成逻辑研究

陈祥勤 马丽雅 来庆立 陈兰馨 / 著

On the Generation Logic of
Chinese Path of Modernization

上海社会科学院出版社
SHANGHAI ACADEMY OF SOCIAL SCIENCES PRESS

编委会

潘世伟　吴晓明　黄力之
陈学明　肖　巍　黄凯锋
刘　杰　沈桂龙

丛 书 总 序

潘世伟(上海社会科学院中国马克思主义研究所名誉所长　教授)

19世纪中叶,马克思、恩格斯完成了社会主义从空想到科学的根本转变。《共产党宣言》正是这一根本转变的标志。自那时起的175年里,一代又一代的接续者不断努力,沿着马克思、恩格斯奠基者的足迹,使社会主义从一种思想观念发展为阶级斗争、政党组织、社会革命、国家政权和文明形态。如果从更为深邃的意义上思考,社会主义的历史性运动呈现为三种形态。

基于资本主义生长点的原典形态。社会主义思潮诞生于欧洲,其从空想到科学的蜕变也完成于欧洲,这并非偶然。这一地区得益于资本主义的发展,从而在整个世界的发展中脱颖而出,一跃而成为最为先进的地区。欧洲那些主要的国家,凭着工业革命的先行优势,造就了全新的强大生产力。就其内部而言,一个新的统治阶级,即资产阶级傲然崛起。通过不同样式的资产阶级革命,相继在欧洲一系列国家获得了政权,与此同时构造了与之相匹配的社会架构、市场经济架构、政治架构、文化架构,以及现代民族国家架构。所有这些变革最终关闭了欧洲中世纪略显灰暗的大门,显示出早期资本主义现代化的绚烂光影。就其外部而言,这些现代化先行一步的欧洲国家,借助持续的殖民扩张,以军事战争、宗教传播、文化侵略等综合性手段,揭开了此后绵延百年的以欧洲为中心的全球化序幕。值得注意的是,这一时期欧洲的资本主义是内部发展与外部发展相互交织、互为条件的双重奏鸣:内部政治、经济、文化、社会的发展,推动和主导了外部扩张;外部扩张,反过来又极大地支撑和加固了内部的发展。欧洲资本主义如此多彩炫目的发展成就,遮蔽了当时大多数人的视野。悄然间,一个全新的社会主义思想正在孕育中破土而出。正是欧洲资本主义经济政治的发展,为马克思主义的形成创造了社会条件;工人阶级的成长壮大,以及主张自己利益的工人运动的兴起,为马克思主义的形成提供了阶级基础;文化和哲学、经济学、社会学等社会科学的繁荣,为马克思主义的形成提供了思想社会条件;《共产党宣言》的发表,为科学社会主义的问世颁发了出生证书。科学社会主义的创始人马克思、恩格斯,以及他们同时代的社会主义经典作家,充分肯定资本主义发展创造的一切成就,并且毫不吝啬地给予前所未有的祝贺。然而,超越大多数人的地方在于,他们又无情地发布了欧洲资本主义的讣告,坚定地认为看起来方兴未艾的资本主义制度将迎来自己的绝唱。这些社会主义的先驱者大无畏地指出,虽然资本主义创造了令人赞叹的生产力和物质财富,以及在此基础之上的政治、社会和文化的一切成果,但同时也存在着深刻的内在矛盾。而这些弊端,靠资本主义本身的力量只能缓解,无法根除。可以肯定的是,资本主义绝对不会是人类社会发展的终极形态,它在历史中产生,也将被历史所否定。这些社会主义的先驱者坚定地认为,改变资本主义命运的力量来自处在被统治的工人阶级及其他社会力量,通过政治斗争和社会革命,资产阶级将失去统治地位,被压迫的阶级将成为统治阶级。对工人阶级来说,与其屈从于资产阶级的压迫,伴随资本主义的衰落,不如奋而投身革命,以打碎旧的世界。这些社会主义的先驱者充满信心地认为,人类应当有比资本主义更加合理的美好社会状态,取代资本主义的理想制度就是社会主义,以及在社会主义基础之上发展起来的更高级的共产主义。尽管未来美好社会的细节尚不能描绘出来,但是工人阶级及其政党在未来实践中一定会创造出来。更重要的是,这些社会主义的先驱者在批判资本主义、论证社会主义的过程中,提炼出了人类社会发展的一般规律,形成了以唯物史观为核心内容的世界观和方法论,使人们能更加准确地认识世界,把握人类历史运动。

　　围绕上述内容,逐渐凝聚成社会主义的原典形态。这一形态的大致要点是:(1)社会主义孕育的母体只能是当时人类社会最发达的资本主义,社会主义所需要的政治力量和思想资源都在资本主义内部生成。(2)资本主义可以,也必然被否定和超越,无论资本主义生存维系的时间多么长久,它终究是人类历史的一个片段,即便资本主义因时因势进行自我改良,也无法得出资本主义具有永恒属性的结论。资本主义在完成自己的历史使命之后,告别人类舞台是其无法回避的命运。(3)资本主义的终点就是社会主义的起点,社会主义一开始就立足于人类已经创造的生产力之上,立足于已经非常丰富的物质财富之上,立足于已经拥有的精神财富之上,立足于人类已经达到的现代化水准之上。正是在资本主义所积累的一切成果基础之上,社会主义去消解生产力与生产关系的紧张冲突,去克服生产资料私有制固有的弊端,去解决由之而来的一切矛盾与对抗。社会主义固然是对资本主义的批判与否定,但更是实现一种新的超越与升华。可以说,资本主义越是发展,越是在为社会主义准备更多的物质条件和其他各方面的条件。同样,资本主义的生产力越发达,生产关系越是复杂,国家治理越是精致,社会主义建设新社会的要求自然就会更高。创造更高的生产率,发展更强的生产力,实现更真实的公平,构造更和谐的社会,将更具挑战性。人类应当有能力承担这个更美好社会的建设任务。基于资本主义生长点的原典形态,正是社会主义出生时的模样。在本源的意义上,社会主义源于资本主义又高于资本主义。由此扩展而来的社会主义经典叙事有着强大的生命力,照亮着人类穿越资本主义丛林的前行道路,激励越来越多的人投身向社会主义过渡的漫长历史进程。

基于非资本主义生长点的转化形态。出乎人们预料的是,世界社会主义运动的进程发生了重大变化。这种变化表现为社会主义的发展出现了高涨和低落交替的跌宕起伏,表现为社会主义在其原生地形成了成长受阻的长久曲折,表现为在资本主义薄弱环节曾经成功的苏联、东欧国家社会主义实践的夭折逆转。然而在这历史的流变中,更为本质的变化是以中国为代表的社会主义国家的崛起。当社会主义在原来设定的生长点上,即资本主义发达国家,没有能够破土而出的时候,却出现了马克思主义经典作家视野之外新的生长点。这个生长点,不是在资本主义的内部,而是在资本主义的外部;不是在生产力最为发达的地带,而是在经济发展落后的地带;不是在西方,而是在非西方;不是源于资本主义内部的阶级矛盾和阶级斗争,而是源于帝国主义殖民地、半殖民地的民族解放运动。社会主义的内涵、社会主义的展开方式、社会主义的逻辑都有了新的定义。这一意义非凡的突破,超越了当年马克思主义经典作家的论述和想象,构成了一种全新的社会主义形态。在一定意义上可以称之为区别于社会主义经典形态的转化形态,区别于社会主义原生形态的衍生形态。这个新形态的问世,是社会主义发展逻辑与中国自身发展逻辑交汇融合的产物。从社会主义思想的角度观察和思考的话,可以看到资本主义的一个本质表现,就是征服世界。对欧洲中心之外的广大世界的侵略掠夺,成为资本主义持续繁荣和保持舒适的重要条件。发达国家的发达是建立在不发达国家的不发达基础之上的。资本主义不仅固化了内部的不平等,也造就着外部的不平等。社会主义经典作家注意到了资本主义殖民扩张对广大非西方世界的破坏性影响,但是限于诸多客观历史条件的限制,他们没有就此形成系统性的详细论述。直到列宁等后继的马克思主义者,才更加敏锐地深入关注了殖民地、半殖民地国家反抗资本主义、帝国主义侵略的民族解放斗争。"全世界无产者联合起来"这样一个经典的议题设置,被扩展为"全世界无产者和被压迫民族联合起来"的新议题设置,就是一个有力的证明。即便当时社会主义理论和实践的重心依然聚焦于资本主义国家本身,但是欧洲社会主义运动对广大殖民地、半殖民地的溢出效应在不断地增强。社会主义对资本主义的揭露和批判,对未来更加美好社会的理想和追求,工人阶级及其政党推翻旧世界斗争的勇气和决心,给广大殖民地、半殖民地国家和人民带来了深刻的启示,展现了进行新的选择的历史可能性,成为这些国家反抗资本主义侵略征服极其重要的思想资源。

　　从中国自身发展的角度观察和思考的话,可以看到已经独处东方几千年的中国,遇到了千年未有的重大冲击。一个在经济、军事、政治、文化、技术、治理、制度上全面优越于中国的外部力量,以野蛮的战争方式砸开国门。这场巨变不仅仅是欧美强国对东方古国的远征,更是一个新兴的资本主义对衰落的封建主义的毁灭性打击。国家羞辱、人民苦难、文明蒙尘的不幸遭遇,必然激发中国人民的反抗。追求民族解放和民族复兴的中国人,比以往任何时候都迫切需要新的思想的启迪。在中国内部思想资源难堪大用的窘境下,许多有识之士将目光转向外部,尤其是发展遥遥领先的欧美国家。诸多的西学主张被引入中国,社会主义、马克思主义只是其中一种。然而在西学东渐时涌入的其他西学诸说只是让中国人心动一时,在历史的展开中留下淡淡痕迹。中国人经过比较,最终选择的是社会主义。社会主义与中国的相会相交,是一定时空条件作用的结果。彼此身份的对立，是其原因之一。欧美资本主义国家是侵略者，中国是受害者，两者之间难以共情，老师殴打学生，学生反抗老师，师生之道无以存续。资本主义中心与广大外围地区的利益冲突和身份对立，冲击了所谓共同话语的虚伪性。中国作为亘古存在的源头性文明，从来不应当是被西方中心国家发现、启蒙、开化的结果。因此作为被侵略、被掠夺对象的中国，会更加倾向资本主义批判者的社会主义一边。对弱者的同情和理解，是又一个原因。资本主义国家内部反抗资产阶级统治的工人阶级是弱者；在资本主义对世界的征服中，广大的殖民地、半殖民地国家是弱者。同处弱者状态的中国自然与其他弱者同心同德、命运与共，因而代表弱者利益的社会主义，得到了中国人更多的亲近与重视。资本主义本身腐朽面的显露是再一个原因。随着中国对欧美资本主义了解的加深，其光鲜面背后的阴暗面也日渐显露：奴隶贩卖的罪恶，全球殖民地的争夺瓜分，国内贫困群体的困苦状况，尤其第一次世界大战期间帝国主义国家之间的血腥杀戮，更是反映出资本主义国家的内部弊端和相互矛盾，从而引发中国人对更美好社会的向往，而社会主义正体现了理想社会的可能。基于以上这些以及其他诸多原因，中国人走向了社会主义。其实，社会主义思想与某一个国家的靠拢，尤其是与一个非资本主义的落后国家的相遇，在中国之外的其他许多地区都曾经出现过。

为什么在中国却产生了社会主义与中国实际相结合的实践呢？这是值得进一步思考的问题。社会主义进入中国，中国选择社会主义，这种相遇还只是展现了一种历史运动的可能性，真正要使这种可能转化为现实，结出丰硕的成果，肯定还需要其他若干至关重要的条件。这些条件包括：拥有一个优秀的先锋队组织，一批甘愿牺牲一切的青年人，一批心属劳苦大众的知识分子，一批深谙中国国情又能领悟马克思主义精髓的领袖人物。当时的中国，相当完整地拥有了这些条件。所以，社会主义在中国大地的生根开花不仅是可能，而且是现实的事情。社会主义在中国的命运由此确定。社会主义进入中国后，改变了中国社会变革的性质。在原来世界资本主义的蓝图里，中国只是资本主义中心的从属者，处于被支配的边缘。至于中国内部半封建、半殖民地状态的延续或者变革，对中心国家来说无关紧要。即便中国发生社会变革，中心国家也将其设定为走向资本主义同质化的、模仿中心国家的社会变革，并且应当在中心国家利益代理人的控制下展开。这个进程在社会主义来到中国后被终止,中国出现的是另外一个样式的社会变革。中国共产党取代中国资产阶级政党,成为社会变革的领导者。工人阶级联合农民并与其他阶级一起取代资产阶级,成为社会变革的主体力量。社会变革的内容更是有了根本的调整,反对外来资本主义对中国的侵略、压迫和剥削,也反对外来资本主义对中国国内反动力量的支持,结束封建主义、官僚资本主义、帝国主义在中国的统治,实现民族解放,赢得国家独立。上述这些变化完全颠覆了通常意义上资产阶级民主革命的内容和方式。社会主义进入中国后,改变了中国现代国家的建构。当中国的社会变革被赋予崭新意义之时,意味着随后的国家建设将呈现新的面貌。果然,新中国成立后确定,不以资本主义为自己的发展方向,直接向资本主义的否定者社会主义过渡。相应地,整个国家建设也以此为准则,于是基本政治制度、基本经济制度和基本社会制度相继诞生,还根据中国的实际情况创建了中国共产党领导的制度、人民当家作主的人民代表大会制度、多党派合作的政治协商制度、民族区域自治制度、社会基层治理制度等富有中国特色的重要制度,完成了现代国家的建构,创造了政治长期稳定的奇迹,展现了具有国际比较意义的治理优势。

　　社会主义进入中国后,重设了中国现代化的进程。当人类社会从农业社会向更高水平的工业社会转变的时候,欧洲国家依托工业革命先行一步的优势,率先启动和实现了现代化;在它们对外扩张的进程中,又将这条资本主义现代化道路强加于广大的发展中国家。其实包括中国在内的发展中国家,对这条现代化道路的移植并不顺利,挫折、停滞和失败已经成为常态。新中国诞生后,决定以非西方、非资本主义的方式完成自己的现代化。中国共产党极其有效地动员和组织了亿万中国人民,在并不有利的国际环境下奋力推进中国的工业化,努力造就社会主义的物质基础。在经历了一系列曲折后,终于开辟出社会主义市场经济、积极参与世界经济、坚持共同富裕的现代化新路径。尤其是改革开放后创造出经济长期快速发展的世界奇迹,大踏步地推进了中国的工业化、城市化、市场化、信息化和国际化,使中国站到了世界现代化发展潮流的前列。

　　以上分别从社会主义发展的角度和中国自身发展的角度梳理了一个社

主义新形态形成的大致脉络。以中国为典型的基于非资本主义生长点的转化形态的出现,不是社会主义在一般意义上的扩展,而是具有相对独立内涵和意蕴。新形态的问世和成长生动地显示了社会主义本身发展的多样性。

基于社会主义生长点的自我成长形态。19世纪中叶,社会主义诞生于欧洲。在这个世纪里,社会主义形成了第一个形态,即以资本主义为生长点的原典形态。这一形态并未消失,至今仍在缓慢生长之中,主要表现为思想文化层面关于资本主义的批判,以及争取底层人民群众利益诉求的社会政治运动,距离取代资本主义、上升为统治地位的目标依然有着很大距离。究其原因,固然与社会主义队伍本身的分化、变异密切相关,也与资本主义异乎寻常的自我改良能力密切相关。然而从根本上来说,存在于发达资本主义国家内部的社会主义不可能是一个自发生长的自然过程,缺乏强有力的先锋队政党的干预和引领,资本主义可能仍然会继续保持自身的正常运转。20世纪,社会主义运动在非资本主义地区开辟出了发展的新空间。以中国为代表的发展中国家在选择发展方向的时候,没有皈依资本主义中心国家,而在资本主义的外部割断了与资本主义的关联,成为社会主义新的生长点。它们面对的是前资本主义或半资本主义的场景,身处经济、政治、文化、社会发展相对落后的历史方位,没有可以跨越资本主义充分发展阶段,而直接迈入社会主义的理论论证和实践设计。令人欣慰的是,它们发挥了空前的历史主动性,创造性地进行以社会主义为方向的社会革命、以社会主义为标志的国家建设,以及实现了嵌入社会主义要素的现代化实践。在此基础上,形成了关于发展中国家建设社会主义的完整叙事,形成了社会主义发展的新形态。进入21世纪之后,社会主义会有怎样的新进展?这是所有的社会主义思想者、实践者所关注的问题。应当看到,发展中国家后发现代化的逻辑、以非资本主义为生长点的社会主义转化形态的逻辑依然存在。但随着中国社会主义的发展,社会生产力、科技实力、国家综合实力以及社会其他方面的成就,一个新的逻辑正在出场,即以一个社会主义现代化国家的身份,显示社会主义高于资本主义的可能性,显示社会主义的内在优越性,显示社会主义的未来成长性。这就要求把中国已有发展水平作为基础始点,寻求社会主义的自我成长,寻求更高水准的新成长。在一定意义上,这个新形态不是已有的社会主义第二个形态(转化形态)的自然延顺,而是一种具有迭代意义的升级。同时,在一定的意义上,这个新形态也有着向社会主义的第一形态(原典形态)复归的意蕴,意味着从资本主义国家的外部超越资本主义。概言之,新形态要以社会主义的自我成长来超越资本主义。客观上来说,新形态的形成刚刚展开,人们还无法完全把握其整体走向和内在规律,只能大致描绘出这一发展的基本轮廓。其一,统一和深化思想认识,储备相应能力。领导中国社会主义发展的中国共产党要进行深层思考,全面谋划,在适应中形成长期主义安排。在此基础上加强学习,统一思想认识,逐步树立"自我成长"的自觉意识。其中,全面了解和熟悉欧美资本主义在各个领域、各个方面的发展水平、存在瓶颈、有利不利条件、运作机制、操作经验等基本状况,至关重要。其二,加强整体性发展。相比资本主义发达国家长期运行后形成的均衡状态,中国经济、政治、文化、社会、生态各方面的发展上有轻重、先后、长短,需要强化"五位一体"融合发展的意识。其三,推动生产力高质量发展,增强物质基础。尽管中国大踏步地追赶,缩小乃至在某些方面追平了与发达资本主义国家的经济差距,但是生产力、生产效率、高科技以及物质财富基础仍有巨大发展空间。没有更高的生产力、更高的生产效率、更为雄厚的物质基础,社会主义的内在优势肯定无法真正体现。其四,提高制度成熟度,培育独特治理优势。在巩固已有的独特制度优势和治理优势的基础上,加快提高制度建设的完善度、成熟度和执行力,只有这样才能面对西方资本主义运行了数百年的制度高墙。其五,强化对社会主义本质的显示。相对资本主义而言,社会主义的本质决定了其拥有许多独特优越性,比如人民当家作主;比如执政党以人民为中心的宗旨,没有任何特权和私利;比如坚持共同富裕的至高准则,坚决防止社会的贫富两极分化;比如始终保持党的先进性、纯洁性,保持强有力的领导能力;比如强调社会和谐,人民群众之间没有根本利益的冲突和对抗;比如重大问题上的新型举国体制,能够凝聚起强大的各方力量;等等。这些优秀的内在本质要在珍惜呵护中精心培育。其六,更为主动的精神力量。文明型民族、文明型国家,是中国最重要的国情。中华文明是源头型文明,从文学到语言再到思维,都有自己的鲜明特点。中国文化绵延亘古,从未中断,并且与社会的契合、与人民日常生活的契合异常牢固。马克思主义之所以能够本土化,社会主义之所以在中国生成新的形态,很大程度上得益于与中国文化的内在契合,应当努力使这一宝贵资源创造性地转化为更为主动的精神力量,并与人类其他文化一起,展示人类文明多样性的独特魅力。其七,更加凸显的国际比较优势。中国的发展已经造就了许多方面的国际比较优势,即便在与发达资本主义国家的比较中也并不逊色。中国已经推动并在继续推动14亿人口的现代化,这一体量、规模超过了现有发达资本主义国家的总和,成为有史以来人类最伟大的现代化实验。不仅如此,中国现代化以更快的速度、更低的社会成本、更广的共享程度、更温和的方式著称于世。中国在绿色能源、生态保护、脱贫、数字化发展等方面后来居上,走到前列,交出了毫不逊色于发达资本主义国家的亮丽答卷。中国通过"一带一路"倡议唤醒、激活了辽阔的南方国家,鼓励它们开创属于它们自己的现代化之路。在解决人类面临的共同问题方面,中国提出了"人类命运共同体"的理念,以及一系列的正义主张,为世界和平、世界发展提供中国方案。中国欢迎和接受世界上不同类型现代化道路的比较、竞争与合作。随着中国式现代化的不断推进,中国的国际比较优势必将更加凸显。至于某些国家的敌意遏阻,中国将有足够的智慧和能力给予回击。21世纪的车轮正在疾行,已经驶入了第三个十年。使所有社会主义者感到兴奋的是,奠基于社会主义基础之上的一个新形态正在形成之中。站在这个社会主义发展的新起点上,我们仿佛回到了马克思、恩格斯的年代,他们反复思考的是,资本主义将被谁所超越?谁是资本主义的掘墓人?如今我们看到,资本主义在做的事情,社会主义能够比它做得更好;资本主义无法做到的事情,社会主义也能成功地做出来。成长起来了的中国社会主义,正如马克思、恩格斯所设想的那样,努力全面超越哪怕是同时代最先进的资本主义,创造人类更加美好的新社会。面对喷薄欲出的社会主义新形态,我们需要一次新的自觉。

为此,我们依托上海市教委马克思主义理论学位点建设培育培优专项(2021—2025),以上海社会科学院相关相近学科和研究团队为主力,组织一套系列丛书。丛书围绕马克思主义指导下的中国特色社会主义理论和实践,聚焦马克思主义世界观和方法论、中国式现代化理论、马克思主义中国化理论创新、中华优秀传统文化现代转化等展开学理性阐释,为上海社会科学院马克思主义理论一级博士点教学研究和学生培养提供参考。

序　言

中国式现代化,作为中国共产党领导的社会主义现代化,正如习近平总书记所指出的,它"深深植根于中华优秀传统文化,体现科学社会主义的先进本质,借鉴吸收一切人类优秀文明成果,代表人类文明进步的发展方向,展现了不同于西方现代化模式的新图景,是一种全新的人类文明形态"。[①] 在理论上厘清中国式现代化的生成逻辑,对于我们进一步增强开辟和拓展中国式现代化道路的自觉性、自主性和创造性有着不可或缺的现实意义。

众所周知,中国在近现代是被拖进西方所主导的现代化进程之中的,同时也被拖入以西方为核心的资本主义世界体系,从而沦为半殖民地半封建社会。所以,中国要独立开辟现代化道路,它的第一步便是要实现民族独立和人民解放这两大目标。20世纪上半叶的中国,正是在欧美民主革命和苏俄社会主义革命的相继激发下,历经旧民主主义时期、新民主主义时期乃至社会主义时期这三个阶段之后,终于完成了民族革命、民主革命和社会主义革命的历史任务,从而在根本上改变了近现代以来中国的命运。

中国革命,尤其是中国共产党领导的革命的根本历史成就,便是在中国这一古老的东方国度建立了有着完整主权的社会主义国家制度,为中国实现独立自主的发展、现代化和民族复兴奠定了根本的政治前提和制度基础。中国革命的根本意义在于通过民主革命,推翻中国的封建统治,为中国的发展和现代化扫清历史的障碍;通过民族革命,推翻了帝国主义在中国的"殖民统治";

---

① 习近平:《在学习贯彻党的二十大精神研讨班开班式上的讲话》,新华社2023年3月7日。

通过社会主义革命,终结了资本主义在中国的"垄断统治",为中国式现代化的开创奠定了完全独立自主的历史和政治基础。

中国革命的胜利,社会主义国家制度的确立,为现当代中国摆脱帝国主义的殖民统治和国际资本的垄断统治,实现自主的发展、现代化和民族复兴提供了根本的历史和政治前提。但社会主义国家制度的建立,并不意味着中国自身的发展和现代化问题的自动解决,而是意味着中国通过自身的实践来开辟发展道路、破解发展问题的任务真正提上议事日程。

新中国成立之后,我们按照社会主义的苏联模式,建立了传统计划体制。但20世纪下半叶以来,社会主义的苏联模式和传统计划体制便暴露了自己的问题,于是我们于20世纪70—80年代开启改革开放的伟大实践。改革开放,作为中国的第二次革命,是中国在现代社会主义史上针对苏联模式和传统计划体制而展开的一场自我革命。它的一个原创性的历史贡献,便是实现社会主义与市场的创造性结合,建立社会主义市场经济体制,全方位推动经济、政治、社会、文化和生态等各领域的体制机制改革和制度建设,成功克服了苏联模式内生性的发展动力的枯竭而导致的日益僵化和停滞的问题,成功开创了中国特色社会主义,从而在根本上为中国的发展、现代化和民族复兴奠定了内生性的制度基础。

中国历经改革开放四十多年,已经进入新的历史方位,这就是"中国特色社会主义进入新时代"。新时代的一个标志性特征,就是国内社会主要矛盾发生了深刻变化。在改革开放时代,我们面临的基本问题是"落后的社会生产"问题,因而我们将"解放和发展生产力"作为首要议程,以推进中国的深层次改革,从而在根本上解决了传统计划体制抑制或束缚生产力发展的问题;在新时代,我们面临的基本问题则是发展的"不平衡不充分"问题,因而我们则是通过全面深化改革,营造公平公正的社会秩序和生产分配体系,以便在更加充分发展的基础上解决发展的不平衡问题。

中国特色社会主义进入新时代,从形成更加成熟更加定型的制度来看,它标志着我国社会主义实践已经进入"后半程"。在这"后半程",我们的主要任务便是完善和发展中国特色社会主义制度和国家治理体系,建立一整套更完备、更稳定、更管用的制度体系,夯实中国式现代化的制度和体制基础。随着

"第一个百年奋斗目标"的成功实现,新时代中国共产党的使命任务,就是在全面建设社会主义现代化强国的新征程中,以中国式现代化实现中华民族伟大复兴,开创人类文明新形态。

中国式现代化道路的开辟不仅是指我们在改革开放时期对中国特色社会主义道路的开辟,而且也是在革命和建设时期对中国革命道路和社会主义道路的开辟。中国式现代化,作为中国共产党领导中国人民革命、建设和改革的百年奋斗进程中的实现中华民族伟大复兴的必由之路,它的历史可以回溯到中国共产党的成立。在此之前,中国只是被动卷入现代化进程,在黑暗中艰难摸索,谈不上道路的开辟,正是中国共产党的成立,中国的现代化进程翻开了新的一页,中华民族从此走上了艰难辉煌复兴历程。所以,本书旨在从革命奠基、制度奠基、道路开辟和创造拓展这四个环节总体性地回顾和展现中国式现代化的历史进程和生成逻辑。

目　录

丛书总序 …………………………………………………… 潘世伟　1
序言 ………………………………………………………………… 1

第一篇　中国革命与中国式现代化的政治奠基

第一章　革命：现代化进程中绕不过去的议程 …………………… 3
一、现代化与革命的概念 ………………………………………… 3
二、中国的现代化问题与革命 …………………………………… 8

第二章　天命何往：近现代中国的现代化尝试 …………………… 10
一、近现代中国的历史语境 ……………………………………… 10
二、现代民族国家的建构：中国现代化的议题 ………………… 12
三、革命：现代化转型的另一种路径 …………………………… 15

第三章　另辟新途：中国共产党的成立与共产主义运动 ………… 18
一、共产主义革命的政治主体：中国共产党的成立 …………… 18
二、革命的组织和动员 …………………………………………… 24
三、中华苏维埃的尝试 …………………………………………… 31

第四章　正道沧桑：中国革命的胜利和中国式现代化的政治奠基 ………… 39
　　一、革命道路的自主探索 ……………………………………………… 39
　　二、延安的历史使命 …………………………………………………… 43
　　三、新民主主义革命的胜利 …………………………………………… 48

第二篇　中国式现代化的文化制度奠基

第五章　中国式现代化的文化奠基 ……………………………………… 53
　　一、理论方法论奠基 …………………………………………………… 54
　　二、领导力量的先进性锻造 …………………………………………… 60
　　三、人民当家作主的思想塑造 ………………………………………… 65

第六章　中国式现代化道路的制度奠基 ………………………………… 71
　　一、工业化是"我国人民百年来梦寐以求的理想" …………………… 71
　　二、选择社会主义道路——制度进行工业化建设的必然性 ………… 76
　　三、社会主义基本制度为工业化建设奠定基础 ……………………… 80

第七章　"第二次结合"与对社会主义工业化的认识深化 ……………… 85
　　一、"第二次结合"命题的提出 ………………………………………… 85
　　二、从"工业化"到"现代化"的"两步走"战略构想 ……………… 88
　　三、社会主义工业化建设的主要思想 ………………………………… 91
　　四、社会主义工业化实现了国家和人民的发展 ……………………… 95

第三篇　中国式现代化的道路开辟

第八章　和平与发展：中国式现代化面临的时代主题 ………………… 101
　　一、和平与发展：中国共产党对时代主题的基本判断 ……………… 101

二、现代社会发展难题的破解：社会主义运动的核心议程 …………… 105

三、破解发展难题，致力世界和平，仍是当今世界的基本主题 …… 109

第九章 改革开放：中国式现代化道路的创造性开辟 …………… 114

一、中国改革开放对苏联模式和欧美模式的双重革命 …………… 114

二、从革命对抗到借鉴改造：中国改革开放对传统"两制关系"的超越 …………………………………………………………… 118

三、发展问题而非过渡问题构成改革开放时期"两制关系"的核心问题 …………………………………………………………… 123

第十章 道路传承：中国式现代化对新中国的历史继承 …………… 127

一、改革前后两个历史时期统一于中国式现代化的伟大实践 …… 127

二、中国特色社会主义是对改革开放前历史时期的继承和超越 …… 132

三、从新时代的高度看待中国的革命、建设与改革开放之间的关系 …………………………………………………………… 136

第十一章 制度创建：中国式现代化开创的制度文明新形态 …… 141

一、社会主义基本国家制度：中国式现代化道路的政治奠基 …… 141

二、社会主义市场经济体制：中国式现代化道路的体制基础 …… 145

三、当代中国国家制度和治理体系：中国式现代化的国家治理基础 …………………………………………………………… 148

第四篇 新时代中国式现代化道路的创造性拓展

第十二章 新时代中国面临的主要矛盾和所处的历史方位的变化 …… 155

一、中国特色社会主义进入新时代 ………………………………… 155

二、我国社会主要矛盾的历史性转化 ……………………………… 159

三、中国特色社会主义所处历史方位 ………………………… 165

第十三章 "后半程"与中国特色社会主义制度和国家治理体系的完善和发展 ……………………………………………… 171

一、完善和发展中国特色社会主义制度和国家治理体系的必然性 ……………………………………………………… 172

二、完善和发展中国特色社会主义制度和国家治理体系的原则遵循 …………………………………………………… 174

三、完善和发展中国特色社会主义制度与国家治理体系的主要思路 …………………………………………………… 177

第十四章 在党的百年奋斗基础上继续开创中国式现代化道路和人类文明新形态 ……………………………………… 181

一、中国式现代化道路与民族伟大复兴 ………………… 181

二、党的领导与独立自主的中国式现代化道路 ………… 186

三、中国式现代化道路与人类文明新形态 ……………… 194

四、中国式现代化道路百年探索的世界历史意义 ……… 198

后　记 …………………………………………………………… 207

第一篇

中国革命与中国式现代化的政治奠基

"如果说19世纪是由18世纪英国工业革命和法国大革命所界定的,那么,20世纪则是由俄国革命与中国革命所界定的。"①俄国革命和中国革命不仅试图在国内创造一个新社会,"而且也将各自的革命道路理解为全世界探索未来的伟大尝试,从而激发起全世界不同地区的人们对俄国与中国的赞扬与诅咒、支持与遏制、热爱与敌视"。②要理解中国式现代化,理解现代化对中国的塑造,革命是一个绕不开的话题。中国革命的复杂性、特殊性、重要性奠定了中国式现代化的底色。

革命,作为一种彻底颠覆旧秩序、旧制度的激烈的社会运动,它本身就旨在实现一种新秩序、新制度的奠基。从这个意义上说,革命不仅意味着政治的现代化,即国家实现由传统向现代的激烈转型,而且意味着通过政治和国家的革命性变革,建立与现代化要求相适应的现代国家体制,继而推动社会的变革与转型。当然,在不同的国家、民族和地区,革命形式不尽相同,现代化道路也不尽相同。

1840年以来,中国被卷入了西方主导的资本主义世界体系之中,同时也被迫开启了现代化进程,但在此进程中,中国从洋务新政、维新变法到辛亥革命,也是从保守的改良逐渐走向激进的革命,由旧的民族民主革命走向新的民族民主革命,通过百年历程,最终在中国共产党的领导下,赢得中国革命的胜利,建立了新中国,从而完成了对中国现代化的革命奠基。

所以,关于近现代中国史的现代化叙事和革命叙事这两种典型的历史叙事,就近代以来中国基本的历史主题和实际的历史进程而言,是不可分割的:中国从"传统"到"现代"的演化进程同时也伴随着中国"反帝""反封建"的革命进程。当中国的民族独立和人民解放这两大革命目标得以实现,建立一个完全独立的新中国时,中国自主地开辟现代化道路才真正得以可能。从这个意义上说,中国式现代化,作为人类文明新形态的一种创造,它是不能简单地被置于西方现代化的理论框架下来阐述的。

---

①② 汪晖:《十月的预言与危机——为纪念1917年俄国革命100周年而作》,《文艺理论与批评》2018年第1期。

第一章 革命：现代化进程中绕不过去的议程

在近现代世界历史中，革命是一个绕不过的关键词。革命并行交织于西方世界和东方世界的现代化进程中，成为后发国家从传统走向现代的重要道路。进入20世纪，民族民主革命之火席卷全球，但是各个国家的革命历程及后果却不尽相同。

一、现代化与革命的概念

伴随着欧洲从16世纪开始的经济发展，欧洲国家体系的竞争性机制推动了欧洲现代文明在全球的影响。在19世纪、20世纪，现代化的影响延伸到其他国家，并导致了一场影响各种人际关系的世界性转变。革命与现代社会相伴而生，现代化进程中处处可见革命的身影，现代意义上的政治革命、社会革命从一定程度上讲是现代化的产物，它体现了现代性的特征与矛盾。

（一）现代化的概念

"现代化"的概念最早是由西方世界提出的，现代化理论也源自西方。现代化是指"欧洲工业革命以来世界经济急剧变革、工业化程度不断提升的过程"。从一般意义上讲，现代化被界定为"反映着人控制环境的知识亘古未有的增长，伴随着科学革命的发生，从历史上发展而来的各种体制适应迅速变化的各种功能的过程"。① 据我国现代化研究著名学者罗荣渠先生的论述,现代化大致有四种涵义:(1) 现代资本主义兴起后的国际格局下,后发国家通过经济变革实现与先进国家的同等发展水平;(2) 现代化的实质是工业化,"工业化"概括第三世界国家致力实现的目标,代表一种现代社会变革的动力和进程;(3) 自然科学革命以来人类社会的剧烈变动历程,这些变化涉及知识、政治、社会等各个领域;(4) 一种心理状态、价值体系和生活方式的改变过程,主张从社会学、心理学、文化人类学等视角看待文明形式在当前历史的变化。② 比如韦伯学派的帕森斯认为现代化就是"合理化",就是人类对自然环境和社会环境的合理性控制的扩大。③

学界通常将现代化启动模式分为两类,一类是以西欧国家和美国为代表的内源性现代化,另一类是以东亚国家为代表的外源性现代化。就现代化启动的内部条件而言,前者具备从内部发展资本主义的条件,本土因素渐进性地引发了社会内部变革;后者缺乏自我转型的动力,通常是在面临外部挑战和危机的情形下,推动自我变革。就现代化议程启动的顺序而言,前者一般由工业革命和经济社会领域的变革推动政治变革;而后者由于外部不可控因素太多,通常有一种"自觉强制性的定向发展战略",这种战略的推进必须以国家力量或政党组织主导和发挥作用。④ 也有学者如弗兰克(Andre Gunder Frank)提出了"依附理论"(Dependency Theory),认为外源性现代化尤其是对曾经的殖民地半殖民地而言,是另一种"经济殖民"。"依附理论"一派认为,在拉丁美洲,资本主义的介入和美国的援助并没有导致现代化的发展,反而促使其长期陷入"依附"关系和"欠发展"(underdevelopment)状况。

美国经济史学家罗斯托(W. Rostow)在《经济成长阶段——非共产主义宣言》一书中,以经济理论解释经济历史的发展过程,把社会发展过程划分为5个阶段:⑤(1) 传统社会阶段(traditional society):人们依靠的科学知识主要来源于牛顿之前(pre-Newtonian)的知识,罗斯托将中国王朝、地中海文明、

---

① 布莱克:《现代化的动力》,段小光译,四川人民出版社1988年版,第11页。
② 罗荣渠:《现代化新论:世界与中国的现代化进程》,北京大学出版社1995年版,第27页。
③ 帕森斯:《社会行动的结构》,译林出版社2003年版,第752页。
④ 罗荣渠:《现代化新论:世界与中国的现代化进程》,北京大学出版社1995年版,第172—174页。
⑤ 罗斯托还提到了一个超越消费的阶段(beyond consumption),他认为这一阶段是较难预测的。

中东地区和中欧社会划分为传统社会中的后牛顿主义(post-Newtonian)社会。①（2）为起飞创造前提条件阶段(the preconditions for takeoff)：从传统社会向起飞阶段的过渡时期，近代科学知识开始转化为农业和工业领域新的生产方式，从前单纯依靠手工劳作的生产方式开始改变，商业从内到外地扩展。罗斯托提到，从传统社会跨向起飞阶段一个非常重要的条件，这一条件不是经济或价值方面的诸多变化，而是政治上的集中化。罗斯托认为，只有以新民族主义的联盟为基础建立一个有效的、集中的民族国家，才能顺利从传统社会走向飞起阶段。②（3）起飞阶段(the takeoff)，即产业革命的早期阶段：新产业迅速扩张，经济发展进一步刺激开发未曾利用的自然资源、变革生产方式等。（4）向成熟推进阶段(the drive to maturity)：发展到经济成熟阶段大致需要60年，这一阶段中现代科学技术大面积应用，新兴产业部门迅速扩展，国际贸易发展迅猛；（5）大众高消费阶段(the age of high mass-consumption)：这一阶段的主导部门转为耐用品的消费和服务。

马克思也提出过"现代"的概念，他认为生产方式的变化是划分时代的一个重要指标。以欧洲社会为例，16世纪生产方式的变化促进了现代资本主义的发展，新的生产方式创造的生产力超越了以往的全部世代，并首次将人类带入了世界历史。英国工人阶级的历史是从十八世纪后半期，从蒸汽机和棉花加工机的发明开始的。恩格斯说："大家知道，这些发明推动了工业革命，工业革命同时又推动了市民社会的变革，而它的世界历史意义只是在现在才开始被认识。"③马克思解释道，"现代生产方式"引发了一系列生产革命，并以此开辟了一个不同于中世纪的新时代，这就是"现代"的科学含义。现代生产方式将之前自然形成的国家从前现代的孤立状态脱离出来，进入"世界历史性的共同活动"。"由于开拓了世界市场，使一切国家的生产和消费都成为世界性的了。……过去那种地方的和民族的自给自足和闭关自守状态，被各民族的各方面的互相往来和各方面的互相依赖所代替了。"④

---

① Walt W. Rostow, *The Stages of Economic Growth: A Non-Communist Manifesto*, Cambridge University Press, 1990, p.5.
② Ibid, p.7.
③ 《马克思恩格斯文集》(第1卷)，人民出版社2009年版，第388页。
④ 《马克思恩格斯文集》(第2卷)，人民出版社2009年版，第35页。

马克思和恩格斯的伟大之处不仅在于他们揭示现代生产方式的客观规律,还在于阐述了由此延伸的社会经济形态和历史发展阶段理论。此外,马克思和恩格斯还描述了现代性权力所导致的支配—从属关系,"正像它使农村从属于城市一样,它使未开化和半开化的国家从属于文明的国家,使农民的民族从属于资产阶级的民族,使东方从属于西方"。①

(二)"革命"概念的演化

"革命"是一种复杂的社会政治现象,和社会秩序、政治权力、公民权利、正当性、合法性等一系列名词都存在关联。要更全面地理解革命的概念,需将革命这一历史现象置于世界史与文明史的宏大背景之下。②

17 世纪,"革命"(revolution)第一次作为一个政治术语出现,其原意是指复辟。"'革命'第一次不是用于一场我们称之为革命的运动,即没用在爆发于英国克伦威尔兴建第一个革命独裁制之时,相反是用在 1662 年推翻残余国会之后恢复君主制之际。"③这个词用于 1688 年斯图亚特王朝被驱逐,君权旁落于威廉和玛丽的时候。revolution 在天文学上的意义包含有"非人力所及,不可抗拒"的意涵,到法国大革命爆发,革命不再是循环往复的政治和社会运动,而是代表了一种直线向前、不可抗拒的发展趋势,开始拥有一种政治和哲学意义。汉娜·阿伦特认为,"革命不只是成功的暴动,将每次政变都称为一场革命,甚或在每次内战中去寻找革命,皆不足取";"只有发生了新开端意义上的变迁,并且暴力被用来构建一种全然不同的政府形式,缔造一个全新的政治体,从压迫中解放以构建自由为起码目标,那才称得上是革命"。④马克思的"革命"概念包括政治革命和社会革命两个方面的内容。马克思指出:"每一次革命都破坏旧社会,所以它是社会的;每一次革命都推翻旧政权,所以它具有政治性。一般的革命——推翻现政权和破坏旧关系——是政治行为",而"社会主义需要这种政治行为,因为它需要消灭和破

---

① 《马克思恩格斯文集》(第 2 卷),人民出版社 2009 年版,第 36 页。
② 刘毅:《革命概念的本义和语义膨胀》,《读书》2013 年第 5 期。
③④ 汉娜·阿伦特:《论革命》,陈周旺译,译林出版社 2007 年版,第 34、29 页。

坏旧的东西"。①

在传统中国思想体系中,"革命"成为周期性易姓更王、改朝换代的代名词。包括以下几个方面:一是革命的结果是王朝易姓(改朝换代);二是革命的发生体现了天道轮回;三是革命的过程伴随着大的动乱和地方上的造反;四是革命为新的王朝和新的政治秩序提供一种正当性基础。革命者,从字面上理解就是"变革天命"的人。②

梁启超一直对"革命"现代含义的使用持审慎态度。他在《新民丛报》一篇名为《中国历史上革命之研究》的文章中写道:"革命之义有广狭,其最广义,则社会上一切无形有形之事物所生之大变动皆是也,其次广义,政治上之异动与前此划然成一新时代者,无论以平和得之以铁血得之皆是也。其狭义,则专以兵力向于中央政府者是也。吾中国数千年来,唯有狭义的革命。"③1903年,邹容的《革命军》对"革命"概念的论述在中国思想界产生了巨大影响。邹容在文中这样论述革命的内涵和合理性,"革命者,天演之公例也;革命者,世界之公理;革命者,争存争亡过渡时代之要义也;革命者,顺乎天而应乎人者也;革命者,去腐败而存良善者也;革命者,由野蛮而进文明者也;革命者,除奴隶而为主人者也"。④

"辛亥革命"被描述为推翻满清王朝的一场革命,从这个意义上讲,"革命"已被赋上一种不同于天命周始的新的意义——埋葬帝制。从梁启超等人与同盟会在报刊上进行关于"革命"和"改良"的争论后,"革命"开始置于"自上而下之改革"或"改良"的对立面,具有彻底变革政治体制的意涵。在新文化运动如火如荼之时,伴随着各种革命的社会思潮传入,"革命"拥有了更多的现代意义;它代表了一种信念,就是社会、家庭、经济、政治、文化各个领域的秩序必须从下而上地改变;旧的社会秩序、旧的政治权力必须被彻底推翻。

---

① 《马克思恩格斯全集》(第1卷),人民出版社2001年版,第488页。
② 参见金观涛、刘青峰:《观念史研究:中国现代重要政治术语的形成》,法律出版社2012年版,第365—380页。
③ 张枬、王忍之:《辛亥革命前十年间时论选集》(第1卷)(下册),生活·读书·新知三联书店1960年版,第803页。
④ 邹容:《革命军》,中华书局1958年版,第2页。

二、中国的现代化问题与革命

革命,虽然代表了对旧秩序、旧制度的一种彻底颠覆,但是作为后发国家从传统迈入现代的一种路径,革命不是暴力下的无政府和无秩序,更不是对文明的践踏和突破。中国式现代化的革命进程在历史上体现了对人类文明新形态的一种创造,不能简单置于西方现代化的理论框架下来阐述。西方学者对中国近现代问题的研究试图沿着一条普世的从"传统"到"现代"的演化道路,研究主要围绕着(资本主义的)经济工业化、政治民主化、社会自由化、发展城市化、学科专业化等议题。罗荣渠先生认为,长期以来对近代中国研究大都是从革命史视角将其描述为反帝、反封建"两个过程"。对中国现代化问题的讨论应该突破原有框架,把中国置于世界大变革的总进程中加以考察。为此,罗荣渠先生提出了一条阐释近代中国变化的新线索——衰败化、半边缘化、革命化、现代化四大趋势。中国向现代化转型的过程是在四种趋势的相互作用下呈现的。鸦片战争后,中国的变革可划分为两个阶段——局部性防卫现代化阶段(1840—1894年)和民族革命阶段。而不论从哪一种框架去阐释,革命都成为中国现代化进程中绕不开的议题。[①]

1933年7月,《申报月刊》这样描述"中国现代化"问题:"'中国现代化'这个问题,与其说它是一个新问题,勿宁说它是一个八九十年来的宿题。自前清道光年间经过了鸦片战争的挫败,全国上下,即感受到西方势力进侵的重大刺戟。那时就有人认为从此开了中国三千余年来的一大变局,不能不急巩固国防,发展交通,以图补救。于是讲究洋务,设制造局,造轮船,修铁路;兴办电报,提倡格致……凡此种种,都是昔人促使中国'现代化'的工作和努力。而所谓的'中学为体,西学为用',也就是从前一部分人对此问题的主张。所惜这问题虽然有这样长久的历史,而事实上,中国生产以及国防方面的'现代化',至今还是十分幼稚落后。到了现在,竟然国民经济程度,低落到大部分人罹于半饥饿的惨状,对外防卫的实力,微弱到失地四省、莫展一筹的地步;而大家对此

[①] 参见罗荣渠:《现代化新论:世界与中国的现代化进程》,商务印书馆2004年版。

宿题,却都好像淡焉若忘,不加深究,这绝不是一个很好的现象。须知今后中国,若于生产方面,再不赶快顺着'现代化'的方向进展,不特无以'足兵',抑且无以'足食'。我们整个的民族,将难逃渐归淘汰,万劫不复的厄运。现在我们特地提出这近几十年来,尚无切实有效办法去应付的问题,作一回公开的讨论,目的即是在以各家对此问题的意见为药石,刺激并救治一大部分人向来漠视中国经济危机的麻木心理。"①

20世纪30年代现代化话语的特征,即舍弃自由主义,代之以民族主义,作为解决中国的问题的根本手段。② 马克思认为全盘排外是"保存旧中国的首要条件",当鸦片战争打破近代中国与外部世界的隔绝状态,随之而来的"必然是解体的过程"。③ 恩格斯强调,旧国家解体的过程虽然是缓慢的,社会经济结构整体性和根本性的改变却是必然的。19世纪40年代以后,资本主义列强的经济侵略引起了中国"整个生存形式的改变",这种改变在根本上是封建的社会经济开始发生结构性的变化。④ 中国共产党完成民主革命的目标为中国的现代化扫清了历史障碍、卸下了历史包袱。民族革命和社会主义革命目标的实现,将中国的现代化进程从资本主义世界体系的殖民逻辑、依附地位和资本统治中解放出来,转化为植根于中国主体性的伟大历史实践。⑤

中国式现代化的性质、特征是外来因素和本土因素综合作用的结果。本土因素和外来因素都会对一个国家的现代化发展道路产生影响,但外来模式或与其他现代化后来者的模式相似,而本土因素确实是一个国家现代化的底色。本土因素反映了这个国家现代化道路或模式的特殊性,包括国家特定的历史背景、独有的文化渊源和民族特性。

---

① Huaiyin Li, *Reinventing Modern China: Imagination and Authenticity in Chinese Historical Writing*, University of Hawaii Press, 2012, p.37.
② Ibid, p.38.
③ 《马克思恩格斯选集》(第1卷),人民出版社1995年版,第692页。
④ 参见《德意志意识形态》,《马克思恩格斯文集》(第1卷),人民出版社2009年版,第541页。
⑤ 陈祥勤:《中国式现代化破解现代社会发展难题》,《解放日报》2022年7月19日。

第二章　天命何往：近现代中国的现代化尝试

"中国从18世纪到20世纪所经历的国家转型，正是在由那些所谓文明国家——19世纪的英国和法国，清末民初的日本和俄国，以及20世纪40年代的美国和苏联——所界定的地缘政治格局及其所建构的国际政治宏大叙事下展开的。"[①]

一、近现代中国的历史语境

1949年以前，中国现代化面临的首要任务就是建立一个新的政治共同体，以回应内外的危机和挑战。1840年以来，中国迈入现代化的历史背景异常严酷，作为一个连续的文明体，中国将背负着沉重的文化和历史遗产走进世界历史。

国际方面，外部世界的侵略构成了中国近代历史的重要部分。中国的世界观是一个宏大的思想体系，具有独特的历史连续性。国外部分学者将中国近代的国际关系归结为中国秩序和西方秩序的冲突。美国汉学家费正清将中国"朝贡体系"称为"中国的世界秩序"，日本学者滨下武志称其为"朝贡贸易体系"，也有学者用"华夷秩序""天朝礼制体系""册封体制"等概括。黄枝连认

[①] Huaiyin Li, *Reinventing Modern China: Imagination and Authenticity in Chinese Historical Writing*, University of Hawaii Press, 2012, p.42.

为,在19世纪以前,即西方文化、西方国家、西方殖民帝国主义兴起之前,这里有一个突出的区域秩序,是以中国封建王朝(所谓"天朝")为中心,以礼仪、礼义、礼治即礼治主义为其运作形式;对中国和它的周边国家(地区)之间、周边国家之间的双边和多边关系,起着维系与稳定的作用,故被称为"天朝礼治体系"。[1] 在整个19世纪和20世纪上半期,列强一直视中国为东方世界的"半开化"国家。晚清的落后,民国的贫穷、内乱和腐败,主导了西方世界的精英对同时代的中国想象。中国理所当然地被排斥在"文明"国家体系之外,不仅无法享有与那些"文明"国家同等的受国际法保护的权利,反而成为后者追逐商业利益、争夺"势力范围"乃至进行侵略和扩张的对象。[2]

政治方面,中国的现代政治体制建设屡屡受挫,王朝国家向现代国家的转型曲折反复。清朝晚期,以李鸿章等人为代表的传统士大夫希望通过改良延续王朝政纲,直到戊戌维新时期,帝国传统官僚体制尚在苟延残喘。1900年,外国侵略势力的铁蹄在40年以后再次踏入北京城,清朝政治开始不可挽回地走向落幕,直到辛亥革命敲响了中国最后一个王朝的丧钟。清廷覆亡前,新军成了袁世凯获取政治权力的工具。袁世凯去世后,军阀势力集团失去了团结的核心,袁氏手下对他的个人忠诚顷刻土崩瓦解。继黎元洪、段祺瑞后,其他拥有强制能力的军阀都企图入主北京,以统一中国,实现跨区域层面的政治控制。北洋军阀的安福系还得到了来自日本的经费支持,于是,整个中国的政治进程完全被手握兵权的将领们所操纵,共和国机制中的宪法和议会彻底沦为摆设。中央政府不断有追逐权力的军阀粉墨登场,在政治的许多方面,中国依然不能以一个完整的国家来行动。军阀主义造成的政治瘫痪对中国的现代化代价是巨大的,穷兵黩武遗留下来的是孱弱的中央政府和地方分离主义,这一问题在国民党执政后依然不能有效解决。

社会方面,中国传统社会的一体化结构(即政治结构和意识形态结构的一体化)开始消解。金观涛指出,中国传统社会利用宗法建立起来的一体化的社会政治结构包含了三个相互适应的子系统,分别是儒家正统为代表的意识形

---

[1] 黄枝连:《天朝礼治体系研究》(上卷),中国人民大学出版社1992年版,第2页。
[2] Huaiyin Li, *Reinventing Modern China: Imagination and Authenticity in Chinese Historical Writing*, University of Hawaii Press, 2012, p.51.

态子系统、传统官僚政治为主体的政治子系统,以及地主经济为特征的经济子系统。① 由于其三个子系统之间的弹性张力,使得其长时间地表现出一种超稳定性,并一度造就了封建帝国的繁荣。② 但这种社会结构潜藏的危机是无处不在的。在王朝陨落后,军阀们不尊规约的做派彻底断送了传统中国官僚体制的体面和威严。各军阀持续地争夺势力范围,都希望自己能战胜对手而统一全国,因此不断扩充军队,压榨盘剥当地民众。在广大农村,人地关系的失衡依然没得到改进,粮食产量没有质的提升,以土地占有和使用为核心的所有制财产关系仍旧维持着原有格局。农村的贫富极化依然严重,大量没有土地的农民挣扎在温饱线上,一旦遇到天灾和战争,便流离失所,饿殍遍野。

文化方面,近代以来,中国传统文化遭遇了来自西方文化的巨大挑战。孙立平认为,在有限的外部挑战下,文化中心主义形成的对危机的迟钝、对变化的麻木和对变革的固执,使中国的现代化错过了一个不可复得的机遇。③ 而后,内忧外患的生存危机彻底动摇了从前儒释道的"大传统"延续千年的文化优越感,对民族文化的认同也遭遇了前所未有的困境。正如毛泽东所说,"一定的文化(当作观念形态的文化)是一定社会的政治和经济的反映,又给予伟大影响和作用于一定社会的政治和经济;而经济是基础,政治则是经济的集中表现。这是我们对于文化和政治、经济的关系及政治和经济的关系的基本观点。"④

二、现代民族国家的建构：中国现代化的议题

近代中国的议题是建构一个能平等与世界对话的现代民族国家,核心就是实现民族独立和国家富强。从 19 世纪开始,中国知识分子、传统官僚、革命者都试图寻找各种方式、探索各种路径追寻实现这两个目标。

---

①② 金观涛、刘青峰:《兴盛于危机:论中国社会超稳定结构》,法律出版社 2018 年版,第 46—47 页。
③ 孙立平:《中国近代史上现代化努力及其失败原因的动态分析》,《学习与探索》1991 年第 3 期。
④ 《毛泽东选集》(第 2 卷),人民出版社 1991 年版,第 663—664 页。

在近代中国,现代民族国家建构的议题之一便是形成以"中华民族"为核心内容的"国族"认同,以凝聚民族独立和民族解放的意识。1901年,梁启超发表《中国史叙论》一文,首次提出了"中国民族"的概念并将中国民族的演变历史划分为三个时代:"第一,上世史,自黄帝以迄秦之一统,是为中国之中国,即中国民族自发达、自竞争、自团结之时代也";"第二,中世史,自秦统一后至清代乾隆之末年,是为亚洲之中国,即中国民族与亚洲各民族交涉、繁赜、竞争最激烈之时代也";"第三,近世史,自乾隆末年以至于今日,是为世界之中国,即中国民族合同全亚洲民族与西人交涉、竞争之时代也"。① 由"保种""民族"到"中国民族",再到"中华"和"中华民族",梁启超基本完成了"中华民族"一词的创造。1905年,梁启超又写了《历史上中国民族之观察》一文,从历史演变的角度重点分析了中国民族的多元性和混合性,并断然下结论说:"中华民族自始本非一族,实由多民族混合而成。"②

清末立宪派代表杨度在《金铁主义说》一文中多次使用"中华民族"一词,并指出中华之名词,非一地域之国名或一血统之种名,乃一文化之族名。③ 在梁启超观点的基础上,杨度对"中华民族"的一体化融合趋势和发展方向,又作了更加透彻的发挥和阐述。他指出,与其说中华民族是一个种族融合体,不如将其看作一个文化共同体;正是文化的一体性、凝聚性和不可分割性造就了中华民族。其所谓"中华民族"所包含的"民族"范围,似乎也比梁启超此前更广一些。在他那里,融化五族的"中华民族"作为一个整体,是与作为现代民族国家即立宪后的"新中国"相对应的。但它同时也是中国民族发展史的自然延续。1912年元旦,孙中山在《中华民国临时大总统宣言书》中郑重宣告:"国家之本,在于人民。合汉、满、蒙、回、藏诸地为一国,即合汉、满、蒙、回、藏诸族为一人——是曰民族之统一",④将五族共和思想写入宪法。

在自强运动、百日维新和新政时期有关改革的话语中,到处充斥着"中外"

---

① 梁启超:《中国史叙论》,参见《饮冰室合集·文集》(第6册),中华书局1989年版,第11—12页。
② 梁启超:《历史上中国民族之观察》,《新民丛报》1905年第5号。
③ 参见杨度:《金铁主义说》,左玉河编:《杨度卷(中国近代思想家文库)》,中国人民大学出版社2015年版,第71—73页。
④ 《孙中山全集》(第2册),中华书局2014年版,第2页。

二分,并以此作为支撑改革的理由。① 在19世纪下半叶和20世纪初期,满汉精英面对来自外部世界的严重挑战,共同致力于调整、改革各项军政制度,为中国未来的天命共担风雨。在此过程中,满汉之间那种同属一个国家的意识也得到强化。尽管之前以"排满"作为策略动员民众,但"排满"并不是革命的最终目标。革命者承认他们的共识是整合汉人和其他族群,组成一个新的民族,在他们各自努力创建的政府中,尊重各族群的政治平等。也正因如此,基于对历史的共同记忆和对家园存亡的共同关注,建立起新的民族才变得可行,中国也因此才能够转变为现代民族国家。② 基于"国族"的认同,更是对共同体命运的共同认识,"凡一国之存亡,必由其国民之自存自亡,而非他国能存之能亡之也。苟其国民无自存之性质,虽无一毫之他力以亡之,犹将亡也;苟其国民有自存之性质,虽有万钧之他力以亡之,犹将存也"。③ 驱动中国国家转型的,正是在这样一种国家危机背景下对民族的政治认同和改变民族命运的共识。

现代民族国家建构的议题之二是在现代化的转型中成为一个富强的国家,改变贫穷落后的现状。中国进行西方现代化努力的第一个主题词就是"自强"。首先是器物层面的现代化尝试。被邓小平称为"现代化的先行主张者"的李鸿章为代表的"洋务派",在坚持"中体西用"的基础上,试图通过向西方学习枪炮、舰队以及制造和交通,引入西方知识体系,实现王朝自救,以"自强"避免战争失败、割地赔款的屈辱。其次是制度层面的现代化尝试。维新派人士提出要思考政治体制的改革,学习西方制度、法律乃至整个政府体系等。康有为的奏书几乎涉及了清朝政府改革的各个方面,表明其已不再将西方世界的冲击仅仅理解为文化之外的次要刺戟。而政制的改革不是背叛祖宗,而是使中国在国际法下受到列强的平等相待,成为由主权国家所组成的国家体系中的一员。

经过数代人的奋斗,到第一次世界大战结束后,中国已拥有集中于沿海城市的现代化的国内银行系统和重要的轻工业基地。④ 到1945年第二次世界大

---

① Huaiyin Li, *Reinventing Modern China: Imagination and Authenticity in Chinese Historical Writing*, University of Hawaii Press, 2012, p.51.
② Ibid, p.105.
③ 梁启超:《论中国人种之将来》,《清议报》第19册,光绪二十五年,1899年5月21日,第1页。
④ Gilbert Rozman edited, *The Modernization of China*, NY: The Free Press, 1982, p.287.

战结束时，中国似乎已经接近这个目标，不仅已经废除了晚清政府与列强签订的所有不平等条约，甚至还和其他主要盟国一道，成为联合国的创始成员国和五个常任理事国之一。1949年中国共产党领导的新民主主义革命的成功，进一步终结了国内的长期政治分裂和动荡，奠定了中国进行现代化建设的基石。

三、革命：现代化转型的另一种路径

尽管清王朝成功镇压了国内人民的起义，但清政府早已疲于应对内外危机，面对外敌入侵和抗敌战争的屡次失败，大厦将倾已成定局。进入20世纪后，中国面临着"正在高涨的变革浪潮"（芮玛丽语），[①]对外要求修改不平等条约和恢复主权国家的权利，对内则希望建成一个中央集权的现代民族国家。20世纪的中国发生了一大批相互交错、相互影响的社会运动。无论是"最后的士大夫"，帝国的行政官僚，还是激进的学者，都没有创造出一套行之有效的新秩序来成功应对国家的危机。旧的模式在一次次走向共和和王朝复辟的进退反复中趋于终结，人们开始急于寻求新的选择——一种更为彻底的革命。马克思列宁主义提出了不同于资产阶级革命的另一种革命之路，一种不试图通过资产阶级的议会道路而通过无产阶级专政的国家来完成现代化转型。

18世纪末起，清王朝就不断面临以农民为基础的反叛，白莲教起义（1795—1804年）、太平天国起义（1850—1864年）、捻军起义（1853—1868年）等农民起义大都起因于政权腐败和农村社会日渐突出的不平等。起义的频发和规模及影响的增加，预示着王朝的衰落和社会秩序的急剧不稳定。外国侵略战争对帝国主权和政权的冲击使晚清的士大夫们意识到，只有通过由中央当局发动结构性改革，才能挽救国家免于屈辱的国际地位和沦为殖民地的悲剧。不管是保守的改良主义者还是激进的革命者，都开始意识到君主帝制的行政只是徒有其表，没有真正建立现代中央政府正常运行的机制，只有将国家政权视作变革的重要对象，才可能实现新的国家建设，并以此提升中国的国际

[①] 费正清：《伟大的中国革命》，刘尊棋译，世界知识出版社2000年版，第171页。

地位。革命的路径如何在现代化进程中发挥作用？

首先，国家变革的关键因素之一就是有一种作为文化象征的意识形态在价值危机或价值真空的转型时期发挥主导作用。旧制度蕴含的矛盾和危机可能导致革命性变迁，但革命的实质性发展则依赖于有毅力、有组织、有领导的革命先锋队的意志。① 与西方世界的遭遇一定程度上也是两种文化的相遇。当过去怀有文化优越感的士大夫们在西方的战争利器下感到国将不国的危机，就不得不开始思考中国文化在"三千年未有之大变局"下的文化出路。甲午一战宣告了晚清士大夫们自强运动的失败，第一次世界大战中国作为战胜国却被列强集体出卖的事实打破了国内知识精英对国际社会"公理"的幻想。儒家思想伴随着王朝倾覆，对文人和地方支配阶级的影响都有所下降，以地方为基础的中国统治阶级在全国范围的政治文化也开始解体。20世纪，以上海为代表的部分城市在新闻出版方面的快速发展，促使大量新的思潮在全国各大城市广泛传播。上海一些报纸还开辟专栏或专刊引导社会对妇女权利、科学和教育等问题的关注。各种主义和社会思潮陆续进入中国思想界，对各个领域的精英产生不同程度的影响。信奉不同主义的人在学习各种思想的同时努力寻找"中国向何处去"的答案。

马克思列宁主义作为一种意识形态具有普遍主义的特点，能呼应国内的民族主义情绪，在王朝帝制丧失社会信用的基础上为新的革命行动提供合法性依据，唤起并鼓励不同阶级的人们以"同志"的关系共同行动。马克思主义为中国的知识分子提供了"从西方观点评价和批评西方资本主义的可能性"。② 马克思主义理论预见了社会向共产主义全面转型的蓝图，虽然那还是一个被建构的未来，马克思本人也没有提供具体的实践方案，但其蕴含的对现实危机的察觉和对彻底变革的要求，恰恰贴合了当时中国革命的知识分子希望采取政治手段解决中国问题的想法。

其次，现代国家的建构需要一个强大的权力集中的政党，作为权威的政治力量去推动现代化转型。孙立平在分析后发型现代化国家时提出，后发国家在转型过程中由于传统因素的瓦解和现代性因素的生成的异步性，在政治方

---

① 斯考切波：《国家与社会革命》，何俊志、王学东译，上海人民出版社2007年版，第208页。

② Benjamin Schwartz, *Chinese Communism and the Rise of Mao*, Cambridge: Harvard University Press, 1952, p.15.

面会造成权威真空或权威危机。这是因为传统的权威基础消失较快,而新的法理型权威基础形成缓慢。在社会秩序急剧变革的时期,政治权威的真空不利于后发国家的现代化转型,因为后者需要一个集中的权力系统主导整个社会从传统迈向现代的进程。马克思列宁主义提出了不同于资产阶级革命的另一种革命之路,一种不试图通过资产阶级的议会而通过无产阶级专政的国家来完成现代化转型的第一步——现代民族国家的构建。强大的政党可以在行动中争取和整合政治、军事等方面的关键性资源。辛亥革命后的民国中央政权没能有效运转,议会反而成为政客谋私、军阀揽权的工具。李大钊对民国时期的政党和政党政治进行了激烈的批判,称民国政党不过"集乌合之众,各竖一帜,以涣汗人间,或则诩为稳健,或则夸为急进,或则矫其偏而自矜为折衷",实则"吾国今之所谓党者,敲吾骨吸吾髓耳"。[1] 而这样的政治运作体系是无法承担现代民族国家的现代化重任的。

再次,政治权威还需要以一种有效的动员和组织民众的方式重构社会秩序。20世纪20年代,随着城市经济的进一步发展,村社共同体的意识逐渐消解。下层士绅在不断的金钱往来中加强了地租负担和对农民的剥削。新的士绅商人开始运用武力的手段加强对农村的剥削。在传统中国"士农工商"的社会结构中,军人赢得了新的社会地位,地方士绅和商人之间的界限开始模糊。大量的农村劳动力开始涌入城市,从事纺织、化工等工作,工人阶级开始产生,但还没有成为拥有"阶级自觉"的无产阶级。新的知识分子不再以居于庙堂为最终的职业追求,而是投身于更广泛的社会工作,如专职教师、新闻记者、报刊作家等。1911年帝制国家统治的消亡,并没有直接为农民反抗地主阶级创造合适的条件;地方士绅的社会经济基础,及其对土地的控制、对村社的组织领导,并没有直接受到下层民众的颠覆。[2] 要想成功建立政治权威,革命的政党不得不寻求适当的路径重构军阀混战的秩序和权力体系。20世纪20年代初期的国民党,1927年后的中国共产党都先后建立自己的武装力量来面对复杂严峻的中国革命环境。中国共产党还进一步突破了俄国在城市发动武装暴动的革命模式,通过在广大农村地区建立武装革命根据地,尽可能争取和充分利用各种社会资源。

---

[1] 李大钊(署名李剑):《大哀篇》,1913年4月1日,《言治》第1期。
[2] 斯考切波:《国家与社会革命》,何俊志、王学东译,上海人民出版社2007年版,第292页。

第三章　另辟新途：中国共产党的成立与共产主义运动

虽然辛亥革命结束了封建专制王朝的天命，但中华民国在内有军阀混战、外有帝国主义入侵的背景下没有完成统一的民族国家建构，中国没有以平等的身份参与国际事务，也没有实现主权的完整。北伐战争后，中国的社会秩序尚未稳定、民族革命使命尚未实现。国民党试图通过倚重以通商口岸为中心的城市，完成中国的统一和富强，然而在政治层面，国民党并没有实现真正意义上的中央集权；在社会层面，忽视了更广泛的群众动员。在中国迈向现代化的革命进程中，虽然帝制已经崩塌，但独特的社会革命形势和旧制度的遗产导致了中国需要另一种革命路径，才能完成现代化的转型。

一、共产主义革命的政治主体：中国共产党的成立

乔万尼·萨托利指出，现代政党本质上是作为国家整体的一部分出现的，不同政党围绕权力争夺、利益整合、政策主张展开竞争与合作，构成了现代代议政治的基本前提。除了"作为部分的政党"，还有一种"作为整体的政党"。萨托利认为，先锋党展现了整体主义或整体性的特点。列宁主义政党是先锋党的代表，该党以马克思主义为指导、以阶级斗争和社会革命为手段。"作为整体的政党"具有"作为部分的政党"缺乏的优势——在革命时期的社会整合

中有效的组织能力和强大的动员能力。这两种能力无疑为中国共产党在中国革命进程中发挥领导作用奠定了坚实基础。

(一) 革命组织的形成：从社团到政党

1919年五四运动后催生了一些进步组织——社会主义青年团、工会、新潮社、马克思主义研究会、全国学生联合会和女权运动同盟等，它们中的很多人成为中国共产党成立之初的中坚力量，其中一些社团被认为是中国共产党的早期组织。

新潮社是杜威（提倡实验主义）和罗素（宣传基尔特主义）来华访问期间，北大学生在蔡元培、陈独秀、胡适、李大钊等教职人员的支持下组织的北大第一个学生社团组织。新潮社最初的组织形式，就是一个杂志社。1918年12月13日，《北京大学日刊》刊登了《新潮杂志社启事》。启事说，《新潮》"专以介绍西洋近代思潮，批评中国现代学术上、社会上各问题为职司。不取庸言，不为无主义之文辞。成立方始，切待匡正，同学诸君如肯赐以指教，最为欢迎！"[1]傅斯年、罗家伦、顾颉刚、杨振声、徐彦之、康白情、俞平伯等人是该社的主要成员。

马克思学说研究会是1920年3月，由李大钊在北大成立的一个学术团体，发起人主要有邓中夏、高君宇、张国焘、张申府、黄日葵、何孟雄、范鸿劼、刘仁静、罗章龙等。该研究会提出要搜集马克思学说著述，通过翻译、讨论、讲演等方式研究和传播马克思的理论和思想。该会的成员绝大部分后来成为中国共产党党员和共青团员。同年5月，陈独秀在上海成立了马克思主义研究会。

全国学生联合会是五四运动孕育的学生运动组织，最初由各省学生代表和留日学生组成。1919年6月16日至8月5日，学联在上海举行了第一次代表大会。会议通过了《中华民国学生联合总会章程》，确定"以联络感情、昌明学术、促进社会、辅卫国家为宗旨"，讨论了抵制日货、提倡国货的办法，组织了全国学生拒签和约的斗争，出版了《全国学生联合会日刊》，决定由京、津、沪等7处学联各派一人组成全国学联第一届理事会。

---

[1] 《北京大学日刊》，1918年12月3日。

社会主义青年团最先在上海的共产党早期组织领导下，于1920年8月成立，宗旨是实行社会改造，宣传社会主义。发起人有俞秀松、施存统、沈玄庐、陈望道、李汉俊、叶天底、袁振英、金家凤，俞秀松任书记。上海社会主义青年团承担联络各地建团的责任。至年底，北京、武汉、长沙、广州等地相继成立社会主义青年团。①

女权运动同盟是1922年8月23日在北京正式成立的协会。主要成员是北京女子高等师范学校学生周敏、孙继绪、陶云、张天珏等人。同年9月，该会向国会正式提出请愿书，要求在宪法上规定男女平等，恢复女子一切权利。1923年11月，上海、南京等地也分别成立了分会。该同盟为争取妇女利益，挣脱封建束缚做出了贡献。

五四时期的社团相当复杂，成员主张不一，思想混杂，上述六个代表性社团除了马克思学说研究会和社会主义青年团是明确宣传马克思列宁主义，其他社团信奉的主义或推崇的思想都各不相同。不可否认的是，这些社团的成立、组织及社会活动都显示了一种趋势，即五四以后知识分子开始寻求组织寻找国家和自己命运的出路。政党成为从社会组织到政治组织的一种纽带，从这方面看，新的政党诞生似乎已初具一定的组织基础。

胡绳认为，中国共产党的最早组织是在中国工人阶级最密集的中心城市上海首先建立的；②也有学者认为李大钊在北大发起的马克思学说研究会是中国共产党组织的前身。上海和北京的社会组织转向共产党组织的过程，少不了苏联和共产国际的助产之功。1919年，为了扩展社会主义阵营的力量，也为了实现在远东地区反对欧美帝国主义殖民扩张的政治目的，联共（布）制定了东方战略，成立了共产国际，旨在向殖民地和半殖民地输出革命，掀起民族解放运动。1920年4月，联共（布）远东局海参崴处派维经斯基等人来华，考察中国革命的情况及建立共产党组织的事宜。1920年5月，陈独秀组织成立马克思主义研究会，同年7月召集上海的社会主义者商讨建党问题。8月，上海共产主义小组正式成立，并通过一个类似党纲的文件，会议决定由陈独秀担任书记。1920年11月，上海共产主义小组拟定了《中国共产党宣言》（以下

---

① 参见《中国共产党的一百年》，中共党史出版社2022年版，第33页。
② 参见胡绳：《中国共产党的七十年》，中共党史出版社1991年版。

简称《宣言》),《宣言》指出"共产主义者的目的是要按照共产主义者的理想,创造一个新的社会"。除了上海,10月,李大钊、张国焘等人在北京成立共产主义小组,李大钊为书记。从1920年秋至1921年春,武汉(董必武、包惠僧、陈潭秋等人筹建)、长沙(毛泽东、何叔衡等人筹建)、广州(谭平山、谭植棠等人筹建)也纷纷成立共产主义小组。

共产主义小组成立后,马克思主义在中国的传播开始变得有组织、有计划、有目标。马克思主义从书斋走向了工厂和城市的底层民众,开始与中国工人运动相结合。1920年9月起,《新青年》开辟"俄罗斯研究"专栏,大量介绍俄国革命和苏维埃的经验。同年11月,上海共产主义小组创办《共产党》月刊,介绍共产国际和其他国家共产党的情况。各小组成员也开始在各大报刊(如上海的《觉悟》、济南的《励新》、广东的《群报》)宣传科学社会主义,使马克思主义在当时的中国成为一股强劲的思潮。[1]

中国共产党成立于1921年7月。中国共产党的基层组织是党支部,党组织对党员的管理、各项工作的开展、命令的上传下达都需要支部来完成。中共四大《对于组织问题之决议案》规定,党的基本组织是以产业和机关为单位的支部组织。1926年7月的《组织问题议决案》进一步指出,"支部并不是分部,而是党在各工厂矿山学校及某区域的核心。布尔什维克党的组织,就是集合这许多的社会的核心,而成为一个党。支部的组织是按照社会的生活而精密分划的"。[2] 党对组织成员的要求也逐渐清晰和严格起来。如后来毛泽东、刘少奇、陈云等都在不同场合的讲话中强调了中共党员的精神觉悟和个人素质等。比如1939年5月,陈云在《怎样做一个共产党员》中指出,一个党员必备的六项基本条件:终身为共产主义奋斗;革命的利益高于一切,每个党员必须服从于民族的、革命的、本阶级的和党的利益;遵守党的纪律,严守党的秘密;百折不挠地执行党的决议;成为群众模范;随时随地在工作中学习理论和文化,努力提高自己的政治水平和文化水平,增进革命知识,培养政治远见,要随时随地地在实际工作中学习,向群众学习。[3]

---

[1] 胡绳:《中国共产党七十年》,中共党史出版社1991年版,第19页。
[2] 《中国共产党通志》上册,中央文献出版社1997年版,第549页。
[3] 《陈云文选(1926—1949)》,人民出版社1984年版,第64—78页。

(二) 革命目标的确立

《共产党》月刊创刊时,陈独秀为创刊号撰写的"短言",概括出创建中的中国共产党应该具备以下基本特征:俄国式的党(以俄国共产党为榜样);社会主义的党(既不是资本主义的,也不是无政府主义的);无产阶级的党(由生产劳动者全体结合起来);阶级斗争的党(用革命的手段、阶级战争的手段);阶级专政的党(用劳动专政的制度,拥护劳动者的政权,建设劳动者的国家);反对民主政治、代议政治的党。

早在1920年6月,陈独秀同李汉俊、俞秀松等人开会商议,决定成立党组织,还起草了党纲草案,当时的党纲草案内容包括劳工专政、生产合作等手段达到社会革命的目的。《中国共产党第一个党纲》指出,"党的根本政治目的是实行社会革命""革命军队必须与无产阶级一起推翻资本家阶级的政权""承认无产阶级专政,直到阶级斗争结束""消灭资本家私有制"。[1] 中共一大并没有明确反帝的革命目标,毛泽东在评价《中国共产党宣言》时说道,"不提反帝反封建的民主革命,只提社会主义的革命,是空想的"。[2]

1922年,中共二大宣言初步阐明了中国当时革命的性质、对象、策略和目标。中共二大宣言明确了革命的性质是民主主义革命,将革命对象确定为帝国主义和封建军阀;将工人、农民和小资产阶级界定为革命的动力,并指出民族资产阶级也是革命的力量之一;明确了革命的策略是组成一条民主主义的联合战线,任务是打倒军阀,推翻帝国主义的压迫,实现中华民族的独立和中国的统一;革命的前途是走向社会主义、共产主义。[3]《中国共产党第二次全国代表大会宣言》的理论基础来自列宁的经典《帝国主义是资本主义的最高阶段》。在《关于"国际帝国主义与中国和中国共产党"的决议案》中,中国共产党首次使用了"半殖民地"一词,决议案指出"在经济秩序毁坏了中的世界资产阶级,又企图劫夺殖民地和半殖民(地)的原料劳力,来补偿他们在大战中的损

---

[1]《中国共产党第一个纲领》(1921年7月),《中共中央文件选集》第1册,中共中央党校出版社1989年版,第1—4页。

[2]《中国共产党第一次代表大会档案资料》:增订本,人民出版社1984年版,第1页。

[3]《中共中央文件选集》(第1册),中共中央党校出版社1989年版,第63页。

失"①。党的二大宣称,"帝国主义者掠取了中国辽广的边疆领土、岛屿与附属国,做他们新式的殖民地",②将"国际帝国主义"和"封建制度的军阀"划定为革命的敌人。

中共二大初步探索了中国革命的基本规律,提出了中国社会的特殊性、中国革命的性质、中国革命二步走的战略,初步剖析了中国社会各阶级,首次提出了无产阶级与资产阶级民主派建立统一战线的策略,确定了要建立一条民主主义的联合战线,要争取工人、农民和小资产阶级。③"各种事实证明,加给中国人民(无论是资产阶级工人或农人)最大的痛苦的是资本帝国主义和军阀官僚的封建势力,因此反对那两种势力的民主主义的革命运动是极有意义的:即因民主主义革命成功,便可得到独立和比较的自由。因此我们无产阶级审察今日中国的政治经济状况,我们无产阶级和贫苦的农民都应该援助民主主义革命运动。"④与此同时,中共二大宣言指出中国反封建革命对国际反帝国主义也有积极作用,"中国的反帝国主义的运动也一定要并入全世界被压迫民族的革命潮流中,再与世界无产阶级革命运动联合起来,才能迅速的打倒共同的压迫者——国际资本帝国主义。中国劳苦群众要从帝国主义的压迫中把自己解放出来,只有走这条唯一的道路。"⑤

在建党初期,党的工作重心基本放在城市的工人群体上,支部大多以学校、工厂等为单位。中共四大《对于组织问题之决议案》规定,党的基本组织是以产业和机关为单位的支部组织。中国共产党在建党初期非常重视无产阶级的领导地位,早期的工作重点大都涉及动员、宣传和组织工人运动。在最高纲领和最低纲领的基础上,党的目标还要切合民众的根本利益。1934年1月,毛泽东在江西瑞金第二次全国工农代表大会上指出:"要得到群众的拥护吗?要群众拿出他们的全力放到战线上去吗?那末,就得和群众在一起,就得去发动群众的积极性,就得关心群众的痛痒,就得真心实意地为群众谋利益,解决

---

① 《中共中央文件选集》(第1册),中共中央党校出版社1989年版,第61页。
② 同上书,第102页。
③ 同上书,第63页。
④ 同上书,第114页。
⑤ 《中国共产党第二次全国代表大会宣言》,《建党以来重要文献选编》(第1册),中央文献出版社2011年版,第108—109页。

群众的生产和生活的问题,盐的问题,米的问题,房子的问题,衣的问题,生小孩子的问题,解决群众的一切问题。我们是这样做了么,广大群众就必定拥护我们,把革命当作他们的生命,把革命当作他们无上光荣的旗帜。国民党要来进攻红色区域,广大群众就要用生命同国民党决斗。这是无疑的。"①

二、革命的组织和动员

中国的封建王朝垮台后,乡村士绅依然保留了其在农村社会的特权,军阀支配着各省的军事和经济大权,革命的国家建构者依然面临着巨大的阻力。只有当革命的领导者意识到动员广大农民参与国家建构的革命活动后,中国的革命才最终得以寻找到革命的主力军。中国共产党领导的革命取得胜利有两个重要原因,一是强大的宣传能力,二是对基层社会秩序的重塑能力。

(一) 强大的宣传能力

中国共产党在革命运动中形成了丰富的宣传形式,在宣传中简洁明了、立场鲜明,体现了强大的意识形态统合能力和广泛的动员能力。

第一,通过创办各种报纸杂志,根据宣传对象的年龄和职业差异,灌输革命的理念。每一种报刊都有特定的目标人群定位和任务指南,并对应不同的宣传策略。例如《少年先锋》的主要任务有五项:加强对各地少先队的政治领导与工作指导;领导与指导少先队参加革命战争;供给各地少先队政治军事训练的材料;提高队员的政治、文化水平与政治积极性;传播各地工作和斗争的方法与经验,使缺点、错误不至普遍发展与重复。为了适应青少年的阅读水平,《少年先锋》文字通俗、浅显易懂,以少年们自己的生活、少先队里发生的事情和革命领袖青少年时期的故事为主要内容。其中还设有"轻骑队"栏目,以犀利的笔锋揭露批判革命队伍内部出现的贪污、腐化、官僚主义等现象。《红色中华》《斗争》《红星》等红色报刊采用通俗易懂的语言宣传"扩红"的意义、

---

① 《毛泽东选集》(第1卷),人民出版社1991年版,第138—139页。

"扩红"政策，以及各地"扩红"的成就、方法和经验。① 1932年2月，工农红军总政治部专门发布了分别适用于白色区域、赤色区域、红军内部的《革命标语》，同时，对工人、农民、红军、革命青年、劳动妇女提出了不同的宣传口号。②

第二，充分利用民间传统文化形式，使革命的理念融入群众的日常生活。古田会议时，毛泽东就强调各政治部要"征集并编制表现各种群众情绪的革命歌谣"，③充分发挥民众喜闻乐见的文艺形式所具有的宣传和教育作用。闽西苏区创建者之一的邓子恢也曾指出，"政策加山歌，是提高群众觉悟的最好武器"。苏区各种报刊不仅刊登了大量民歌，还发文广泛征集歌曲的创作。如1933年8月的《红色中华》声明："现在青年实话编辑委员会，又计划出版革命山歌小调集，搜集各地流行的山歌小调，寄报青年实话委员会，一律欢迎，希望同志们帮助我们完成这项工作。"④《红军日报》副刊《血光》是开设的文艺专版，提出自己的副刊服务于"短裤赤脚黑脸粗皮的无产阶级"，建设"新的音典"。⑤《血光》发表了一些新形式的民谣，如运用四川调改编的《共产党十大政纲》、运用莲花落改编的《反国民党军阀混战》、运用孟姜女哭长城调改编的《工农兵》等。⑥ 共产主义青年团中央苏区机关报《青年实话》专门开辟"儿童""少年先锋队"等专栏，发表传统民歌民谣和改编民歌，如《山歌三首》(1933年6月25日)、《民歌：砍柴女郎》(1934年2月8日)等。中央苏区还在1931年出版了《革命歌谣集》，当时在群众中形成了不容小觑的影响。除创作、发布和广泛传唱具有教育意义的革命歌谣外，中国共产党还利用活报剧、歌舞剧等形式深入宣传。

第三，使用标语宣传革命政策、动员群众和扩大党组织的影响。国内外有学者专门研究过中国共产党的标语，发现和国民政府的宣传相比，中国共产党的标语深入偏僻的村落，醒目简洁，语言有力，几乎随处可见。内容上主要涉

---

① 唐国平：《论中央苏区"扩红"运动中的宣传工作》，《求索》2010年第3期。
② 参见《中国人民解放军政治工作历史资料选编》(第2册)，解放军出版社2002年版，第69—78页。
③ 《毛泽东新闻工作文选》，新华出版社1983年版，第21页。
④ 《征集山歌小调启事》，《红色中华》1933年8月31日。更详细的研究可参见高有鹏：《马克思主义民间文艺学》，上海交通大学出版社2021年版。
⑤ 《红军日报》1930年7月29日。
⑥ 高有鹏：《红色歌谣何以在苏区蓬勃兴起》，上观新闻，2021年7月29日，https://sghexport.shobserver.com/html/baijiahao/2021/07/29/498241.html。

及党的重要政策,扩红、土地革命、苏区建设、抗日救国等。如"欢迎白军士兵下级军官来当红军""士兵不打士兵,穷人不打穷人""工农子弟都来当红军";"实行土地革命""打土豪分田地烧契毁约""坚持执行土地革命,从土豪劣绅地主手中夺取土地"等;"青年工农要有受教育的机会""开办生产合作社,提高工农业生产事业""加速春耕运动""实行男女平等,打破包办婚姻";"反对日本士兵占领东三省""反对帝国主义进攻苏联""白军士兵与红军联合起来打日本帝国主义"等。①

(二) 对农村基层社会秩序的重塑

大量的宣传动员同时也反映了中国共产党人深入中国农村基层社会的进程。伴随这一系列宣传政策的是中国共产党严密的组织系统逐渐深入乡村社会的毛细血管,并在传统权威日渐式微的乡村重新确立以党组织为核心的组织权威。通过组织的嵌入,中国共产党逐步完成对基层社会秩序的重塑。

为什么国民党不能像中国共产党这样做到对统辖区域的基层秩序重塑,除了党本身的性质和目标,还有以下原因。首先是中国当时不具备像俄国那样爆发城市工人运动来夺取政权的条件。一方面,1949 年中国产业工人在劳动力的占比不及 1%(沙皇俄国晚期的占比是 5%),产业分布主要在东部沿海城市,工业也主要是中小型轻工业。② 另一方面,中国的铁路线数量不多且十分分散,无法形成一个完善的交通网络,无法连接到所有城市和乡镇。其次,由于缺乏现代城市基础,国民党一直陷于中央财政困难和中央政治控制乏力的困局,同时军事上缺乏一支忠诚、有效、绝对服从于中央的军队,对广大乡村地区资源的管理更是有心无力。这些因素直接或间接为中国共产党重新整合、控制乡村社会提供了条件;也说明了中国革命区别于俄国革命和其他西方政治革命的特殊性——农村地区成为革命力量的生长和发轫地区,农民成为重构国家权力的群众基础。

在传统乡村社会,一方面,"宗族在典章、仪式及组织方面的特征使它成为权力的文化网络中一典型结构"。"在华北的大多数村庄,宗族操纵着传统的

---

① 参见袁征主编:《中央苏区思想政治工作研究》,江西高校出版社 1999 年版。
② 斯考切波:《国家与社会革命》,何俊志、王学东译,上海人民出版社 2007 年版,第 300 页。

政治机制",负责村务管理、公共活动以及构成村公会成员名额的分配等事务。① 另一方面,乡绅充当了乡村组织的基石,萧公权言:"没有乡绅的村庄,很难有任何高度组织性的活动"。② 在 20 世纪 30 年代前后,中国共产党走进江西、四川、陕甘宁山区的广袤村落,这些地区的乡村社会大都处于离散状态,没有固定的或牢固的地方性利益共同体,缺乏社会组织或地方势力倚靠的"土豪劣绅",这些成为重构传统乡村社会秩序的重要元素。如何消解传统权威的影响力呢?一是没收宗族公堂及其他财产,从根本上消除宗族维系权威和维持运转的经济基础。二是将原本以家庭、氏族为纽带的伦理关系转化成一种以"同志"关系为核心的社会关系。三是通过输入"革命""阶级斗争"等新的理念,树立新的社会正义观和价值排序。

如何通过组织权威的嵌入进一步实现传统权威的消解,重构基层社会秩序呢?斯大林曾言,"党不仅是党的各个组织的综合。党同时还是这些组织的统一的体系",正是这些统一的组织形式、少数服从多数的原则和上行下效、令行禁止的政策执行效率和纪律,才保证了党能够有计划有组织地领导无产阶级的阶级斗争工作。③ 1932 年,蒋介石在面对地方红色根据地问题时,深感国民政府"各县各乡现已欠缺层级系统一贯到底之组织"。④ 20 世纪 20 年代末,中国共产党深入广大农村地区,逐渐在革命运动中建立了从中央到基层的一整套组织机构。刘易斯、小罗伊·霍夫海因茨等学者在研究中国共产党革命的成功时指出,中国共产党在创建时就集合了现代才干,在深入农村地区开展革命时已具备一个富有现代城市组织工作经验的领导层。更难能可贵的是,中国共产党在传统基础开始大幅度消失的社会里,证明了其有效的政治组织对重新整合社会的作用和能力。⑤

中国共产党在乡村的基层社会发展起了结构极为严密的组织体系。该体

---

① 杜赞奇:《文化、权力与国家:1900—1942 年的华北农村》,江苏人民出版社 2020 年版,第 94—96 页。
② Hsiao Kung-Chuan, *Rural China: Imperial Control in the Nineteenth Century*, University of Washington Press, 1967, p.371.
③ 斯大林:《论列宁主义基础》,《列宁主义问题》,人民出版社 1974 年版,第 77 页。
④ 闻钧天:《中国保甲制度》,商务印书馆 1935 年版,第 431 页。
⑤ 吉尔伯特·罗兹曼:《中国的现代化》,国家社会科学基金"比较现代化"课题组译,江苏人民出版社 2010 年版,第 42 页。

系以党为核心,在党的领导下建立苏维埃政府和各种群众组织,使党的意志能在地方分支机构得到切实贯彻,使群众组织处于系统性的管理中。中华苏维埃政府为了加强乡苏维埃政府与群众的联系,创建了村代表主任制度。全乡各村居民30—70人为一组,置于各代表的领导之下,再由乡长从各村代表中指定一人为村代表主任,被指定的主任负责传达上级命令,并通知和分配各代表的工作。同时,在垂直的权力结构中,上级革命组织具备领导下级革命组织的绝对权威,并有严格的刚性规定保障权威等级结构中的上下有序。强大的组织权威使中国共产党在严酷的战争环境中不仅可以集中资源,还可以有效地整合其势力范围下的基层社会,为中国共产党进一步赢得革命的胜利奠定了坚强的组织基础。

(三) 农民革命

列宁有言,"我们的当前任务,就是要最迅速、最有效和最切实地帮助这些年轻的党员成长,把他们培养成建设共产主义的干部,使他们都有高度的觉悟,能够胜任最重要的职务,并且同群众,也就是同大多数工人和自食其力的农民有最密切的联系"。[①] 自从中国共产党意识到农民在革命中的重要性后,如何唤起农民参加革命的意愿,并有效组织当地民众,就成为中国共产党在农村的首要任务。毕竟"劳动政府""无产阶级专政""共产主义"等抽象的概念远远超出了农民的认知范围,如果农民不能理解,自然就很难认同。

李金铮总结了目前学界的四类主要观点,阐述了争取农民加入共产党革命队伍的原因。[②] 一是试图证明中国社会的半殖民地半封建性质以及土地革命的必然性,为中国共产党革命理论和革命政策提供事实依据。这类观点认为农民在土地分配不均和家庭贫困的压迫下,具有天然的革命性。如著名社会学家陈翰笙认为,即便到抗日战争时期,中国共产党抗日根据地存在的基础还是土地分配不均和农民贫困。二是认为中国共产党针对农民的生存处境实行相应的社会经济改革,直接促动了农民支持和参加革命。中国共产党进行

---

① 列宁:《关于准备党代表大会给俄共各级组织的信》,《列宁全集》(第30卷),人民出版社1957年版,第369—370页。
② 李金铮:《农民何以支持与参加中共革命?》,《近代史研究》2012年第4期。

社会经济改革,使农民切实收获了看得见的物质利益,这构成了农民支持中国共产党革命的重要原因。如解决根本的土地、粮食等关乎农民生存的问题,以及在农民中间推行民主,充分尊重农民的意愿等。① 三是认为抗日民族主义是中国共产党动员和组织农民加入革命队伍的关键因素,爱国主义成为凝聚民心的重要情感基石。四是认为农民革命的成功很大程度地取决于中国共产党灵活的战略策略、先进的个人和组织、新的思想理论。②

上述四类观点有一个共同点,即农民革命的问题,需要中国共产党清晰地认识到农村中存在的各种矛盾(包括阶级矛盾、外来军队与当地群众之间的矛盾、宗族矛盾等),需要在厘清矛盾的基础上,以化解矛盾或利用矛盾进行斗争的方式动员广大农民参与革命。无论是解决哪一种矛盾(家国矛盾还是阶级矛盾),最根本的就是解决农民的生存问题,及关乎其切身利益的问题。当对矛盾的处理解决了农民的切实问题,农民就开始接受新的思想,产生新的认识,进而影响或改变他们的认知与行为。动员和争取农民的基本做法,是让理论宣传深入下层群众,以消灭地主武装等实际斗争赢得群众支持,用已经加入革命队伍的群众力量去影响尚未觉悟的群众。

谁来承担动员的工作?除了用抗租、抗债、抗捐、抗税来发动阶级斗争,组织游击队来武装群众,大量动员工作是由主力红军来完成的。与苏联红军不同的是,中国红军还身兼团结群众的任务。红军队伍从军官到士兵,必须尊重农民的生命财产安全,尊重其风俗习惯。红军在当地稳定后,会义务帮助农民开展农业生产活动;同时,在与之有联系的农村开展党的政治宣传活动。正是通过一系列教育灌输,中国共产党管辖范围内的农民在世界观、人生观和价值观上发生了新的变化。他们从目不识丁转变为广泛地、积极地接受新知识,普遍具有相当高的政治水平;从对社会主义革命一无所知,到思想倾向明确,对共产党的性质和使命有所了解。他们从对阶级概念毫无认识,转变到开始具有追求阶级解放、维护阶级利益的强烈意愿和自觉,从阶级观念增强到能够以

---

① 马克·塞尔登:《他们为什么获胜?——对中共与农民关系的反思》,南开大学历史系编:《中外学者论抗日根据地》,档案出版社1993年版,第608页。
② 李金铮:《农民何以支持与参加中共革命?》,《近代史研究》2012年第4期。

阶级观点认识和对待敌方的进攻和宣传,对地主、富农等剥削阶级进行斗争。①

农民如何接受这些知识,唤起这些意识,拥有这些觉悟,革命的知识分子扮演了重要角色。在农民和革命精英之间,有关权利和道义的革命性认知在程度和时间上存在着很大的不平衡。因此在其合理性尚未成为农民自身认知一部分的情况下,革命运动的发生与维持,或者说一个村庄革命场域的形成,基本上系于作为倡导者的革命知识分子身上。②处身于一定社会经济条件下的农民,与处身于革命之中的农民之间需要一些过渡的途径才能连接起来,革命本身不会"不胫而走"。而农民革命的发生,主要在于中国共产党的党组织如何嵌入农村基层社会,如何根据社会的分裂、散沙化的程度来寻找动员大众的方式和策略。在土地分配存在着相当不平衡的情况下,农民自然希望拥有更多的可以自主的土地。所以,当土地革命广泛开展后,"打土豪分田地"对农民具有极大的吸引力,也是农民理解、接受、走向革命的动力之一。很多学者认为,农民作为被"发动"的革命者,其阶级意识和自觉的阶级对立是在中国共产党领导的土地革命中逐渐发展起来的。③

农民革命进程中也出现了中国共产党党内精英曾经担心的问题,即如何平衡农民阶级本身在阶级属性中缺乏的一种革命彻底性和自觉性,如何避免农民革命对无产阶级革命性质的消极影响。中国共产党在对党员的准入机制和党员的管理方面做出了严格规定,强调革命队伍的先进性和纯洁性。1939年7月,刘少奇在延安马克思列宁学院演讲《论共产党员的修养》,对农民入党动机有深刻的论述。他指出:入党的人有不同的目的和动机。"很多党员是为了实现共产主义,为了无产阶级和人类解放的伟大目的加入共产党。但是,另外一些党员,却是为了其他的原因和目的入党。比如,过去有些农民出身的同志,以为'打土豪、分田地'就是共产主义。真正的共产主义,他们在入党时是不懂得的。"另外,"还有些人主要是在社会上找不到出路——没有职业、没有工作、没有书读,或者要摆脱家庭束缚和包办婚姻等,而到共产党里找出路。

---

① 何友良:《中国苏维埃区域社会变动史》,当代中国出版社1996年版,第147—154页。
② 李金铮:《农民何以支持与参加中共革命?》,《近代史研究》2012年第4期。
③ 参见陈翰笙:《三十年来的中国农村》,《陈翰笙文集》,复旦大学出版社1985年版,第128页。

甚至还有个别的人是为了依靠共产党减轻捐税,为了将来能够'吃得开',以及被亲戚朋友带进来的,等等"。[1]

三、中华苏维埃的尝试

中华苏维埃运动是中国新民主主义革命过程中的一个重要阶段,在革命史的视角下,中华苏维埃成为中国共产党在苏维埃革命的旗帜下创建苏维埃政权的一次重要尝试。该运动以武装斗争为主要形式,以土地革命为主要内容,是中国新民主主义革命史上进行马克思主义本土化的一次重要实践,尽管实践过程有一定的历史局限性,脱离了中国革命的具体实际,也留下了深刻的历史教训,但它呈现了中国共产主义运动,如何大规模动员和组织广大群众,如何在政治、军事、文化等方面学习苏联的经验,如何逐步建立红色政权,形成从上至下、从中央到地方的统一政权。中华苏维埃运动实践经验也为毛泽东思想的形成和发展做出了贡献,为中国共产党日后领导下的民族国家和民主国家的建构作了组织上和实践经验上的准备。

(一) 政权建设

中华苏维埃共和国在创建时,以工农民主专政为国家性质,以工农兵代表大会制度为政权形式。在政权建设上,中华苏维埃基本按照苏联政权的模式,国家机构包括权力机关、行政机关和司法机关。后两者均由权力机关产生,并对权力机关负责。

早在1928年10月,毛泽东在《中国的红色政权为什么能够存在?》一文中就指出,中国的红色政权建设必须关注五个方面:(1) 红色政权能在半殖民地的中国长期存在的环境条件:在帝国主义间接统治下的中国,白色政权之间长期的"分裂和战争","给了一种条件,使一小块或若干小块的共产党领导的

---

[1] 刘少奇:《论共产党员的修养》(1939年7月),《刘少奇选集》(上卷),人民出版社1981年版,第137页。

红色区域,能够在四围白色政权包围的中间发生和坚持下来"。① (2) 红色政权易于在有深厚群众基础的地区(湖南、广东、湖北、江西等省份)获得支持。(3) 全国革命形势的向前发展是地方红色政权长期存在的重要条件,后者将日渐发展,并逐渐取得全国政权。(4) 正式的红军力量是红色政权存在的必要条件,党和地方工农群众必须具备"工农武装割据"的思想。(5) 党的有力组织和正确政策也构成了红色政权长期存在的一个紧要条件。毛泽东针对中国共产党如何领导红色政权的创建问题,提出了武装斗争、土地革命、根据地建设相结合的基本方针。

中华苏维埃政权当时在中央和地方都建立了较为完整的权力机关和行政系统。当时中央苏区的干部普遍是革命队伍中的年轻骨干,1931 年苏区中央执行委员会成员平均年龄仅为 31 岁。② 省一级苏维埃政权和中央苏维埃一样,具有"议行合一"的特点,省执行委员会及其主席团为最高权力机关,省执委设主席、副主席各一人,下设总务厅及财政、文化、卫生、粮食、劳动等九部,分管日常事务。

在基层政权方面,中华苏维埃划分了县、区、乡三级。县一级的权力和行政机关设置与省一级和中央类似,广东陆丰、海丰先后成为中国最早的两个县级苏维埃政权。乡一级政府一般设有长期或临时的委员会,响应上级政策,如扩红运动③和土地委员会等。据 1933 年 12 月 12 日颁布的《中华苏维埃共和国地方苏维埃暂行组织法(草案)》规定,乡一级苏维埃设主席团,主席团设主席、副主席各一人,作为乡代表团闭会时的最高权力机关,由乡代表产生。当时,为加强苏维埃政府和居民的联系,还设立了一种村代表主任制度,村代表主任负责上传下达和分配各代表的工作,保持主席团和代表之间的密切联系,并在必要时负责召开村民会议,解决当地村民的问题。④ 中华苏维埃还开启

---

① 《毛泽东选集》(第 1 卷),人民出版社 1991 年版,第 49—50 页。
② 吉尔伯特·罗兹曼:《中国的现代化》,国家社会科学基金"比较现代化"课题组译,江苏人民出版社 2010 年版,第 275 页。
③ 1932 年到 1934 年在革命根据地开展的扩大红军有生力量的运动。三大起义(即南昌起义、秋收起义和广州起义)以后,中国工农红军进入创建时期。为了不断扩大红军有生力量,保卫革命根据地,根据地多次进行大规模的扩军运动。
④ 《中央革命根据地史料选编》(下册),江西人民出版社 1982 年版,第 282 页。

了民主的政治实践,制定颁布了选举法,确保选民对苏维埃代表执行监督权和罢免权。

除了权力机关和行政机关,中华苏维埃政权还设立了监察制度。1927年4月,中国共产党首次设立了党的监察机构,在党的五大上,选举产生了中央监察委员会。1927年"七一五"反革命政变严重破坏了中国共产党的中央及地方组织,新的监察制度基本按照1925年联共(布)十四大党章的相关规定恢复重建。1933年8月,中共中央设立"中央党务委员会",在监察委员会成立之前,负责处理党员的纪律、党籍等问题。1934年后,地方各级政府的监察组织系统逐步建立。苏维埃政权的监察机构设有工农检察部、控告局及检举委员会。工农检察部主要负责监督同级苏维埃政府机关是否正确执行上级法令、政策及指示,该部门有权向各级政府执委会建议撤换、处罚国家机关的工作人员。该部门还设有专门的监察委员会,协助开展工作,并在各级工农检察委员会下设置控告局,专门负责接受工农群众对相关机关违规现象的控告。此外,为了保证群众对政府和干部的有效监督,地方各级监察机关还设立了突击队、通知审判会和群众审判会等组织。

(二) 文化教育

中华苏维埃的文化教育主要包括两个部分:一是对苏区群众的大众教育;二是对党员干部的理论教育。《中华苏维埃共和国宪法大纲》明确规定:"中国苏维埃政权以保证工农劳苦民众有受教育的权利为目的。在进行阶级战争许可的范围内,应开始施行完全免费的普及教育""保障青年劳动群众的一切权利,积极的引导他们参加政治的和文化的革命生活,以发展新的社会力量"。[①] 苏区实行免费的小学义务教育。学制最初为6年,1933年后改为5年,统称为"列宁小学"。当时社会教育的组织形式可归结为两类:一类是以消灭文盲,提高识字水平而开设的半日学校、夜校、业余补习学校、识字班、识字牌等。1933年,毛泽东在《长冈乡调查》中记载了该地区乡民参与夜校学习的情况,全乡夜校9个,"学生平均每校约三十二人,九校共约三百。……全乡

[①] 《中共中央文件选集》(第7册),中共中央党校出版社1991年版,第775页。

十六岁至四十五岁的青年壮年共四百一十三人,大多数进了夜校,四十五岁以上的'老同志'也有少数来读的。群众非常欢迎,说'夜学顶好'。"①1934 年 4 月的《教育行政纲要》强调:"各级教育部除直接指导所办学校外,必须负责协助或领导各种社会教育及一般文化革命运动的团体。……社会教育方面,尤其要依靠群众办的俱乐部、工农剧社、苏维埃剧团、工农通讯协会……尤其是消灭文盲协会,应当同这些团体建立最密切的关系,并予以文化教育方针上的领导。"②

除了基础教育,中央政府在苏区出版了大量图书,创办了针对性的报刊。据《红色中华》报道,截至 1934 年,中央教育部、中央出版局等中央部门出版图书 200 余种,内容涵盖了马克思列宁主义、社会科学、自然科学、文学等。马克思列宁主义读物是出版的重点,已翻印或出版的著作有列宁的《国家与革命》,斯大林的《列宁主义问题》《论列宁》,《共产主义》《共产主义 ABC》《阶级斗争讲义》《马克思主义浅说》。③ 苏区已创刊的报纸有《红色中华》(1931 年 12 月创刊)、《苏区工人报》(1932 年创刊)、《少年先锋》(1932 年 8 月创刊)、《苏维埃文化》(1934 年 5 月创刊)、《红星》(1931 年 12 月创刊)、《革命与战争》(1941 年 9 月创刊)等。图书内容主要侧重于马克思列宁主义的理论,以及利于干部群众学习的科学文化知识。报刊则主要配合党和政府的政策解释、宣传,以及选举、查田、扩红等活动开展。如《红色中华》曾在反围剿战争中,刊登扩充兵员的动员文章,在"九一八"事变后,刊登中国共产党的声明,号召广大人民抵抗日本帝国主义的侵略。《红星》作为中国工农红军军事委员会的机关报,自创刊后便积极报道红军的作战情况、政治工作和组织建设等。《苏维埃文化》月刊旨在"反映苏区文化教育工作的实际情形和群众的文化生活,要表扬模范工作以推进落后区域,给小学、夜校、俱乐部、剧社以切实而具体的领导"。④ 该刊首期内容有瞿秋白的论文《文化战线上的红五月》、潘振声的新诗《欢送新战士》、李伯钊的剧本《无论如何要胜利》及散文《春耕戏杂记》(署名为李伯钊的

---

① 《毛泽东文集》(第 1 卷),人民出版社 1993 年版,第 307 页。
② 转引自李桂林:《中国现代教育参考资料》,人民教育出版社 1987 年版,第 50 页。
③ 张静庐编:《中国现代出版史料》(乙编),中华书局 1955 年版,第 26—30 页。
④ 《红色中华》第 178 期,1934 年 4 月 15 日。

笔名戈丽）。

党员和干部是党深入基层社会，控制和管理相应地区秩序的重要力量。1931年4月，中央在《关于苏区宣传鼓动工作决议》中就提出："在各苏区中央分局所在地，必须设立一个以上的党校，培养党、苏维埃与职工会的中等干部，要造成苏区以后把工农干部送给中央的前途，而不是专由中央供给苏区。必须把干部的培养，当做是苏区各中央分局中心任务之一，坚决同部种一切依靠中央派人的观念做斗争。关于这学校的计划，应该是三分之一军事训练，三分之一为实际工作的常识，三分之一为政治经济的常识"①。

此外，对大众教育的教材选择上，中国共产党也非常注意。中央苏区教育部以训令的形式规定使用《平民课本》《群众课本》《革命歌谣》和《工农看图识字》等教材，不准使用所谓基督教之类宣传迷信及宗教文化的材料，不准使用国民党反动教育宣传材料，不准使用宣扬剥削阶级思想的四书五经之类的传统教材。②

（三）军事建设

中华苏维埃时期的军事建设主要包括军事建制、军事力量和军事理论三个方面。

1930年4月，《中央通知第103号——关于全国红军指挥问题》规定："以后各地已组织的正式红军，一切指挥权完全统一于中央军委。中央与各地红军距离太远指挥不灵便，中央军委将在各地设立办事处（如最近拟在南方及武汉设办事处）代表中央军委工作，如距办事处还远的地方，中央军委当委托各省军委指挥。但这种指挥的统一，绝对的不是不要各省委与各地红军发生关系，相反的各省省委以至特委必须更密切的与当地的红军发生很密切的经常的横的关系相互帮助，供给他们政治消息文件刊物，建立交通以及一切物质上精神上一切可能的帮助，来扩大与发展红军的组织。"③文件还规定，地方赤卫

---

① 《毛泽东文集》（第1卷），人民出版社1993年版，第307页。
② 高有鹏：《红色歌谣何以在苏区蓬勃兴起》，上观新闻，2021年7月29日，https://sghexport.shobserver.com/html/baijiahao/2021/07/29/498241.html。
③ 《中央通知第103号——关于全国红军指挥问题》，1930年4月3日。

队游击队及一切地方性武装，均应渐次集中于红军，待红军成立后，指挥权由地方移交中央军委。同年8月，中共中央发布第154号《中央通告》，该通告重申了军委在政治上服从于党的领导。军委常委下设秘书处、总政治部、参谋部、军务部、武装工农部、经理卫生部、士兵运动委员会、外部工作部。1931年11月，中华苏维埃共和国中央革命军事委员会（全称"中华苏维埃共和国中央执行委员会人民委员会革命军事委员会"）成立，朱德任主席，王稼祥、彭德怀为副主席，委员会设有15名委员。中央革命军事委员会下设总政治部、总参谋部、总经理部、军医处和中央军事政治学校。中央军委自此由党的中央军事领导机关转变为隶属于中央政府的军事领导机关，在政治上接受党中央及中央政府领导，对苏维埃中央政府负责。中央军委是红军的最高指挥机关，负责红军的组织管理、教育训练和作战指挥。1932年，中革军委总政治部更名为"中国工农红军总政治部"，不再隶属于中革军委，行政级别上与之平行。总经理部改名为总供给部，军医处改为总卫生部，并相继增设了军委后方办事处、劳动与战争委员会和总兵站，自此军事机构趋于完善。1937年2月，中革军委重新成为党中央的军事领导机构，并改称为"中央军委"。

军事力量方面，主要是兵源扩充和军事教育。1930年9月，农村革命根据地已有300多县的苏维埃，红军人数超过10万，枪支数超过7万，党员人数已逾12万。① 1933年6月6日，中共苏区中央局做出《关于扩大红军的决议》，强调必须执行中央局2月8日紧急决议中提出的"创造一百万铁的红军，来同帝国主义国民党军队作战"和"动员所有模范营模范赤少队整营整团加入红军"，提出要通过"彻底解决土地问题""彻底实行优待红军条例""加紧政治动员""采用突击方式以扩大红军""有计划的领导和动员赤少模范队整个组织加入红军"等措施，完成"创造一百万铁的红军"的任务。许多团支部整个支部的团员参加了红军，更多的模范少先队整排整连整营整团来到红军部队。各地还选送了大批团干部到红军中去做政治工作。仅1933年红五月江西省就有10万新兵到军区报到。1933年8月5日，共青团中央创立了由1万多名青年组成的"少共国际师"。② 1935年2月10日，"少共国际师"开始撤编。

---

① 《土地革命战争大事月表》，人民出版社1987年版，第84页。
② 《少共国际师成立》，《红星》1933年8月13日。

(四) 经济建设

在当时,中华苏维埃时期的经济建设为动员群众、发展生产、支持革命、巩固政权发挥了重要作用。1931年,中共中央通过了《中华苏维埃共和国宪法大纲》(以下简称《大纲》),《大纲》称"取消一切反革命统治时代的苛捐杂税,征收统一的累进所得税,严厉的镇压中外一切资本家的怠工和破坏阴谋,采取一切有利于工农群众并为工农群众所了解的走向社会主义的经济的政策"。苏维埃第一次全国代表大会还颁布了《苏维埃第一次全国大会土地法草案》《中华苏维埃共和国劳动法》《中华苏维埃共和国关于经济政策的决定》等文件,确立了中华苏维埃经济政策的基本任务——对外废除帝国主义在华经济特权,对内推翻封建土地所有制,解放和发展生产力。合作社经济成为发展苏维埃的一个主要方式,种类仅限三种——消费合作社("抵制投机商人之操纵")、信用合作社("抵制私人的高利贷剥削")和生产合作社("抵制资本家之怠工")。[①] 当时红色政权处境艰难,不仅要面临白色政权的包围,还要时刻经受"围剿"的战争考验,中华苏维埃当时的国民经济主要尽可能地发展国营经济和合作社经济。

苏区的经济建设在大范围的革命运动背景下,常常要基于政权建设的考量。在政策的制定上,要保障革命群众的根本利益,抵制资本主义对底层群众的剥削。中华苏维埃的政纲第八条规定"由政府设立农民银行,借给农民资本以消灭高利贷资本的剥削,帮助协作社的组织"。[②] 中华苏维埃第一次全国代表大会还规定,苏维埃对于合作社,要予以财政协助和税赋豁免,为保证劳苦群众的供给和接济,政府须提倡公共仓库储粮。

基于战时环境的特殊考量,中华苏维埃第一次全国代表大会关于经济政策的决议案规定要"严禁商人的投机和提高价格""禁止大小商人以商会名义垄断价格";苏维埃政府要监督与非苏维埃区域的贸易,"以保障苏维埃区域必需商品的供给"。[③]1933年,为了应对第五次围剿,巩固革命战争的经济基础,保障革命战争的物质需要,特召开中央苏区南部十七县经济会议,号召全苏区

[①] 《关于合作社暂行组织条例》,1932年4月12日。
[②][③] 王金山主编:《中华苏维埃共和国消费合作社史料选编》,第2页。

的群众紧密团结在党与苏维埃中央政府的正确领导之下,大规模地开展经济建设。大会认为,"在开展经济建设的工作中,迅速的推销经济建设公债,广泛的发展合作社运动,努力的进行粮食的调剂与收集工作,扩大对内对外贸易,打破敌人经济封锁,加紧筹款运动"。[①] 具体举措如：推销三百万经济公债；进一步发展合作社,建立县总社和县商店,发展社员和股金；各县建立粮食调剂局,每乡建立粮食合作社；各省组织筹款工作团到各地督促筹款工作；大规模训练干部,加强经济战线上的战斗力量；赣闽两省苏区派干部赴边区与新区工作,广泛开展阶级斗争,深入查田运动、筹款、打通赤白区的交通路线扩大对外贸易等工作。[②]

[①]《中央苏区南部十七县经济建设大会的决议》,赣州市财政局；瑞金市财政局编：《中华苏维埃共和国财政史料选编》,第225页。

[②] 赣州市财政局、瑞金市财政局编：《中华苏维埃共和国财政史料选编》,第226—228页。

第四章　正道沧桑：中国革命的胜利和中国式现代化的政治奠基

与现代化相关的界定因素包括：国际依存的加强，非农业生产的相对增长，各种组织和技能的专门化，出生率和死亡率由高向低的转变，官僚科层化，更加公平的收入分配和教育在不同水平上的扩展等。在中国没有完成反帝反封建的民族革命任务前，这一切将无从谈起。中国革命的胜利是开启中国式现代化进程的政治奠基。尽管在极为艰难和曲折的条件下，中国共产党依然完成了中华苏维埃建设的尝试，并开始更加自主地、自觉地探索中国特有的革命道路，形成了符合中国具体国情的革命方式。

一、革命道路的自主探索

中国共产党在早期确实已经有意识地避免对俄国马克思主义理论的持续性"迷信"，但对于逾越马克思主义理论的担忧又常常使革命实践掉入"教条主义"的泥淖。尽管如此，中国共产党还是在以下几个重大问题上坚定了本土化的自觉，并运用这种自觉在面对历史命题时做出了正确的抉择。

第一，从"武装工农"转向"建立党的军队"。俄国革命的成功为马克思主义在中国的实践提供了"两步走"的方案，该方案的第一步就指出了联合国内资产阶级进行民主革命的必要性。在共产国际的影响下，中国共产党选择和国民党合作，由此，共产党的社会革命转向了国共合作的国民革命。但鲍罗廷等共产国际代表使当时的中国共产党人相信,过分迷信军事会如国民党一样成为不革命的党,他们进一步认为革命的党应聚焦于对工农的宣传、组织和训练,最后才能通过武装暴动毕其功于一役,在此之前军事行动是被忽视的。但现实却是要成功组织"暴动"和罢工几乎不能没有军队的支持。1925年1月,党的四大提出了无产阶级在民主革命中的领导权问题,这一时期党的工作重点仍然是放在加强对工农群众运动的领导方面。直到1927年国民党开展"清党"运动,中国共产党才意识到必须建立自己的武装,必须用武装的革命对抗武装的反革命。但是,当时共产国际仍怀有一种假定,就是中国无产阶级革命新的高潮即将到来,在此情势下党必须像1917年的布尔什维克那样采取大胆的行动,继续武装工人,指导他们游行示威或揭竿而起,"以使这些起义与农村的土地斗争结合,以此直接准备推翻反动政府"。① 所以"八七"会议后,中国共产党还是继续按照俄国当年发动无产阶级在城市武装暴动的革命方式,相继在很多省市发动了武装起义。后来,中国共产党在挫折中认识到仅仅武装工农已经不足以取得革命的胜利,因为但凡成功的运动最后都得求助于军队的支持。毛泽东在《战争和战略问题》一文中,从中国国情的特殊性讲清了中国革命必须依靠武装斗争的道路,"中国的特点是:不是一个独立的民主的国家,而是一个半殖民地的半封建的国家;在内部没有民主制度,而受封建制度压迫;在外部没有民族独立,而受帝国主义压迫。因此,无议会可以利用,无组织工人举行罢工的合法权利。"②因此,"中国的问题离开武装就不能解决","枪杆子里出政权","有军则有权"。③裴宜理认为"军事转向对于中国共产主义革命的未来走向具有决定性的意义"。④ 建立党自己的军队是中国共产党在马克思主义本土实践中重要的方向性转变,它为后来革命策略的调整奠定了基调。

第二,从"武装起义"转向"武装割据"。国共第一次合作的破裂使中国共产党意识到必须建立自己的军队,但在反革命势力依然强大的情形下,贸

---

① Benjamin I. Schwartz, *Chinese Communism and the Rise of Mao*, Harvard University Press, 2013, p.96.
②③ 《毛泽东选集》(第2卷),人民出版社1991年版,第2、544—547页。
④ 裴宜理:《安源——发掘中国革命之传统》,阎小骏译,香港大学出版社2014年版,第130页。

然在城市发动武装起义并不能发展党的军事实力。"武装割据"的提出和实施是中国共产党建立自己军队的基本盘，以为日后发动革命、夺取政权存蓄实力。因为武装格局彻底改变了之前零星的游击作战形式，使党和红军与当地群众保持稳定的军民关系成为可能，使强大的群众基础成为可能。毛泽东很早便意识到不能只是将列宁的思想简单理解成一种主义学说，它实际上是一种组织方法，这种方法的目的直接指向夺取革命领导权，且必须用"枪杆子"才能获得。1927年秋收起义期间，毛泽东已经意识到"武装割据"的必要性，提出需要"上山"以建立党的军事基础。1928年10月，毛泽东在湘赣边界二大决议给中央的报告中，提出了"工农武装割据"的观点，即需在党的领导下进行武装斗争、土地革命和根据地建设。1930年，毛泽东提出"中国革命的胜利要靠中国同志了解中国情况"，[①]中国必须立足中国的现实确立自己的革命道路。"武装割据"不仅突破了俄国"武装起义"的革命模式，也突破了欧洲社会主义革命"城市暴动"的革命方式。施拉姆认为，毛泽东的"武装割据"思想妥善地协调了党与军队和群众的关系。这也意味着中国革命将走上不同于俄国革命（以武装起义夺取中心城市的控制权建立红色政权）的道路。

第三，从"以城市为革命中心"转向"由农村包围城市"。中国共产党人分析了当时中国城市的革命情势，已经意识到这一转变的必要性，但这又关涉到一个核心问题——如何看待农民阶级在无产阶级革命中的作用和地位。正如上一节已详细论述的那样，在马克思主义经典理论里，农民阶级似乎并没有被描绘为推翻封建制度的真正力量。以斯大林为代表的苏共领导人对中国共产党采取的"武装割据"很是犹疑，一来认为革命的中心转向农村并不符合俄国革命的成功经验；二则担心"上山"后的中国共产党会由一个无产阶级性质的政党变为"农民政权"。但中国共产党在1927年后被迫从城市退至农村已是无奈的事实，如果还不能动员农民，在农村地区建立革命的根据地，那中国共产党革命的"星星之火"势必会被拥有强大武装的白军扑灭在摇篮中。1927

[①] 《毛泽东选集》（第1卷），人民出版社1991年版，第115页。

年"马日事变"①后,毛泽东更坚信群众斗争的中心应该由城市转移到农村。当时,这种转移几乎是没有选择的选择,如果依然坚守在城市并试图建立军事力量,中国共产党及它的支持者将无力对抗反革命的屠杀和报复。事实上,中国共产党也意识到建立可以夺取政权的军事实力("枪杆子")已是必然,武装割据和由农村包围城市是建立、壮大中国共产党军事力量的一体两面,是根据中国的实际做出的不同于俄国方案的策略调整,是中国对马克思主义在地实践的民族方案。

第四,从"关门主义"转向重建"统一战线"。毛泽东曾总结中国共产党过去失败的阶级政策为"关门主义",称其是"为丛驱雀,为渊驱鱼"的"孤家寡人政策"。1927年大革命失败后,共产党人举起"工农苏维埃"的旗帜,在阶级政策上脱离了统一战线,将无产阶级曾经的盟友推到了自己的对立面。一切从阶级眼光看问题,必然会导致"阶级斗争扩大化",从而使党和红军在敌强我弱的情况下身处险境。"俄国无产阶级革命的模式就是从联合作战的多阶级革命,到革命阵营不断缩小,敌对阵营不断扩大的过程",革命的最后阶段一定是无产阶级单独革命。② 只是中国共产党在实践中过快地估计了进入革命最后阶段的时机,过早地让自己陷于孤立无援的境地。1935年到1936年发生了对中国共产党革命具有决定性影响的转折性事件,苏联基于自身安全的考量,决定改变共产国际过去奉行的"关门主义"政策,要求各国共产国际支部重回统一战线政策。③ 巧合的是,就在红军抵达陕北苏区不到一月之时,共产国际联络员张浩也将共产国际的新政策传达到了中国共产党中央。这直接促成了中国共产党重拾"统一战线",并开展对张学良部队的统战工作。表面看来,改变"关门主义"是共产国际对中国共产党的直接影响,而不是中国共产党的自发性行为,那么中国共产党在达成第二次国共合作中的自觉又体现在何处?

---

① 1927年5月,反动军官许克祥在湖南长沙发动的反革命政变。因当天电报代日韵目为"马"字,故称"马日事变"。5月21日,由原直系军阀部队改编的国民革命军第三十五军第三十三团团长许克祥在长沙发动反革命叛乱,调集军队向国民党湖南省党部、省总工会、省农民协会等机关发动突然袭击,收缴工人纠察队武装,捕杀共产党员和革命群众100多人。
② 参见杨奎松:《"中间地带"的革命——国际大背景下看中国共产党成功之道》,山西人民出版社2020年版,序言第12页。
③ 同上书,第14页。

日本历史学家石川忠雄指出,"西安事变"反映出中国共产党在马克思列宁主义本土化上的一个重要信号,即中国共产党"自主"决策了特定历史条件下与资产阶级政党合作的问题,①并做出了符合历史发展趋势的判断。多数历史学者认为在共产国际和苏联的电报还未送到中国共产党手中时,中国共产党就已经做出了"联蒋抗日",促成民族统一战线的决策。②1935年7月至8月,共产国际第七次代表大会上正式确立结成反法西斯人民战线的方针。几乎同时,中国共产党在1935年8月1日发表"八一宣言"(《为抗日救国告全国同胞书》),阐明了"停止内战,以便集中一切国力(人力、物力、财力、武力等)去为抗日救国的神圣事业而奋斗"的基本立场。宣言同时指出"只要国民党军队停止进攻苏区行动,只要任何部队实行对日抗战,……红军不仅立刻对之停止敌对行动,而且愿意与之亲密携手共同救国"。

由此观之,中国共产党在1936年5月后放弃了"反蒋抗日",在没有收到共产国际的电报和指令③的条件下依然做出了"联蒋抗日"的正确抉择。中国共产党认识到如若不把蒋介石争取过来就很难让国民党参加统一战线。④可见,中国共产党已经在艰难的探索后,逐渐显现其独立性和将马克思列宁主义在实践中具体化的灵活性。

二、延安的历史使命

在国内外学术界对中国共产主义运动和新民主主义革命的研究中,几乎

---

① 这种自主并不是说中国共产党已经开始完全忽视联共的态度,张国焘在回忆中也提到莫斯科对中国共产党依然具有影响,尤其是心理上的影响是不容忽视的。如果依照张国焘的说法,莫斯科的电报可能给予中国以统一战线的方式处理蒋介石问题更大的信心。

② 如波多野乾一的《中国共产党一九三七年史》、西里龙夫、中西功合著的《中国共产党与民族统一战线》以及中国学者和西欧学者均持该观点。但是,也有一种观点,认为莫斯科干预了"西安事变"的最终解决,中国共产党根据苏联的指令,重新与蒋介石和国民政府结成统一战线(如《对华白皮书》、达林:《苏俄与远东》、草野文男:《支那事变史研究》、程天放:《中俄关系史》、埃德加·斯诺:《为亚洲而战》等都持后一种态度)。

③ 对共产国际当时在中国共产党的权威也存在争议。

④ 石川忠雄:《西安事变考——关于莫斯科与中国共产党的关系》,参见《中国革命史研究译文集》第1卷,中共党史出版社1991年版,第118页。

都会谈到延安时期的中国共产党和中国革命。延安时期之所以如此重要,是因为它开创了中国社会主义革命的特殊道路,形成了中国共产党越发自主地进行经济发展、社会改造、人民战争的独特革命方式,这期间的大众参与、社会自治、意识形态教育等方面日渐成熟。美国学者塞尔登指出,中国共产党领导的共产主义运动通过党、政、军的连锁机构发挥作用。"三个系统各有自己的组织,并与另外两个系统紧密配合。而且,每个系统都向外和向下深入整个社会,试图建立这一运动最终可以依赖的基层组织和群众基础。"①

(一) 延安整风运动

为了确保党、政、军机构作用的发挥,保障各系统组织的正常及顺利运行,需要有领导权威及统一的思想基础。延安整风运动实现了这一目的,使中国共产党完成了意识形态和权力的统一,确保了党内高度的组织团结;团结的基础不仅是对马克思列宁主义的高度认同,还是全党对毛泽东在政治和思想上作为领导权威的共识。

一方面,整风运动针对的是党内干部。如果说遵义会议确立了毛泽东作为最高军事指挥官和政治领袖的地位,延安整风运动则确立了他成为中国共产党唯一的思想权威。毛泽东通过巩固组织的不懈努力,在党内形成了高度的政治认同。毛泽东和党内其他主要同志把之前13年中国共产党的所有相关文件汇编成卷(著名的《六大以来》),分发给党内所有高级干部阅读。《六大以来》被誉为"党书",首次系统地说明了党内不同路线。1941年9月,中共中央政治局召开扩大会议(即九月会议),中国共产党领导层对毛泽东的领导权威达成了共识。会中,王明和博古的错误路线被认定具有"主观主义"和"宗派主义"特征。毛泽东指出,要在党内发动一个启蒙运动,使党员的精神从主观主义、教条主义的蒙蔽中解放出来。②

早在1938年的报告中,毛泽东就指出:"不应当只是学习马克思列宁主义的词句,而应当把它当成革命的科学来学习","应当学习他们观察问题和解决

---

① 马克·塞尔登:《他们为什么获胜?——对中共与农民关系的反思》,南开大学历史系编:《中外学者论抗日根据地》,中国档案出版社1993年版,第607页。
② 《中国共产党的一百年(新民主主义革命时期)》,中共党史出版社2022年版,第246页。

问题的立场和方法"。① 1942年2月,毛泽东先后作《整顿党的作风》和《反对党八股》的讲演,他号召中国共产党"依据马克思列宁主义的立场、观点和方法,正确地解释历史中和革命中所发生的实际问题"。② 整风运动在全党普遍展开。整风运动首先针对延安的一万余名党员干部和左翼知识分子,要求他们阅读学习毛泽东的著作和党的文件,并联系个人思想历程和生活工作经历进行自查,开展批评与自我批评,找出原因,逐步取得思想认识上的一致。经过几个月密集的学习和自查自省,毛泽东认为存在于"大批青年干部及文化人"中的那种"极庞杂的思想"已不复存在,他们的思想已经得到"统一"。③ 1943年9月起,中国共产党领导层的整风进行到深入讨论党的历史问题阶段,整风范围扩大到全党。在全党整风期间,中央各部委,延安的机关、学校也开展了审查工作,其中造成了一批冤假错案。对此,中共中央和毛泽东及时纠正错误,毛泽东也主动承担责任。④

另一方面,整风运动针对的是延安的知识分子。对中国共产党来说,革命知识分子的生成,是中国共产党按照马克思列宁主义指导思想进行革命实践、取得革命胜利的重要前提之一。1942年9月,中共中央颁布了《总政治部关于部队中知识分子干部问题的指示》,该指示指出,中国共产党对知识分子的政策就是容、化、用。一是"容",就是争取知识分子加入党的队伍,能够容纳他们;二是"化",就是帮助他们树立无产阶级意识,克服小资产阶级天生的软弱性、依赖性、自私性,实现革命化和无产阶级化;三是"用",就是要根据他们的特点和长处给他们安排工作,大胆提拔、大胆任用,人尽其能,使其有适当的发展前途。中国共产党所要做的,不仅仅是工作上给以优待,生活上给以关怀,关键是要帮助知识分子克服思想意识上的不足,转化为无产阶级的有机的知识分子。⑤

也正是基于中国共产党在延安政治、经济、文化等领域卓有成效的革命实践,知识分子才有了"到民间去"的现实土壤,否则,他们只能像俄国民粹主义

---

① 《毛泽东选集》(第2卷),人民出版社1991年版,第533页。
② 《毛泽东选集》(第3卷),人民出版社1991年版,第814页。
③ 逢先知、金冲及:《毛泽东传》(第2卷),中央文献出版社2011年版,第657页。
④ 《中国共产党的一百年(新民主主义革命时期)》,中共党史出版社2022年版,第250页。
⑤ 中共中央军委总政治部:《关于部队中知识分子干部问题的指示》,1942年9月17日。

者那样浮在民众生活的表面,自然也不会创造出后来"大众的"文艺成果和经验。20世纪30年代后期,为了实现革命理想,大量知识分子怀揣着革命理想来到延安。据不完全统计,仅1938年一年,经八路军西安办事处介绍到延安的知识青年就有1万余人。1943年12月,抗战初期到延安的(包括到抗大学习的)知识分子有4万余人。[①] 由此可见整个抗战时期到延安的知识分子数量之多。整风运动期间,学生和知识分子在延安学习后也会被派到农村去,除了协助当地农民从事农业生产工作,学生们还积极投身于协助基层政府党组织的建设工作。当时的中宣部部长凯丰说,下乡的目的就是让知识分子去真正为工农兵服务,去反映工农群众的真实生活。[②] 在此期间,知识分子将现代社会(社会发展、先进理念、社会改造)的信息带进了传统的闭塞的乡村,在和农民打成一片的同时,他们感受到服务于救国事业的信念。

(二)延安时期的经济建设

从1943年开始,中国共产党集中财力和人力解决经济社会问题,这一过程中充分发挥了党的大众动员作用。在下乡、合作运动及下放的工业运动中,边区的群众通过中国共产党创造的新形式加入了经济建设队伍,使边区在被严重封锁的困难中依然实现了经济的持续发展和稳步推进的社会变革。

农业方面,成千上万的脱产劳动力以互助合作的形式重塑了边区的农村经济。中国共产党在边区没有改变家庭所有制,并巧妙地利用现成的农业生产协作方式,引导当地农民加入生产队伍。但这在实践中并不容易实现,中国共产党需要智慧地在村民原有的合作基础上维持组织与农民家庭关系之间的平衡。据统计,1943年之前,边区30万劳动力中的15%参加了互助组织,到了1944年,参加互助组织的农民比例超过了50%。[③] 延安时期的农业生产活动还有一个特征,就是在后期,包括毛泽东在内,党、政、军领导人都要参加某种形式的生产劳动,军队、党政机关、学校师生也要响应号召加入生产队伍。当时,军队的生产活动构成了根据地部队日常事务的重要部分,1943年到

[①]《抗战时期,4万余青年知识分子怀揣理想——奔赴延安》,《中国青年报》2021年5月2日。
[②]《解放日报》1943年3月28日。
[③] 史敬棠:《中国农业合作运动史料》,三联书店1957年版,第244页。

1944年,各部队基本能依靠生产实现粮食上程度不一的自给自足。延安的传奇就是这样在几乎全员参与的情况下诞生了。

工业方面,公营企业和组织的经济活动居于主导地位。毛泽东在《抗日时期的经济问题和财政问题》中强调,"只有实事求是地发展公营和民营的经济,才能保障财政供给"。① 1939年以来,中国共产党开始在边区自力更生,利用官办工业解决必需品的问题。1940年,毛泽东指出,"大银行、大工业、大商业"须归国家所有,"无产阶级领导下的新民主主义共和国的国营经济是社会主义的性质,是整个国民经济的领导力量"。② 1941年3月17日毛泽东为自己曾经编著的《农村调查》撰写了序言,毛泽东在此文中指出应当发展国营经济,也应当发展合作社经济;要给予资本主义经济相当自由的发展空间和平台,借助它的力量去反抗日本侵略者,去推翻半封建制度。从1938年到1943年间,棉布生产的公营工厂从1家增加至23家,合作工厂从1939年的2家增加至38家,私营工厂从1938年的5家增至1942年的50家。③ 除此以外,还有大量家庭作坊式的棉布制造。除了军工工业,1942年12月统计的陕甘宁边区的工厂数量(包括棉布制造、制鞋、造纸、印刷、化工行业④、石炭、工具制造等)为84家,工人数接近4 000人,资本接近7 000万元。⑤

尽管延安时期的经济建设只是战时情况下的特殊政策,但它还是从整体上体现了中国农村经济发展的一种可能的新的模式。毛泽东曾经在1942年的一次会议上这样阐述:"过去五年的公营经济事业,有了非常巨大的成绩,这个成绩,对于我们,对于我们的民族,都是值得宝贵的","我们建立了一个新式的国家经济的模型"。毛泽东称这种模式区别于俾斯麦式的旧式的国家经济,也不是苏联式的新型的国家经济,而是"新民主主义的或三民主义的国家经济",这种模式的特点在于"人民的需要,还只能由党政予以组织推动,由人民自己动手去解决"。⑥ 在当时的抗日根据地,在几乎没有资金和可以调配充足

---

① 《毛泽东选集》(第3卷),人民出版社1991年版,第895页。
② 《毛泽东选集》(第2卷),人民出版社1991年版,第678页。
③ 《毛泽东集》(第8卷),竹内实修,株式会社苍苍社1983年版,第269—270页。
④ 当时边区的化工产业包括药品、肥皂、皮革、陶瓷、玻璃、酒精、石油、火柴等。
⑤ 统计不包含军工企业。《毛泽东集》第8卷,竹内实修,株式会社苍苍社1983年版,第269—270页。
⑥ 《毛泽东集》(第8卷),竹内实修,株式会社苍苍社1983年版,第104页。

资源的情况下,毛泽东建议通过动员民众在边区创造一条劳动密集型发展的道路。毛泽东不认为落后的边区不能发展经济,同时,他也不赞成仅仅依靠从外国引进的经济发展模式,尤其是优先发展重工业的模式。延安的经济发展模式是在极为严酷的战争环境和民族危机中形成的,其中对群众大范围、有效率的动员使人们在极为艰苦的条件下创造了看似不可能的奇迹。

三、新民主主义革命的胜利

中国共产党领导的抗日根据地建设挫败了日本以闪电战征服全中国的企图,延安时期建立和发展起来的根据地成为后来建立新中国的基石,也奠定了中国共产党越发独立自主地探索马克思主义在中国实践的底色。当中国共产党带领全国各族人民赢得了新民主主义革命的胜利,新中国开始以独立平等的姿态进入国际社会,中国式现代化在现代民族国家建构和现代民主国家建构的意义上正式开启。

中国共产党领导下的中国革命使中国具备了走中国式现代化道路的条件,为中国式现代化的开创奠定了基石。新民主主义革命的胜利是"无产阶级领导的人民大众的反帝反封建"的胜利,将开创"民族的""科学的""大众的"文化,将形成"新的政治力量,新的经济力量和新的文化力量"。新民主主义革命和社会主义革命是两个不同的革命阶段,新民主主义社会是走向社会主义前途的过渡阶段。新民主主义革命的发展前途必然是社会主义,新民主主义革命的胜利使中国式现代化拥有了社会主义的属性,奠定了实现共产主义理想的基础。

新民主主义革命的胜利体现了新民主主义文化的先进性,而新民主主义文化是开放的、包容的,是以人民意志为依归的,这说明中国进入中国式现代化的进程推崇的也是开放和包容的文化。毛泽东指出,新民主主义革命既是反对帝国主义压迫的国民革命,也是反对国内封建压迫的民主革命;其中,反对帝国主义的斗争是首要任务。然而,要完成新民主主义革命,中国无产阶级(亦即被界定为无产阶级先锋队的中国共产党)应该发挥领导作用并与农民、小资产阶级以及民族资产阶级形成统一战线。毛泽东进一步阐释,革命后建立的国家应该是一个由无产阶级领导的致力于反对帝国主义和封建主义的所有革命阶级的联盟。早在1940年3月,毛泽东为中共中央起草关于抗日根据地政权问题的指示时便提出,"在抗日时期,我们所建立的政权的性质,是民主统一战线的。这种政权,是一切赞成抗日又赞成民主的人们的政权,是几个革命阶级联合起来对于汉奸和反动派的民主专政"。基于这一认识,"在人员分配上,应规定为共产党员占1/3,非党的左派进步分子占1/3,不左不右的中间派占1/3"。新民主主义革命的胜利表明,中国式现代化的主体不是单一阶级,而是中国共产党领导下的所有革命阶级,是一个包容的主体。

新民主主义革命时期,毛泽东在《论联合政府》中指出,"对于外国文化,排外主义的方针是错误的,应当尽量吸收进步的外国文化,以为发展中国新文化的借镜;盲目搬用的方针也是错误的,应当以中国人民的实际需要为基础,批判地吸收外国文化"。这说明中国式现代化不是闭塞和故步自封的,而是开放的,善于吸收借鉴优秀的外来文化,辩证看待而不是一味排斥外来文化的。

新民主主义革命的胜利已然说明中国革命道路和现代化道路区别于其他国家的革命和现代化。毛泽东在《新民主主义论》中一针见血地指出,新民主主义的政治是和"旧形式的、欧美式的、资产阶级专政的、资本主义的共和国"相区别的,也是和"苏联式的、无产阶级专政的、社会主义的共和国"相区别的,新民主主义共和国在国体上是"各革命阶级联合专政",在政体上是"民主集中制"。毛泽东还指出,中国可以采取全国人民代表大会、省级和县级人民代表大会、区和乡一级人民代表大会的系统,并由各级代表大会选举政府。而且中国实行的选举是"无男女、信仰、财产、教育等差别的真正普遍平等的选举制"。只有这样,"才能适合于各革命阶级在国家中的地位,适合于表现民意和指挥革命斗争,适合于新民主主义的精神"。[①]

[①] 《毛泽东选集》第2卷,人民出版社1991年版,第677页。

第二篇
中国式现代化的文化制度奠基

中华民族创造了璀璨的文明,但是在西方早期现代化浪潮和第一波、第二波现代化浪潮的冲击下,中华民族逐渐落后于世界,尤其在器物、制度、组织等层面,因而逐渐沦为先发资本主义现代国家的商品、资本输出地,成为半殖民地社会。自1840年鸦片战争以来,洋务运动、维新变法、辛亥革命等,在本质上都是为了通过国家层面的现代变革,赶上先发资本主义现代国家,免于"落后挨打"的境地,但无论是晚清政府,还是民国政府,都未能真正推动中国成为一个现代国家,都未能在中国走上"正常"发展进程。

1921年中国共产党的成立是开天辟地的大事件。在现代化的意义上,中国共产党的成立为中国开启现代化进程提供了非常重要的基础。经过28年新民主主义革命,中国共产党通过党组织与广大民众深入结合在一起,建立了新中国,为开启现代化进程创造了根本条件。1949年新中国的建立,使中国的现代化从属于社会主义现代化进程,尽管中国的社会主义现代化受到苏联道路和模式的影响,但还是有着自身的独特性:新民主主义革命进程锻造了中国共产党与广大人民群众之间的"鱼水""师生"关系,从而在世界社会主义史上塑造了中国社会主义现代化的理论、思想、精神和文化基础,使中国式现代化具有主体性的话语。中国共产党将自身塑造为无私利的坚强组织,深度动员、组织广大民众,使之汇聚成一股强大的力量,在很短时间内就使中国具备了开启现代化的前提条件,在较短时间内就完成了社会主义改造,为工业化的开展奠定了重要基础,进而在国家层面用不到30年的时间就完成了工业化建设,建构了相对完整的国民经济体系,初步创立了中国的社会主义工业化道路,使新中国大踏步赶上时代,在国家层面逐渐追赶上了第一波、第二波现代化浪潮。

所以,中国式的现代化进程,既属于世界现代化浪潮的一部分,又属于世界社会主义运动的一部分。中国式现代化道路的初步探索,在实现社会主义和现代化相结合的基础上,解决了现代化在个体和国家发展层面的问题,使新中国屹立于世界民族之林,从落后的农业国不断向先进的工业国转变,提升了广大中国人民的生活水平。

第五章　中国式现代化的文化奠基

从中国共产党诞生开始,中国式现代化道路的话语创建实际上就开始了,主要从理论、思想和精神这三个维度表现出来。在理论方面,选择马克思主义、开创马克思主义中国化理论的历史进程,塑造了中国式现代化道路的理论话语,使中国社会主义现代化建设和改革发展始终具有理论和方法的指导。在思想方面,中国共产党自身的发展壮大,塑造了落后国家推动现代化应当具有的领导力量的先进性本质及其思想层面的话语展现。在精神层面,更是凸显出中国共产党人在带领广大中国人民推翻三座大山的伟大实践中形成的新的社会关系及其精神,生成了诸多新话语,呈现出个体和国家层面的人生观、价值观、世界观的变化,为中国社会主义现代化建设和改革奠定了精神基因和精神动力。

中国式现代化话语的文化奠基,更多体现为"翻心"。与苏联共产党和苏联这一先行者不同,旧中国在工业化程度和基础上比俄国落后,但中国共产党不仅具有实现工业化、现代化的自觉,更是实现了旧中国在民族国家和社会民众层面的形式"翻身"到实质"翻心"的过程,国家层面的"翻身"尤其体现在新中国的成立,而中华人民共和国的成立、推翻"三座大山",更意味着广大没有生产资料的劳动者"翻心"的过程。从基因上讲,中国走上工业化现代化道路,具有倒向社会主义阵营和走上社会主义道路的必然性。与马克斯·韦伯阐释的"新教伦理和资本主义精神"不同,中国共产党带领中国人民塑造的是与中华优秀传统文化相结合的社会主义文化,这种文化在新中国成立的时候由于"翻身"而具有了实体意义,因而在阐释中国特色社会主义向何处去这一问题时,应当充分了解、追溯新中国成立和新民主主义革命孕育的文化,这一"文化"不仅蕴含了新的文明内涵,更生成了中国进行工业化现代化建设的话语。

毛泽东很早就意识到"民众的大联合"的历史意义,细细咀嚼其早年的思想,其实已经蕴含了实现"全体民众现代化"这一社会主义现代化的内涵。在《民众的大联合》一文中,毛泽东明确指出改造国家和社会的根本方法就是民众的大联合,他以法国大革命和十月革命为例,指出只有通过民众的大联合才能实现政治革命和社会革命的成功,而民众的大联合意味着与现代化进程中的早期阶段"相反",即不是作为少数人群的强权者、贵族和资本家维持自身特殊利益,借助知识、金钱和武力剥削多数民众的公共利益,而是通过民众的大联合使平民掌握知识、金钱和武力,由"许多小的联合进为一个大的联合",对此,毛泽东也预言,"中华民族的大联合,将较任何地域任何民族而先告成功"。也正是基于"民众的大联合",中国的先进知识分子选择了马克思主义。通过选择马克思主义,他们深入工农劳动者当中,不断使马克思主义与中国具体实际相结合,开启了对马克思主义的理论再造,为广大劳动者提供了不同于旧世界的价值观、世界观和人生观,"只有翻透心,才能翻透身",通过理论层面开辟马克思主义中国化,才能形成中国革命道路,为新中国的成立和中国的现代化进程塑造基本条件,形成中国进行社会主义建设的基本方法论:马克思主义与中国具体实际相结合;通过思想层面塑造坚强的领导主体,形成了无私利的中国共产党,为新中国开展现代化建设锻造了坚强组织;在精神层面,建构了新的社会关系,从根本上动员、组织了广大民众和巨量社会资源,汇聚成强大的精神动力,塑造了中国进行现代化建设的本质特征和群众路线这一重要方法论。

上述种种,构成了中国共产党在新民主主义革命进程中塑造的思想、理论、文化,这也深深镌刻在中华民族当中,成为新中国和中国人民推进社会主义现代化事业的理论源泉与思想积淀,也是中国社会主义现代化话语的文化根基。

一、理论方法论奠基

十月革命一声炮响给中国送来了马克思列宁主义,共产主义为更多有识之士所重视,最终在与中国实际相结合、在中国的革命实践中,形成了毛泽东思想,使中国革命有了正确的理论指导。但这一过程来之不易,在历史实践中呈现为三次主要的理论"翻转",改变了先进知识分子的头脑,直到毛泽东在党的六届六中全会中所讲的"走相反的道路",使中国革命有了现实的道路载体,不断改变中国革命发展的不利处境,使中国革命"翻了身"。

(一) 选择马克思主义,翻转西方各主义的抽象说教

中国在 20 世纪上半叶的主题就是"革命",目的在于使占人口多数的劳动者尤其是农民摆脱封建剥削,使中华民族摆脱帝国主义压迫。但是,在中国共产党成立前,诸多主义粉墨登场、诸多理想涌向前台、诸多运动掀起波澜,但最终均以失败告终,太平天国式的农民革命、洋务运动的器物革命、戊戌维新的变法革命、辛亥革命都失败了;君主立宪制、议会制、多党制、总统制等各种制度模式,都以失败而告终;洋务运动的强国理想、太平天国运动的小农理想和资本主义理想、辛亥革命的共和理想、小资产阶级改良理想等,最后都成了空想。之所以这些实践最后均走向失败,一个很重要的原因正是脱离中国实际和广大劳动者,中国革命的"肉身"难以成型,一会想学西欧、一会想学日本、一会想学美国,仿佛一国一民族之强大,只能模仿他者的历史进程,引进他者已经成功的形式和套路。西方的启蒙思想、革命进程和具体制度体现了其特定经济社会基础的要求,缺乏这种基础,所谓的民主、人权、自由只具有抽象性,缺乏具体对象和具体指向,只能是一般意义上的宣教,或是抽象宏大的普世情怀,除了影响少数精英,并无法深入群众。当知识本身和知识分子脱离群众,革命也就很难具有真正的载体。

因而中国革命首先需要"翻透心"。五四运动后青年知识分子的觉醒有两大特征较为明显,一是集体主义意识;二是强调社会改造,而二者又是相互关联的。集体即再组织化过程,社会改造则源于深刻认识到改变腐朽的社会制度需要一个坚强组织。青年毛泽东自不必说,瞿秋白等人也在成长经历中深刻认识到社会改造的重要性。[1] 寻找能够彻底改造中国的主义,就成为当时

---

[1] 《革命回忆录》(第 1 册),人民出版社 1980 年版,第 61—71 页。

先进知识分子转向马克思主义的一个重要出发点。李大钊在问题与主义论战中提出,"(一)要改造社会,须从根本上谋全体的改造,枝枝节节的一部分的改造是不中用的。(二)社会没有根本改造之前,不能试验新生活;不论工读互助团和新村。"①而根本改造,就需要坚定地树起一个主义,正如毛泽东所说,"要有一种为大家共同信守的'主义',没有主义,是造不成空气的。我想我们学会,不能徒然做人的聚集,感情的结合,要变为主义的结合才好。主义譬如一面旗子,旗子立起了,大家才有所指望,才知所趋赴"。②

对落后国家而言,哲学相对物质更加重要,中国的先进分子,如陈独秀、李大钊、毛泽东等人转向马克思主义并非偶然,他们认识到了落后的旧中国要在列强、地主、资产阶级等特殊利益集团的统治下觉醒,就不可能通过生产力自然、历史的发展,而是要确立新的先进哲学,与广大无产阶级相结合,唤醒广大民众觉悟,依靠广大劳动者。一方面,不少知识分子与先进人士传播共产主义理想,首先在于对理想本身的科学论证,对当下现实任务——彻底反帝反封建,为中国人民谋幸福、为中华民族谋复兴、为世界人民谋大同的规定与坚定。另一方面,选择共产主义更因为其是有效的理论工具。施存统在《为主义信主义》中就明确指出,共产主义有非常现实的奋斗途径。李大钊阐明,解释人类发展的历史唯物论、揭示现实生产关系秘密的资本论和通向理想的阶级斗争学说,使马克思主义具有严密性和完整性,令人信服。③ 经过广泛辩论,马克思主义受到中国先进分子和劳苦大众的热烈欢迎,很快成为研究中国国情、指导中国革命斗争与解决中国问题的有力武器,使中国先进分子认识到广大民众的伟大力量,自觉深入中国实际,与工农相结合,使中国革命有了真正的"肉身",从此焕然一新。

(二)实践马克思主义,翻转西方"教师爷"与资产阶级的权威

马克思主义在中国落地生根,并非先进知识分子单纯的主观选择,而具有

---

① 转引自许纪霖:《五四知识分子通向列宁主义之路(1919—1921)》,《清华大学学报(哲学社会科学版)》2020 年第 5 期。

② 《毛泽东早期文稿》,湖南出版社 1990 年版,第 554 页。

③ 转引自许纪霖:《五四知识分子通向列宁主义之路(1919—1921)》,《清华大学学报(哲学社会科学版)》2020 年第 5 期;《李大钊全集》(第 2 卷),河北教育出版社 1999 年版,第 232—233 页。

深刻的历史必然性,但对这一必然性的认识并非一蹴而就,甚至始终伴随着对西方文明和"历史客观性"的崇拜。另一方面,在中国共产党成立和孙中山采取"联俄、联共、扶助农工"三大政策后,一个普遍的理论认识即党不能掌握领导权,而是要帮助国民党进行民主革命,推动中国建立民主共和国。中国能否效仿十月革命,中国的无产阶级先进群体能否作为革命的领导力量,同样需要在理论上的"翻透心"。

自鸦片战争被打开国门,帝国主义列强唯一关注的就是在中国攫取自身利益,如税收、治外法权、筑路权等,孙中山提出的"使中国现代化而不是吸中国的血"只能是一种幻想,无论制度形态怎么变换,中国的财富最终都流向了封建官僚、军阀及买办手中。而第一次世界大战结束与中国巴黎和会外交失败,更是粉碎了国人对西方列强的美好想象,14万中国劳工也向国人传达了这样的思想:"不是所有的外国人都很傲慢和富有……在欧洲很多人是受压迫的";[①]另一方面,俄国十月革命提供了相对落后国家革命成功的样本,国家独立、劳工解放、世界大同让人充满期待。"以俄为师"正是对"西方教师爷"的倒转,中国需要的是彻底的反帝反封建革命,需要的是能够组织和动员广大劳动人民的革命力量改造旧中国,马克思列宁主义政党学说也使中国先进分子认识到有一种更高级的现代政党形态:以民主集中制为基础的革命型政党。中国共产党正是在上述背景下孕育而生的。

"以俄为师"在革命实践中首先带来的是领导权问题,大革命失败后,针对共产国际和陈独秀等在党内的影响,瞿秋白在《中国共产党与机会主义》中指出,迫切需要翻转党内存在的理论错误:在革命前途上,认为"资产阶级应当要领导革命,革命的前途是资本主义的";在领导权上让给"纯国民党";在政权问题上,"这一次革命由国民党取得政权,下一次革命才是共产党可以取得政权",[②]这就在党内提出了"独立领导权""建立无产阶级专政""武装斗争""注重联合农民"等理论问题。随后,经由毛泽东等进行的艰苦斗争,通过秋收起义、南昌起义以及诸多建立根据地的实践,实际上翻转了这样一种认识:在经济文化相对落后国家,无产阶级只能作为资产阶级的"尾巴",推动、配合资产

---

① 参见爱泼斯坦:《中国未完成的革命》,新星出版社2015年版,第49页。
② 参见《建党以来重要文献选编》(第5册),中央文献出版社2011年版,第164—170页。

阶级进行民主革命,这一认识恰恰以教条的历史观掩盖了阶级问题,在大革命中,工人士兵就是昨天的农民,军官就是昨天的地主和商人,后者不容许革命超过自身利益的限度,更容易与为了维护自身利益的帝国主义相互勾结。在半封建半殖民地国家进行彻底的民主革命,只能通过作为独立的无产阶级的领导,组织群众发动工农士兵以及广大贫民等劳动者。这就使中国革命具有了符合历史必然性的现实领导力量。

这同样符合马克思主义,在唯物史观中,马克思和恩格斯虽然肯定了资本主义工业化或现代化的进步性与世界历史性,但并没有赋予资本主义生产方式和资产阶级领导民主革命的必然性,历史发展的"必然"并没有排斥"偶然",历史也非单一线性发展。早在《黑格尔法哲学批判》序言中,马克思就提出了"德国革命"命题。在相对英法落后的德国,只有能够彻底代表市民社会整体利益的无产阶级才能领导革命,[①]因为德国革命面临强大的封建势力和处于上升势头的资产阶级的联合绞杀,同时德国具有工人阶级"早熟"、区域发展不平衡、小资产阶级人数较多、资产阶级软弱等国情,无产阶级及其政党在民主革命阶段不能只充当资产阶级的"尾巴"。此外,从英国资产阶级革命中也能够看到,资产阶级与封建旧势力的相互融合使革命具有不彻底性,"传统"甚至成为"现代"的重要动力。因而在落后且封建制度长期存在的国家,只有绝不与一切旧势力妥协的先进群体才能领导彻底的民主革命,这只能是无产阶级中的先进力量。

(三)发展马克思主义,翻转"共产主义空想论"和"共产主义教条论"

马克思主义在旧中国始终存在否定的声音,梁启超在《论社会主义运动》中认为中国不可能开展社会主义运动、走上社会主义道路,孙中山和蒋介石同样认为共产主义秩序,乃至苏维埃制度不能实际上引进中国,中国不存在成功建立共产主义和苏维埃制度的条件。另一方面,在党内,模仿十月革命乃至迷信共产国际的革命理论,也表现出中国共产党还不是一个真正成熟的政党。这两个问题是一体两面,只有真正将马克思列宁主义与中国实际相结合,提出

[①] 《马克思恩格斯选集》(第1卷),人民出版社2012年版,第14—15页。

"中国的共产主义",才能实现对上述两个问题的理论"翻转",使马克思主义指导中国革命,使中国革命具有现实的道路载体。

在党内,毛泽东明确阐明了中国革命的特点不同于资本主义国家,因而也不同于资本主义国家共产党的革命理论,他明确提出"走相反的道路",即在内受封建压迫、外受帝国主义压迫的背景下,"不是经过长期合法斗争以进入起义和战争,也不是先占城市后取乡村"。① 因此,在党内第一次党史学习教育活动和整风运动中,毛泽东带领全党吸取了过去党内"左"倾和右倾错误的教训,提出了"有理想的现实主义""革命的现实主义",②既批判不顾具体事态而过度相信资产阶级,主动隐藏、放弃共产主义的错误主张,也批判不顾世界资本主义进入稳定期、旧势力强大且经验丰富、党的力量相对弱小等现实,简单从共产主义运动已有经验和主观愿望出发、套用共产主义运动一般理论的错误主张。

在党外,面对第二次国共合作时期国民党"一个主义"的理论进攻,毛泽东、刘少奇、周恩来、董必武等人反复强调,中国共产党人绝不抛弃共产主义理想,这是"人类有史以来最崇高最伟大的理想",③符合人类社会的发展趋势与一般规律;又具有科学依据,是有关历史发展和社会运动规律的科学。在实践中,共产主义能够更好指导解决社会历史发展阶段的具体任务。更为重要的是,共产党人的党纲是共产主义与社会主义,这就决定了其民主革命纲领比任何党派都彻底,尤其体现为以"共产主义的思想体系"与"共产主义的思想方法"为指导,"中国的民主革命,没有共产主义去指导是决不能成功的"。④

这就使中国革命有了真正的、实际的理论指导,马克思列宁主义是"理",中国具体、历史国情是"殊","理"与"殊"的结合首要是"理"的运用,进而形成基于具体国情的"理的分殊",尤其是中国不同于马克思、恩格斯、列宁所处的资本主义时代,也不同于俄国。理论与实践的结合首先塑造了毛泽东思想,这一过程也是共产主义在中国的现实化,使"根本方法"与"具体方法"相统一,总

---

① 《毛泽东选集》(第2卷),人民出版社1991年版,第542页。
② 《建党以来重要文献选编》(第22卷),中央文献出版社2011年版,第463页。
③ 《建党以来重要文献选编》(第15卷),中央文献出版社2011年版,第237页。
④ 《毛泽东选集》(第2卷),人民出版社1991年版,第686页。

结新理论,以实现"今天的理想",朝向"将来之理想"。毛泽东指出,根本方法即"马克思主义的政治思想方法""共产主义的思想方法",没有这些方法,"就不能正确地指导我们现在的社会革命的民主阶段";"具体方法"即新民主主义,没有这些方法,就"不能将共产主义哲学正确地运用于中国实际"①。在共产主义引领下,中国共产党人没有成为资产阶级的"尾巴",与之理论趋同,失去领导权;也没有成为教条主义者,照搬照抄本本,失去独立性,而是不断推动马克思主义中国化。正是在这一意义上,毛泽东思想是"中国的共产主义",②也正是有毛泽东思想的指导,中国革命才真正摆脱了困难处境和不利局面,从一个胜利走向另一个胜利,进而真正塑造了马克思主义中国化这一重要方法论。

二、领导力量的先进性锻造

有了正确的革命理论,还需要坚定的革命主体,需要中国共产党始终保持自身的先进性。但同时,旧中国是半殖民地半封建社会,有着几千年的封建文化惯性,这种惯性时刻会妨碍党的先进性建设。尤其是随着党员人数的扩大,无时无刻都面临思想文化倒退的可能性,这就需要不断清理、改造党内存在的错误思想。不如此,就无法真正塑造引领实现中华民族解放的"现实的肉身",一旦缺少这一实体,那么在旧中国进行彻底的民主革命也就容易流于形式。因而与理论上的"翻透心"一致,坚持发展马克思主义,更需要把党内存在的旧思想翻转过来,塑造一批批思想坚定的马克思主义者、共产主义者,"使党变为一个共产主义的熔炉,把许多愿意为共产党主张而奋斗的新党员,锻炼成为有最高阶级觉悟的布尔什维克战士"。③

(一)塑造先进组织,翻转旧中国组织团体的"私"本质

在中国共产党成立前,旧中国形形色色的组织团体无一不代表本阶级的

---

① 《建党以来重要文献选编》(第21卷),中央文献出版社2011年版,第389页。
② 王稼祥:《中国共产党与中国民族解放的道路》,《安徽史学》1986年第3期。
③ 《中共中央文件选集》(第10册),中共中央党校出版社1991年版,第621页。

利益。太平天国运动尽管提出了"耕者有其田"等主张，但仍是纯粹的农民起义，带有浓厚的封建色彩，运动最后的目的是满足君主有足够粮食等物质利益，是为了少数人能够享受到丰厚的物质生活。洋务运动实际上保护了封建王朝的合法性和专制统治，在军事上镇压太平天国运动，本质上是地主阶级为了维护自身高昂的地租及利益。帝国主义及其代理人维护的是自身财产、征税、贸易商业等利益。辛亥革命尽管推翻了封建王朝，但领导力量依旧是旧阶级，中国社会一度出现312个政党组织，其中的大部分没有理想追求，更没有先进思想，仅是为了一己私利。农村依旧有地主、政府依旧是旧官僚，就连鲁迅也过着"枯坐终日，极无聊赖"的生活。国会选举腐败，参议员和众议院中的多数人是封建乡绅，拿钱办事。封建军阀更是与帝国主义相勾结，雇用一部分工人农民与其他人进行战争。到大革命时期，国民党更是暴露出封建独裁的本质，一旦革命越过了他们的利益，就掉转枪口屠杀进步力量。历史已经告诉我们，自1840年以来浸淫在私利思想中的各类组织团体，不可能也不会带领中华民族实现民族解放和民族复兴，这就迫切需要把个体及其组织的"私心"彻底翻转过来，建立具有彻底"公心"的先进组织，使中国革命真正有先进力量的引领。

早在土地革命战争时期，党中央就明确提出，共产党人"不是像军阀国民党似的造成一些封建制度和资本主义的驯服的奴隶，以及个人的升官或发财的资格"，而是"无产阶级的社会主义理想的战士"。[①] 共产党人是为无产阶级、人民大众服务的，而非为剥削阶级或所谓"超阶级"服务，这样的先锋队具有彻底的无私性，具有大公无私的道德和高度纪律性，对人民及其事业本身无限忠心，与人民群众有密切联系，而非自高自大、风头主义、个人英雄主义、自私自利等。毛泽东在许多场合、不同时间段都阐释过共产党人的这一本质规定性，综合起来看具有如下内涵：一是就党本身而言，"共产党是为民族、为人民谋利益的政党，它本身决无私利可图"；[②] 二是就党员本身而言，"共产党员是一种特别的人，他们完全不谋私利，而只为民族与人民求福利……总是以群

[①] 《建党以来重要文献选编》（第10卷），中央文献出版社2011年版，第450页。
[②] 《毛泽东选集》（第3卷），人民出版社1991年版，第809页。

众的利益为考虑问题的出发点";①三是就共产党(人)与其他政党组织的区别而言,"我们共产党人区别于其他任何政党的又一个显著的标志,就是和最广大的人民群众取得最密切的联系。全心全意地为人民服务……一切从人民的利益出发,而不是从个人或小集团的利益出发……这些就是我们的出发点";②四是就共产党(人)的根本目的而言,"我们这个队伍完全是为着解放人民的,是彻底地为人民的利益工作的";③五是就共产党(人)的责任而言,"我们的责任,是向人民负责。每句话,每个行动,每项政策,都要适合人民的利益,如果有了错误,定要改正,这就叫向人民负责"④。

从"大公无私"的思想规定出发并落实在实践中,中国共产党人就把旧中国具有私心的政党组织文化翻转过来,并塑造了承载公心思想文化的政党组织。正是在这一意义上,习近平指出,中国共产党"不代表任何利益集团、任何权势团体、任何特权阶层的利益"。⑤

(二) 坚定理想信念,翻转各类非无产阶级思想

党员队伍的扩大是经常的也是必须的,但因为封建文化的历史惯性、小农意识作祟以及西学中自由主义功利主义等思潮的影响,坚守公心、坚定马克思主义信仰和共产主义信念并非易事。在大革命时期,党的四大后党员人数迅速扩大,到党的五大时期一度接近6万人,但在大革命失败后,"一批共产党人的朋友离开了共产党,一批党内贪生怕死的动摇分子离开了共产党,甚至一批早期信仰过马克思主义、参加和领导了党的创建发展的先驱者,也离开了共产党。中共党员一下……减少到1万多人"。⑥ 土地革命战争时期,党组织转向秘密活动后,非无产阶级分子逐渐脱离党组织,党员自首与叛变革命的现象不断发生,许多非无产阶级化的知识分子党员的立场和阶级意识也发生了动摇,在革命军队中也出现了各类非无产阶级思想影响党的事业的现象。在抗日战

---

① 《毛泽东文集》(第3卷),人民出版社1996年版,第47页。
② 同上书,第1094—1095页。
③ 同上书,第1004页。
④ 《毛泽东选集》(第4卷),人民出版社1991年版,第1128页。
⑤ 习近平:《在庆祝中国共产党成立100周年大会上的讲话》,《人民日报》2021年7月2日。
⑥ 陈晋:《毛泽东时代的中国》,外文出版社2019年版,第4页。

争时期，尤其是党中央通过《关于大量发展党员的决议》后，党员人数迅速扩大，导致各类非无产阶级思想涌入党内，甚至一些老党员身上也有非无产阶级思想。在解放战争中相关情况和现象同样存在。这是无产阶级在经济文化相对落后国家领导革命的必然，即马克思所谓的"死人抓住活人"与列宁阐发的"文化征服"现象，旧社会长期存在的思想文化与在物质层面充分展开的资产阶级文化，都会成为坚定其对立物——处于上升阶段的无产阶级思想的阻碍。这就需要在没有物质基础的条件下，把种种封建思想和资产阶级思想翻转为无产阶级思想，并且在革命实践中矢志不渝地坚守。这样才能使党内不断涌现出一批批具有无产阶级思想的革命战士，使中国革命具有越来越多的、具体的真实主体。

以古田会议为标志和起点，我们党始终高度重视思想建设，直面落后国家开展共产主义运动不得不面临缺少具有阶级觉悟的工人、尚不具备较高理论与实践水平等困境，这一困境也使革命遭受了许多挫折，但也正是在这些挫折中，淘汰了信念不坚定、意志不坚强的"两面人"。1939 年，毛泽东在《〈共产党人〉发刊词》中明确提出要"建设一个全国范围的、广大群众性的、思想上政治上组织上完全巩固的布尔什维克化的中国共产党"。[①] 随着革命不断深入，共产党人逐渐在世界观层面走向成熟，形成了一系列主要思想主张：共产党是先进的严密组织，"没有任何同整个无产阶级的利益不同的利益"；是无产阶级的先锋队，始终坚持群众路线；是具有共产主义思想的组织，每个党员应具有共产主义思想，贯穿其中的是主观世界与客观世界相统一。[②] 这首先就要求彻底改造主观世界：一方面在世界观层面体现为共产主义精神，最直观的就是大公无私的道德和真正的民主精神，另一方面在实践中体现为能够用共产主义教育群众，用共产主义原理分析解释解决各种平凡细微的问题，贯穿其中的是"言行一致""说得出做得到"，"只有把我们党的政治路线与策略在实际行动上实现出来，我们才能把我们共产主义的理想变为地上的现实"。[③] 能够真正解决千千万万人民生活问题，团结一切可以团结的力量，使伟大理想与细微之事真正结合起来，实践人的自由全面发展，这就使共产党的干部充满力量，

[①] 《毛泽东选集》(第 2 卷)，人民出版社 1991 年版，第 602 页。
[②][③] 《建党以来重要文献选编》(第 17 卷)，中央文献出版社 2011 年版，第 316、317 页。

在战士和百姓当中享有很高威望,真正改变了党在不成熟时期的困难处境,并以整风整党整军等为形式,使中国共产党始终保持先进性,成为中国革命事业的核心力量。

(三) 打造人民军队,翻转反革命武装的旧军队思想

要真正实现彻底的民主革命,保障社会主义革命、建设和改革事业的稳定,非得有一支革命武装,以"武装的革命"反对"武装的反革命"。在历史上不难看到,"武装的革命"打败"武装的反革命",一个很重要的原因正是"革命的武装"倒转了"反革命的武装"的军队思想文化。旧中国一个很重要的特征正是军人政治或军阀政治,其空间基础是中国特殊的社会性质,由于封建势力强大加上资产阶级弱小且具有两面性,使军人政治成为封建制度赖以存续的工具。在晚清和中华民国中央权威势衰的大背景下,军人政治呈现出三方面特征:一是地方分裂割据,地方实力派军阀基本掌握了该地区的政治、法律、经济等权力;二是封建伦理成为军阀的思想基础,马克思阐释的"人依附于人"的社会关系,表现为军队、士兵是军阀的"私人财产",军队具有私人属性;三是演化为现代政党形式后,国民党尤其是蒋介石翻转了孙中山和黄埔军校的做法,坚持"有军则有权"的思想,不断强化军权,以军代党、以军驭党,使军事实力成为军阀势力和中国历史发展的重要因素,造成了军阀派系之间连年战争。因此,"反革命的武装"直接呈现为以现代政治形式维护封建伦理,造成地方割据,从而维护地主、官僚资产阶级和买办势力以及帝国主义利益的工具。无产阶级不仅不能加入、依附于任何军阀,而且只有塑造一支在思想上完全不同于他们的新式军队,将中国的军人政治彻底翻转过来,才能在根本上掌握领导权,推翻"三座大山",真正实现自身的历史使命。

南昌起义标志着人民军队的正式诞生,但随之而来的是军事失败导致的思想混乱、士兵逃跑等问题,使人民军队面临生死存亡的严峻考验。如何塑造一支思想先进的革命军队成为军队生存乃至革命成功的关键。南昌起义失败后朱德的天心圩整编、秋收起义后毛泽东领导的三湾改编,逐渐开启了对军队的思想重塑。历史的转折点是古田会议,毛泽东明确指出:"中国的红军是一个执行革命的政治任务的武装集团。特别是现在,红军决不是单纯地打仗的,

它除了打仗消灭敌人军事力量之外,还要负担宣传群众、组织群众、武装群众、帮助群众建立革命政权以至于建立共产党的组织等项重大的任务。"[1]在思想层面,"思想建党政治建军"使无产阶级新军队真正具有了与旧军队完全不同的先进的无产阶级思想引领,使"支部建在连队上"有了思想基础。更为重要的是,"革命的武装"打破了旧军队的封建伦理,改变了旧军队的私人属性和思想作风,不能随便打人骂人、随便处罚人;不能造成官兵对立、老兵处罚新兵,正如毛泽东指出的:"军队也需要民主主义,军队的民主主义制度,将是破坏封建雇佣军队的一个重要武器。"[2]革命的新军队建立了士兵委员会,战士在一些会议上可以批评排长、连长,发扬民主后官兵关系非常密切,部队拖不垮打不烂,分散打烂了能够自动集合起来,这一思想背后的重要意义在于铸造了全军上下的主人翁精神,使战士在思想上从被动转为主动,从"依附于人"转变为"当家作主",这彻底激发了战士的主体性,思想上"翻透心"不仅翻转了战士的身份,更塑造了一支与旧军队完全相反的人民军队,成为人民军队战无不胜的思想力量。

三、人民当家作主的思想塑造

要在实践中真正改造中国社会,不仅要使广大工农劳动者真正"翻身",更要使之真正"翻心",从根本上动员、组织广大民众,激发革命的潜力,最终从精神上树立新社会关系的文化"印记"。在旧中国,占有全国人口大多数的是农民,毛泽东就对斯诺说过:"谁赢得了农民,谁就会赢得中国。"赢得农民的关键不仅在于"土地",更在于"人心",在于主动深入群众、依靠群众、组织群众。毛泽东指出,共产党员既"是人民的儿子,又是人民的教师",[3]因而赢得人心不是简单的物质供给或生产资料分配,而是以先进的共产党人为中介,基于先进的理论和思想,在精神上组织、启发民众,让工农劳动者树立起主人翁意识,改

---

[1] 《毛泽东选集》(第1卷),人民出版社1991年版,第86页。
[2] 同上书,第65页。
[3] 《毛泽东文集》(第3卷),人民出版社1996年版,第47页。

变数千年来封建文化、小农意识等造成的种种精神麻木状态,使广大民众意识到政府和军队是真正属于人民的,从根本上翻转中国人民和中华民族被动的精神状态。也正是这一精神状态,为中国的新民主主义革命和社会主义革命,尤其是社会主义现代化建设积蓄、提供了庞大的精神动力。

(一) 翻转宿命论,使劳动人民认知到能够掌握自己的命运

在鲁迅笔下,旧中国民众麻木的典型形象跃然纸上,决定这一麻木状态的一个重要精神枷锁就是宿命论,这在当时的工人和农民中间普遍存在。邓中夏在长辛店创办劳动补习学校的时候,就问过工人一个问题:"工人为什么受苦",工人的回答直接明了:"咱们命苦呗。"[1]代表先进生产力的工人阶级尚有这种认识,而在长期受到地主压迫剥削的农民中间,相似认识就更多了,韩丁在《翻身》一书中就记录了他亲身采访的贫苦农民的精神状态,"苦难和恐惧积累多了,人们的感觉变得麻木了。过去的生活中充满了野蛮、残酷、恐怖,人们也不感到心惊了。"[2] 可怕的并不在苦难本身,而是毫无改变的希望,长此以往,人们更是习惯于苦难本身和毫无改变。与之相对,少数占有财富的地主商人,反而用宿命论论证自己靠武力掠夺来的财富的合法性,财富竟成了"道德高尚的证明","有钱人之所以有钱……是因为他们吉星高照;而穷人之所以穷,是因为他们一出娘胎就生不逢辰。这可以通过测'八字'推算出来"。[3] 这是旧中国普遍存在的现象,因而要真正进行彻底的民主革命,仅有先进的理论和思想还不够,同时先进的理论和思想也要求共产党人要深入群众中间,组织民众、启发民众。

毛泽东指出,共产主义学说提供了一种全新的历史观,揭示了"人民,只有人民,才是创造世界历史的动力"。[4] 这种历史观改变了中国社会发展史。中国共产党成立不久,就成立了中国劳动组合书记部,党员积极深入18万上海产业工人,动员启发他们,使工人阶级走向成熟,邓中夏等共产党人深入工人

---

[1] 《革命回忆录》(第1册),人民出版社1980年版,第24页。
[2] 韩丁:《翻身》,北京出版社1980年版,第48页。
[3] 同上书,第52页。
[4] 《毛泽东选集》(第3卷),人民出版社1991年版,第1031页。

群众中宣传马克思主义,告诉他们什么是阶级、什么是剥削、什么是政党,从理论上启发他们,不是因为"命苦",而是"因为受了有钱人的剥削。高楼大厦是我们工人盖的,机器是我们工人制的,火车头是我们工人造的,没有我们工人,世界上还能有什么呢?"①共产党人广泛与工农相结合,使他们认识到了组织起来的重要性,认识到了他们"推翻三座大山"、改造旧世界的历史使命。除了理论上的启发外,在实践中共产党人也通过一系列运动,赋予了劳动人民自我管理和自我组织的权力,同时各类教育活动也让农民明了,"地主富、农民穷"是因为地主完全靠农民劳动生活、剥削穷人,通过土地革命,劳动者更是第一次通过掌握生产资料感觉到能够掌握自己的命运。斯诺在观察根据地的苏维埃社会时也指出,整个社会被组织起来了,劳动人民意识到了能够通过自己的劳动、为了自己劳动,从而改善生活,改变社会。共产党人不仅组织了政府工作,还把青年、妇女、农民组织起来,甚至连哥老会等都组织起来了,只要是为了自己工作,中国"农民没有不喜欢组织或社会活动的"。② 正是在这一意义上,中国共产党紧紧团结广大民众,激发了广大劳动者的主体性,极大凝聚起东方大国的精神动力,使广大民众认识到,通过自己的劳动不仅能够改变自身的命运,还能够改造客观世界、改造整个中国,宿命论被彻底翻转过来,个人的光明前途与整个民族、国家和社会主义的前途紧密地联系在了一起。

(二)翻转旧权力,使劳动人民真正具有权力意识

宿命论之所以有市场,一个很重要的原因就是地主真正掌握了土地,掌握了权力,即"使人依附于人"的权力。毛泽东明确指出,在封建社会,"政权、族权、神权、夫权,代表了全部封建宗法的思想和制度,是束缚中国人民特别是农民的四条极大的绳索"。③ 毛泽东等中国共产党人的调查已经让世人看到,中国地主阶级、商人、资产阶级的权力和信念,是以土地制度及其之上的具有超稳定性的文化为基础的,任弼时在《土地改革中的几个问题》中明确指出,中国农村是由少数地主、富农和多数贫农、雇农、中农组成。韩丁在张庄的调研更

---

① 《革命回忆录》(第1册),人民出版社1980年版,第24页。
② 参见斯诺:《西行漫记》,东方出版社2005年版,第220—222页。
③ 《毛泽东选集》(第1卷),人民出版社1991年版,第31页。

具代表性,"占农村人口不到百分之十的地主、富农,拥有百分之七十到八十的土地和大部分的牲口、车辆、农具",①这种状况使劳动者始终处于富人的控制之下。正是占有了生产资料,使地主和资本家能够掌控政府权力,通过官僚机构,运用各种制裁办法和司法权力,如征税、拘捕、罚款以及各类人身处罚,掌握工人农民等劳动者的命运,甚至是生死大权。更为重要的是,长期生活在这一文化中的农民也形成了"依附"文化,他们对家族和宗族的忠诚、敬畏往往胜于国家和民族;为了获得一点土地或利益,自私自利,形成了独特的个人主义;缺乏远大目光,满足于小生产和文化的隔绝状态;不愿正视困难,不渴求根本的社会变革,渴望短时间迅速的财富重新分配;等等。因此,不从根本上转变劳动人民对地主及资产阶级的畏惧与依附心理,是无法真正翻转地主和封建权力,使劳动人民真正翻身的。

韩丁就记载了这一复杂的心态,当共产党人召开全村大会,鼓励农民勇敢地认识到"这个村子是我们自己的"、检举揭发地主恶霸的恶行时,"谁也没有动,谁也没有说话""村里人还没见过农民打村长""多年来不敢触犯绅权的心理,多少时代对于最终的失败与可怕的报复的恐惧记忆,好象乌云一般笼罩着他们的心头"。②为了扭转农民的被动心态,共产党人采用了政治、经济、文化相结合的方法。在经济层面,中国共产党在各个历史时期都重视土地问题,真正挖掉了农民被动心态的经济根基,土地革命战争时期没收一切地主阶级的土地、抗日战争时期减租减息、解放战争时期施行耕者有其田,通过土地改革使农民能够为自己种地,产生了渴望保护自身权力的精神动力。在政治层面,斯诺的观察更是深刻:根据地的每个组织"是由农民用民主方式作出决定、吸收成员、进行工作的","每一男女老幼都是某个组织的成员,有一定的工作分派他去完成",③这样一来,劳动者在中国历史上第一次在参与甚至制定政策方面有了发言权。在文化层面,在党的领导下,最为突出的是集体劳动和集体主义意识逐渐深入农民的意识深处,使之认识到集体主义和团结起来的力量,能够充分保护自身的劳动成果、保障自身权力。同时,亲身经历了社会革命的

---

① 韩丁:《翻身》,北京出版社1980年版,第28页。
② 同上书,第126—128页。
③ 斯诺:《西行漫记》,东方出版社2005年版,第221页。

农民真正认识到,他们正在经历的运动,既不是运动领导人为了自身利益进行的,也不是单纯的物质分配,而是和一切旧传统旧伦理旧文化的彻底决裂,这就使亿万农民产生了改天换地的革命热情,汇聚成一波波的精神浪潮,使原来抬不起头的"泥腿子"挺直了腰杆,激发了他们精神上的主动,认识到"彻底解放"的意义,最终为实现中华民族的解放提供了精神动力。

(三)翻转旧文化,塑造平等的社会关系

维护旧中国统治阶级的一个很重要的文化根基就是封建宗法文化,建基于封建土地制度之上的"人依附于人"的本质塑造了宗法等级文化,圣贤的说教和看不见的封建枷锁及各类封建组织,宛如一张坚固的大网,将广大民众束缚在等级权力之中。在上层,有国民党鼓吹的民族主义和儒家思想进行文化控制,他们赞美封建制度和封建文化的优点,颂扬逝去的封建时代,甚至"猛烈抨击西方的民主制度、共产主义和社会主义",认为"与中国民族的精神格格不入"。[1] 在基层,农村往往只给少数人开办村学,通过"四书五经"向人们灌输所谓的"正统观念",建立各类"道""社",宣传听天由命的观念,为封建权利和地主利益辩护,反对一切社会变革。甚至天主教等外来宗教也在中国扎根,攫取土地等各种利益,与封建文化一道成为愚昧中国劳动者的旧文化。旧文化最为明显的表现就是"等级",在人依附于人的各类关系层面都体现着少数个体对多数群体的权力,明目张胆的权力暴力呈现在各类关系中,如男人打老婆、婆婆打儿媳、父亲打儿子、老师打学生、地主打佃户,等等,彭德怀就曾回忆道,"祖母把我们统统看做是她的奴隶","她把全族都叫来开了会,正式要求把我溺死,因为我是不孝的孩子"。[2] 如果没有持续、反复的批判,这种旧文化不仅容易死灰复燃,甚至能够以新的物质形式为载体反复出现。在某种程度上可以说,不真正剔除旧文化,广大民众难以真正翻身,即使在物质层面翻身了,但在精神层面仍容易陷入旧文化当中。因而只有真正的"翻心",才能使广大人民真正"翻身"。

不同于世界观和权力意识的翻转,文化层面的翻转更为艰难,也需要更为

---

[1] 爱泼斯坦:《中国未完成的革命》,新星出版社2015年版,第196页。
[2] 斯诺:《西行漫记》,东方出版社2005年版,第274页。

细致的工作。真正在广大劳动者当中树立起平等思想和平等关系,在革命实践中真正践行平等,是中国共产党人消解封建宗法等级文化的主要表现,即彻底将旧社会的文化翻转过来,彻底将中国劳动者接受的封建教育翻转过来。这一实践尤其体现在党领导的武装斗争和妇女解放运动中。在军事斗争中,红军和解放军首先体现出尊重女性的精神,基本没发生过强奸和侮辱农村妇女的事件,民众对红军的道德有着很高的评价;在军队中,官兵一致,吃穿住行都没有太大差别,除了军事指挥和行政命令等外,日常生活中人与人之间并没有烦琐的礼节;在战斗中,部队指挥员的伤亡率并不低于士兵的伤亡率,同士兵并肩作战;在行政关系中,共产党也没有高薪和贪污的官员、军官。正是有这样先进力量的领导、传导及示范,才能在根据地当中塑造了平等的社会关系,翻转了封建等级旧文化,这尤其体现在将妇女从夫权的压迫中和家庭的束缚中解放出来,妇女党员干部的示范力量、鼓动启发工作,将穷苦女性组织起来,使妇女在精神层面不断觉醒,认识到自己所受的苦难来自封建等级权力和文化,为了使妇女解放出来,党还领导民众进行了妇女劳动解放运动,专门给妇女开设犁耕班等技术培训班,使妇女具有平等劳动赚取劳动成果的权利,更为重要的是还通过妇女进入行政机构担任行政领导,真正使女性能够行使权利,这些都是封建文化中离经叛道的现象。推动妇女平等的工作极大触动了封建旧文化,使平等精神深入人心,推动并巩固了对旧社会制度的改造和土地革命,以及世界观和权力层面的精神世界的翻转,实现了社会关系层面的"翻心"与"翻身"。

第六章　中国式现代化道路的制度奠基

新民主主义革命中形成的文化成为新中国的重要基因，新中国的成立也在"肉身"意义上承载了这一文化，而国家与民众层面的"翻身"与"翻心"，也为新中国开展现代化建设提供了基础。在中国共产党的领导下，开展大规模的国家工业化建设是新中国的必然要求，但中国共产党人很早就认识到，不能通过走资本主义道路开展工业化建设，因而进行社会主义改造、走社会主义工业化道路，建立社会主义基本制度，大踏步追赶现代化浪潮，就成为中华民族的必然选择。在中国共产党的坚强领导下，新中国很快就建立起社会主义基本制度，走上社会主义道路，社会主义与现代化在中国的结合，也实现了从文化到道路—制度的深入发展。

一、工业化是"我国人民百年来梦寐以求的理想"

通过抗美援朝、土地改革和国民经济的恢复，新中国站稳了脚跟，开始准备进行大规模经济建设。1953年，《人民日报》社论指出："工业化——这是我国人民百年来梦寐以求的理想，这是我国人民不再受帝国主义欺负不再过穷困生活的基本保证，因此这是全国人民的最高利益""国家建设包括经济建设、国防建设和文化建设,而以经济建设为基础"。① 实现工业化这一任务主要有三方面必然性:落后的国情、独立发展的愿望、党领导新中国建设事业的必然。

(一) 实现中国工业化是中国落后的国情所决定的

在新中国成立前,毛泽东就指出旧中国经济异常落后,现代工业基础极为薄弱,仅仅只有"大约百分之十左右的现代性的工业经济","还有百分之九十左右的经济生活停留在古代"。② 1949 年,经过连续 12 年的战争破坏,国民党政府留给新中国和中国共产党人的是一个千疮百孔的烂摊子,经过三年恢复时期,虽然达到预期目的,但是中国经济也只是超过抗日战争前的水平。③《中国社会主义经济简史》记载:"从工业来看,我国在一九五二年的工业水平,不仅落后于苏联一九二八年的水平,而且落后于东欧各人民民主国家的第一个五年计划的水平。作为国家经济发展水平主要标志的现代工业在工农业总产值中的比重:中国一九五二年是百分之二十六点七;苏联一九二八年是百分之四十五点二;波兰一九四九年是百分之六十五点五;捷克一九四八年是百分之七十五。按人口平均的工业产品产量,一九五二年,我国比苏联和几个主要资本主义国家都落后很多。钢:中国是二点三七公斤,苏联是一百六十四点一公斤,美国是五百三十八点三公斤,日本是八十一点七公斤;发电量,中国是二点六七度,苏联是五百五十三点五度,美国是二千九百四十九度,日本是六百零四点一度;棉布:中国是五点四米,苏联是二十三点六米,美国是五十五点四米。工业水平落后,还表现在许多工业部门还未建立起来。"④1950 年,刘少奇在《国家的工业化和人民生活水平的提高》中指明了新中国进行工业化建设的根本原因,"中国劳动人民的生活水平和世界许多先进国家比较起来,还是很低的",要使中国人民过富裕和有文化的生活,是"中国共产党和人民政府力求实现的最基本的任务"。要完成这一任务,首先需要推翻帝国主义和中

---

① 《迎接一九五三年的伟大任务》,《人民日报》1953 年 1 月 1 日。
② 《毛泽东选集》(第 4 卷),人民出版社 1991 年版,第 1430 页。
③ 刘日新:《新中国经济建设简史》,中央文献出版社 2006 年版,第 60—62 页。
④ 柳随年、吴群敢编:《中国社会主义经济简史》,黑龙江人民出版社 1985 年版,第 94 页。

国封建地主、官僚、买办阶级的统治,实现中国的独立统一,其次就是使"中国逐步地走向工业化和电气化",中国劳动人民穷困的重要原因就是"中国近代化的机器工业、运输业和农业还很少"。① 只有开展工业化电气化建设,才能建立起中国强大的经济力量和国防力量,才能使中国人民逐步地提高生活水平,能够过富裕和有文化的生活。

"工业化和电气化"正是第一波和第二波现代化浪潮的主要表征。在世界现代化历史中能够看到,无论是早期现代化进程,还是第一波、第二波现代化浪潮,主要以国家层面的工业化和电气化展现出来,国家层面的竞争、国家实力的强大,保障了本国及其人民的安全,也是人民富足生活的来源。因此对于尚未具有强大工业基础的新中国来说,开启现代化进程,追赶电气化工业化浪潮,使国家全面强大起来,从而提升本国人民的物质文化水平,使本国人民过上富裕的生活,就成为历史的必然。

(二) 实现中国工业化是新中国独立自主发展的要求决定的

在现代化进程中能够看到,近现代以来的中国是先发工业国、发达资本主义国家的商品和资本输出地,帝国主义列强在旧中国划分势力范围、"门户开放,利益均沾",使旧中国无法独立自主开展工业化现代化建设,反而被纳入帝国主义国家在全球攫取超额剩余价值的政治经济秩序当中。在马克思的思想中,如果把资本主义取代前资本主义比作"甜美的酒浆",那么西方资产阶级在东方国家所进行的"破坏"和"重建",却好比是"用人头"做成的"酒杯",因而西方工业化现代化的全球传播,并不是自觉的现代文明的传播者,而是"历史不自觉的工具",②其所起到的"促进社会文明进步作用"是第二位的,根本目的是为了追求自身利益,"破坏的使命,即消灭旧的亚洲式的社会","重建的使命,即在亚洲为西方式的社会奠定物质基础",③根本上是为了使亚洲式的社会能够与自身在生产方式上相近,更好地通过商品输出、资本输出以及一切暴力、流血和其他各种污秽的方式追求超额剩余价值,因而在根本上是阻碍中国

---

① 《建国以来重要文献选编》(第1册),中央文献出版社2011年版,第455—461页。
② 《马克思恩格斯选集》(第1卷),人民出版社1995年版,第862—863页。
③ 同上书,第768页。

社会文明进步的。近现代的中国正处于这样的地位,并无独立自主可言。

近代中国难以开启现代化的原因,一是国家主权严重受损,没能改变中国半殖民地的困境,费正清就指出"'外国势力无所不在'是中国政治舞台上一件主要的事实,这是一股无孔不入的势力"。[1] 在经济上,导致近代中国现代化的启动资金流向国外,产生"外向型经济依附"的结果;在政治上,形式上的现代政权和传统政治权力及其统治具有多元矛盾,导致现代国家的建构缺乏真正的领导力量;在社会上,人民生活极端困苦,缺乏现代社会的组织与整合;在文化上,社会内部存在民族文化认同危机。二是当权领导集团的现代化意识和能力缺失,政治软弱条件下无法实现现代化。"在现代史上,像中国这样一个具有如此长久的政治软弱的大国,实属罕见。"[2]

新中国的成立仅仅是完成国家主权独立,为现代化建设奠定基本前提,尚未建立强大的工业基础,尤其是重工业基础,是无法从本质上维护国家安全,使新中国独立自主地进行现代化建设的,这一点从旧中国遗留下来的经济基础就能够看到:中国的重工业尤为落后,产值在工业产值中只占40%,整个工业产值在工农业总产值中的比重不到30%,这样的重工业和工业基础,很难为农业、轻工业的现代化提供基本的产品供给;中国的工业面貌具有殖民地性质:"旧中国的机器工业,即使是机器工业最发达,最出色的上海,也是带有殖民地性质的,大多数机器工厂只能为英美进口机器做些修补性的工作,最多也只能做些小的普通的机器,而不能独立地制成成部的或成套的重型器械",[3] "工业尤其是重工业的落后与殖民地经济特征不仅难以满足国防和经济建设进一步发展的要求;轻工业由于受到原料和市场等条件的限制,已有设备的利用率还很低。因此,不发展重工业,推进工业化建设,也就无法从根本上改变中国经济独立自主的状况,更没有现代化可言,甚至会受制于人"。[4] 李富春明确指出:"只有建立起强大的重工业,即建立起现代化的钢铁工业、机器制造工业、电力工业、燃料工业、有色金属工业、基本化学工业等,才可能制造现代

---

[1] 费正清:《美国与中国》,孙瑞芹、陈泽宪译,商务印书馆1974年版,第154页。
[2] 塞缪尔·P.亨廷顿:《变化社会中的政治秩序》,王冠华等译,生活·读书·新知三联书店1989年版,第276页。
[3] 《新中国的第一座重型机器厂》,《人民日报》1953年1月1日。
[4] 参见金冲及:《二十世纪中国史纲》(第3卷),社会科学文献出版社2009年版,第779页。

化的工业设备,使重工业和轻工业得到技术改造;才可能供给农业以拖拉机和其他现代化的农业机械,供给农业以充足的肥料,使农业得到技术支持,才可能生产现代化的交通工业,如火车头、汽车、轮船、飞机等等,使运输业得到技术改造;才可能制造现代化的武器装备保卫祖国的军队,使国防更加巩固。同时,只有在发展重工业的基础上,才能够显著地提高生产技术,提高劳动生产率,不断增加农业生产和消费品工业的生产,保证人民生活水平的不断提高。"[1]

(三) 实现中国工业化是中国共产党始终明确的任务

在新中国成立前,党的二大就提出了最低纲领:消除内乱,打倒军阀,建设国内和平;推翻国际帝国主义的压迫,达到中华民族的完全独立;统一中国为真正的民主共和国。这实际上就提出了在中国开展现代化建设需要完成的基本前提,规定了民主革命的基本任务。党的四大第一次提出了无产阶级要掌握民主革命领导权和工农联盟的问题,这也规定了我们党在民主革命中的角色。随着大革命的爆发和失败以及国民党反动派对大革命的背叛,党的五大和八七会议制定了正确的土地革命和武装斗争方针,党的六大明确了中国社会的性质和革命阶段任务,分析了在中国进行现代化建设需要完成的前提任务。长征结束在延安站稳脚跟后,中国共产党人对工业化现代化的任务思索逐步展开。毛泽东坚定认为,没有强大的现代工业和基于此的强大国力,中国人民必然长期受人欺辱、受制于人,"我们共产党是要努力于中国的工业化的"。[2] 党的七大上,毛泽东在《论联合政府》中明确指出:中国工人阶级的奋斗目标,就是为着中国的工业化和农业近代化而斗争。[3] 在党的七届二中全会上,我们党更是明确了自身的目标:迅速地恢复和发展生产,使中国稳步地由农业国变为工业国,把中国建设成为一个伟大的社会主义国家。[4] 中华人民共和国成立后,1953年和1954年,中国共产党领导人为迅速摆脱国家贫困落后的面貌不断思索,反复提及工业化问题。1953年底,中共中央宣传部印

---

[1] 《李富春选集》,中国计划出版社1992年版,第135—136页。
[2] 《毛泽东文集》(第3卷),人民出版社1996年版,第147页。
[3] 《毛泽东选集》(第3卷),人民出版社1991年版,第1081页。
[4] 《毛泽东选集》(第4卷),人民出版社1991年版,第1347页。

发关于党在过渡时期总路线的学习和宣传提纲《为动员一切力量把我国建设成为一个伟大的社会主义国家而斗争》,[①]阐释了过渡时期的总路线:要在一个相当长的时期内,逐步实现国家的社会主义工业化,并逐步实现国家对农业、对手工业和对资本主义工商业的社会主义改造,1954年,毛泽东在一届人大会议开幕词《为建设一个伟大的社会主义国家而奋斗》中明确指出:"为了建设一个伟大的社会主义国家而奋斗","准备在几个五年计划之内,将我们现在这样一个经济上文化上落后的国家,建设成为一个工业化的具有高度现代文化程度的伟大的国家"。[②] 周恩来在《政府工作报告》中明确提出:要建设起强大的现代化的工业、现代化的农业、现代化的交通运输业和现代化的国防,"我国原来是一个落后的农业国,现在要把我国建设成为一个强大的社会主义的现代化的工业国家"。[③]

二、选择社会主义道路—制度进行
工业化建设的必然性

在新中国开展现代化建设,从来都不是一个中性的问题,而是我们党始终坚持并一以贯之的主题,"中国共产党从来把实现社会主义作为自己的政纲。它认为,中国要确保国家的独立和统一,发展国民经济,实现繁荣富强,使劳动人民免遭剥削和贫困,只有社会主义才是唯一的出路"。[④] 同时,经历过近代屈辱的中华民族和中国的先进知识分子,更多希望的是走共同富裕道路,不愿出现建设成果主要被少数人享有的那种贫富悬殊的状况,《共同纲领》的经济部分就明确规定了新民主主义要向社会主义社会过渡。在新中国成立初期,党和国家领导人,如毛泽东、周恩来、刘少奇等人,都对为什么需要通过社会主义实现工业化和电气化进行了说明。

[①] 参见《建国以来重要文献选编》(第4册),中央文献出版社2011年版,第596—630页。
[②] 《建国以来重要文献选编》(第5册),中央文献出版社2011年版,第400页。
[③] 同上书,第522页。
[④] 《胡乔木文集》(第2卷),人民出版社1993年版,第252页。

第一，从目的上看，社会主义工业化和电气化的前提并非同资本主义国家和资产阶级一样，主要目的是为了盈利和获取剩余价值。工业化和电气化的根本目的，是为了中国人民逐步地提高生活水平，能够过上富裕的和有文化的生活；工业化和电气化是提高中国人民生活水平的根基，能够促进新中国生产事业的发展、劳动生产率的提高，因而是全体人民物质福利和精神福利的基础。

第二，从手段上看，工业化和电气化需要大量前期投入和资金，资本主义工业化的资金来源和资本积累，往往通过掠夺殖民地、军事赔款、奴役性的借款和租让，无情地剥削本国人民和掠夺殖民地，或是本国在奴役性条件下向资本主义国家取得借款和让出租让地。同时，在工业化进程中不提高劳动人民的生活水平，产生失业、饥饿和破产的痛苦，更容易使自身走向帝国主义，侵略其他民族和国家，取得原料、掠夺市场，维持已经发展起来的工业，甚至要发动战争。

第三，从实质上看，先发的现代化国家往往是资本主义国家，社会主义革命又往往率先从落后国家爆发，这就导致落后的社会主义国家面对先进资本主义国家的军事等各方面威胁。与资本主义国家用 50 到 100 年左右的时间从发展轻工业开始逐步实现工业化相反，社会主义工业化需要首先发展重工业，可以自己制造各种必要的工业装备，使现代工业能够领导整个国民经济，促进农业和交通运输业的现代化，建立和巩固现代化的国防，大大发展社会主义的商业，大大加强工农联盟，苏联正是通过社会主义工业化方针，有力抗击了德日法西斯的侵略。毛泽东很早就指出，"没有工业，便没有巩固的国防，便没有人民的福利，便没有国家的富强"，"中国工人阶级的任务，不但是为着建立新民主主义的国家而斗争，而且是为着中国的工业化和农业近代化而斗争"。[1] 帝国主义和反革命的阶级与党派，对于社会主义政权和政党的颠覆，始终没有停止，而落后国家往往是被先发现代化国家欺侮的。

第四，从速度上看，因为与资本主义国家积累方式和制度体制等的不同，社会主义工业化往往能采取高速度，同时避免资本主义工业化过程中出现的"分娩的痛苦"，工业化需要的大量资金主要靠全国人民提高劳动生产率、增加

---

[1] 《毛泽东选集》（第3卷），人民出版社1991年版，第1080、1081页。

生产、严格节约,同时使广大人民能够享受自己的物质成果、成为工厂和国家的主人,虽然在一定程度上使人民生活改善的速度低于生产发展的速度,但这种精神和生产方式极大加速了工业化进程,同时能够在一定程度上降低工业化对社会和广大民众带来的冲击,使落后国家迅速追赶上世界现代化浪潮。苏联仅仅用了两个五年计划,就成为世界上第二大工业强国,起到了很强的示范意义,东欧国家在独立并建立人民民主政权后,同样用较短时间就实现了国家的工业化,使人民生活水平不断提升,同样起到了一定示范作用。

在明确社会主义工业化方针和社会主义道路的基础上,我们党提出要进行伟大的社会主义改造,使新中国进入社会主义社会。周恩来较早就解释道,向社会主义过渡的问题本来不是一个新问题,《共同纲领》中虽然没有写社会主义的前途,但这是因为考虑到当时写上去还不成熟,还没有经过对广大群众的宣传教育。进行社会主义改造的根本目的是发展社会主义工业化,使社会主义完全胜利。"如果不对资本主义工商业和个体的农业手工业实行社会主义改造,而听其自流,那么必然会对社会主义工业化的事业发生种种矛盾,而社会主义工业化的最终目的,党在过渡时期的总路线的根本目的,当然更无法达到。"[1]从现实看,新中国在经历三年经济恢复时期后,就逐渐积累起了社会主义因素,尤其从经济结构上看,公私经济比重已发生转折性变化,在工商业领域内社会主义力量已经超过资本主义。因此在社会主义改造前,事实上新中国已经逐步走向社会主义社会了。对此,周恩来在1952年就说明了中国的社会经济形态正在发生变化:"工业总产值公私比重,已由一九四九年的百分之四十三点八与五十六点二之比,变为一九五二年的百分之六十七点三与三十二点七之比。私营商业在全国商品总值中的经营比重,已由一九五〇年的百分之五十五点六降为一九五二年的百分之三十七点一,但在零售方面,私商经营一九五二年仍占全国零售总额的百分之六十七。""毫无疑问,国营工商业今后的发展将远远超过私营工商业的发展,而且会日益加强其控制力量。"[2]同时,在社会经济形态逐步变化的背后,是大规模经济建设和"一五"计划开展过程中国有经济的不断增长,农村也在发展互助合作运动,"社会主义经济不

---

[1] 《建国以来重要文献选编》(第4册),中央文献出版社2011年版,第603页。
[2] 金冲及:《二十世纪中国史纲》(第3卷),社会科学文献出版社2009年版,第781页。

仅早已控制着国民经济的命脉,而且在数量上也取得优势,这种优势地位还在不停地大幅度增加"。① 1952年4月,毛泽东第一次谈到了我国向社会主义过渡的问题,并且在同年10月委托刘少奇征求了斯大林的意见,谈到了中国共产党人设想的向社会主义过渡的大体方法,得到了斯大林本人的同意。

1953年6月,毛泽东正式提出过渡时期的总路线并且做了比较系统的阐述,1953年12月,党在过渡时期的总路线正式被提出来,后被概括为"一化三改""一体两翼",其中的主体就是社会主义工业化,被规定为"在中国建立社会主义基本制度的主体",这就在新中国第一次提出了社会主义与现代化结合的问题和目标,社会主义工业化既提升了整个国民经济中的社会主义比重,对建成社会主义制度起着决定性作用,又提升了整个社会的生产力水平。三大改造变革生产关系,保证了社会主义工业化的顺利进行。从社会性质上看,"新民主主义革命已经结束,已经成功;现在进入社会主义,已经开始走向社会主义,但又还没有到达,这就是过渡时期"。②

轰轰烈烈的社会主义工业化建设和"三大改造"的顺利推进,使社会主义与现代化在新中国开始结合,社会主义社会需要现代化大生产基础,衡量新中国是否能够建立社会主义制度,首先需要看社会主义工业化是否取得重大进展,并且在国民经济中处于优势地位。③ 在"一五"计划中,在钢铁方面,"三大工程"和"全国支援鞍钢"充分体现了社会主义集中力量办大事的优越性,在煤炭方面,中国第一座现代化大型露天煤矿辽宁阜新海州露天煤矿建成投产,在动力方面,上海电机厂、汽轮机厂和锅炉厂建成并组装中国第一座6000千瓦火力发电机组,开始建立起中国的发电设备生产基地,在运输方面,中国第一汽车制造厂建设投产并且制造了国产第一辆汽车,南昌飞机厂制造了第一架初级教练机,沈阳飞机制造公司生产了第一架新型喷气式歼击机和多用途民用飞机,此外,新中国还在铁路、水利、轻工纺织、服装加工、饮食服务业等产业类别上不断发展。

在中国共产党坚强领导和全体中国人民的艰辛付出下,新中国在短短几

---

① 金冲及:《二十世纪中国史纲》(第3卷),社会科学文献出版社2009年版,第782页。
② 《邓子恢自述》,人民出版社2007年版,第193页。
③ 相关论述参见金冲及:《二十世纪中国史纲》(第3卷),社会科学文献出版社2009年版,第791页。

年时间内，就初步走上了第一波和第二波现代化浪潮的"并联式"发展道路，在工业化电气化方面取得了初步成就，同时，周恩来也提出了"向现代科学进军"的口号，提出不断发展社会生产力，在高度技术的基础上，使社会主义生产不断增长，不断改善。正是社会主义工业化物质基础的不断生成，为同时期社会主义改造的进行提供了基础，"社会主义工业是对整个国民经济实行社会主义改造的物质基础，只有充分强大的社会主义工业才能吸引、改组和代替资本主义工业，才能支持社会主义的商业，改造和代替资本主义商业，才能用新的技术来改造个体的农业和手工业，才能最迅速地扩大生产，积累资金，造就社会主义的建设人才，培养社会主义的习惯，从而创造保证社会主义完全胜利的经济上、文化上和政治上的前提"。[①]

三、社会主义基本制度为工业化建设奠定基础

在"一体两翼"中，如果不进行社会主义改造，那么非社会主义经济就不会认真支持社会主义工业化发展，因而就需要通过建立社会主义基本制度，完成社会主义与现代化相结合的拼图。

在农业社会主义改造中，主要目的是互助组转向农业生产合作社。《中共中央关于发展农业生产合作社的决议》指出，"农民这种在生产上逐步联合起来的具体道路，就是经过简单的共同劳动和临时互助组和在共同劳动的基础上实行某些分工分业而有某些少量公共财产的常年互助组，到实行土地入股、统一经营而有较多公共财产的农业生产合作社，到实行完全的社会主义的集体农民公有制和更高级的农业生产合作社（也就是集体农庄）。这种由具有社会主义萌芽、到具有更多社会主义因素、到完全的社会主义合作化的发展道路，就是我们党所指出的对农业逐步实现社会主义改造的道路"。[②] 因而，通过社会主义改造，在农村建立社会主义生产资料所有制，形成社会主义合作化

[①] 《建国以来重要文献选编》（第4册），中央文献出版社2011年版，第603页。
[②] 转引自金冲及：《二十世纪中国史纲》（第3卷），社会科学文献出版社2009年版，第781页。

发展道路,就成为社会主义基本制度的重要组成部分。

之所以需要建立农村的社会主义基本制度尤其是生产方式,根本原因主要有三点:

一是农村的个体经济和小生产本身就与社会化大生产不相符,尤其是一户一家的分散劳动,属于小生产者和小私有者,这一生产方式及其滋生的精神文化,与现代化大生产和社会主义现代化应有的生产关系和社会关系不相符。本质上看,正如毛泽东指出的,"要解决所有制和生产力的矛盾问题。是个体所有制,还是集体所有制?是资本主义所有制,还是社会主义所有制?"[1]现实上看,互助组并没有涉及所有制,即建立生产方式的社会主义制度,只是集体劳动,在生产方式层面,低级形式的互助组和个体经济很难与农业生产力的发展、社会主义工业化的发展相匹配。

二是个体小农经济带有的分散和私有性质,与社会主义工业化建设的大规模展开不相符,这就在本质上导致分散的小农经济和社会主义工业化、电气化的矛盾,困难也越来越多,尤其是工业化建设对粮食和工业原料的需求。对此,毛泽东在《关于农业合作化问题》中指出,我国的商品粮食和工业原料的生产水平,现在是很低的,而国家对于这些物资的需要却一年一年地增大,如果我们不能……基本上解决农业合作化的问题,我们的社会主义工业化事业就会遇到绝大的困难,我们就不可能完成社会主义工业化;[2]另一方面,社会主义工业化中最重要的重工业,它的拖拉机、化学肥料、农用运输工具和煤油电力生产等,只有在农业已形成合作化的大规模经营的基础上才有使用的可能,或者才能大量地使用。就是轻工业的大规模发展,也不是在分散的小农经济的基础上所能实现的。陈云在1954年指出,"农业增产有三个办法:开荒,修水利,合作化。这些办法都要采用,但见效最快的,在目前,还是合作化"。[3]

三是小农经济容易导致贫富分化。实际上,伴随着土地改革的完成,在农村中很快出现了贫富分化的现象,这体现了个体经济存在的不可否认的弱点:分散的小生产者使用的是落后的生产工具,难以抵御自然灾害,同时又是私有

---

[1] 《毛泽东文集》(第6卷),人民出版社1999年版,第301页。
[2] 同上书,第431页。
[3] 《陈云文选》(第2卷),人民出版社1995年版,第238页。

者,不能互通有无,一些人分到土地,但又会因为劳动力不足或自然灾害等问题重新陷入穷困破产的境地,当时,富裕户已经在向贫困户放债,根据《中国社会主义经济简史》统计,"一九四九年至一九五二年,有八千二百五十三户农民出卖土地三万九千九百二十亩,出卖房屋五千一百六十二间;据湖北、湖南、江西三省调查,出卖土地的户数和亩数,一九五三年比一九五二年都增加五倍多。由于土地的出卖,有些贫农则靠出卖劳动力为生"。① 对此,邓子恢忧虑地谈道:"中国历史上历次的农民暴动,都或多或少地改变了旧的土地所有状态,但是由于农民小生产者存在这种弱点不可能克服,所以过了数十年百把年之后,又恢复到原来的阶级悬殊与农业衰落的状态。这种历史上的悲惨道路我们不要重走。"②在社会主义改造过程中,实际上也体现了社会主义的原则和精神,凸显了通过社会主义原则和精神推进农村现代化的历史进程,对此,邓子恢有过描绘:"我们同资本主义有本质的不同,资本主义的原则是利用自己的经济优势来剥夺那些落后的,把人家排挤与剥夺得越艰苦、越落后,他就越发财。社会主义则不是这样,社会主义基本原则是先进的帮助落后的,大的帮助小的,强的帮助弱的。我们要拿这种社会主义精神教育社员、教育干部。互助组应该帮助个体农民,合作社应该帮助互助组,也应该帮助单干户,在技术上帮助他,在经验上帮助他,甚至在劳动上、经济上也要适当地帮助他,这才是社会主义的精神。"③

与农村合作化运动类似,手工业的生产合作化在根本上建立起了生产资料集体所有制,实行统一经营、统一计算盈亏,除纳税和企业内部一部分公积金、公益金外,采取工资和劳动分红的形式,在社员之间实行按劳分配。它同商业部门签订产销合同,大大减少了生产的盲目性。它在组织起来以后,便于把原来分散在各户的人力、物力和财力集中起来,统筹安排,便于在生产上实行分工协作,合理组织劳动力,从而提高了劳动生产率,合作社社员平均年产值比个体户高得多。这样,就从生产方式、组织形式、生产经营等层面在手工

---

① 柳随年、吴群敢编:《中国社会主义经济简史》,黑龙江人民出版社1985年版,第96页。
② 《邓子恢自述》,人民出版社2007年版,第174页。
③ 《邓子恢文集》,人民出版社1996年版,第370页。

业中建立了社会主义基本制度。①

资本主义工商业的社会主义改造是最复杂的,党中央经过反复考虑和深入调查,以实事求是的精神制定了方法和道路,广大民族工商业者逐渐认识到接受社会主义改造,在中国走社会主义道路的重要性。正如荣毅仁谈到的,"我们这样大的一个国家,单靠私营企业能搞好吗?我的家庭就是一个证明","像我们这样一个贫穷落后的发展中国家,要搞企业、搞生产,一定要走社会主义道路,发展以生产资料公有制为基础的国民经济。当然,我也是逐步解除顾虑,逐步懂得这个道理的。正因为我懂得了这个道理,所以在对资本主义工商业的社会主义改造中发挥了主动配合的作用"。②从方法上看,正如刘少奇阐释的,可以通过和平转变,第一,中国在基本上还是一个资本主义没有发展起来的国家,中国的资产阶级不论在经济上和政治上都是很软弱的,并且富于妥协性。第二,政府一方面照顾资本家得到不太少的利润,另一方面又在"五反"等运动中反对资本家的各种违法行为。第三,比较大一点的私人工厂差不多都是为国家加工订货,依赖国家供给原料、收购和推销成品及银行贷款等。第四,有少数比较有远见的资本家看到了社会主义企业的优越性及其劳动生产率的提高,相信社会主义的前途不可避免。第五,中国社会主义成分增长,全部工业国有化的步骤,已经不能抵抗。从步骤上看,主要是经过各种国家资本主义的方式,经过公私合营的形式,从低级到高级的各种国家资本主义,从产业上看,逐步实现了从资本主义工业、私营金融业、资本主义商业的社会主义改造,通过全行业的公私合营和赎买、定息等政策,逐步完成了对资本主义工商业的社会主义改造。③

在生产方式层面建立起了生产资料公有制,也就在经济领域建立起了社会主义基本制度的同时,新中国还建立起了社会主义基本政治制度。这尤其体现为制定了中华人民共和国的第一部宪法,确立了中国共产党领导的多党合作和政治协商的基本制度;确立了民族区域自治制度;确立了基层群众自治制度。"五四宪法"直接指明了人民民主制度是建成社会主义社会的保障,明

---

① 参见柳随年、吴群敢编:《中国社会主义经济简史》,黑龙江人民出版社1985年版,第125页。
② 转引自金冲及:《二十世纪中国史纲》(第3卷),社会科学文献出版社2009年版,第821页。
③ 参见《建国以来刘少奇文稿》(第4册),中央文献出版社2005年版,第526—528页。

确了中华人民共和国是工人阶级领导的,以工农联盟为基础的人民民主国家,表明了我们国家政权的本质,规定了人民代表大会制度是我国的根本制度,按照民主集中制的原则集体决定问题。人民代表大会制度更加体现了社会主义上层建筑的特征,规定了国家一切权力属于人民,我国是人民民主专政的社会主义国家。在思想文化和意识形态领域,中国共产党在新中国成立后迅速统一广大人民的思想认识,确立了马克思主义的指导地位,展开了对资产阶级唯心主义的批判,进行了对知识分子的思想改造运动,使马克思主义得到了广大知识分子群体的认同,也使知识分子转变了政治立场,增强了阶级觉悟和爱国热情,以新的姿态参加到工作生活当中,实现了向工人阶级知识分子的转变,为社会主义工业化和新中国的现代化事业贡献了自己的力量。同时,全社会开展了学习马克思列宁主义著作和《毛泽东选集》的活动,不断提高全党马克思主义理论水平,增强社会对马克思主义立场观点方法的认识,编译出版了许多马克思主义著作,大力推进了马克思主义大众化。一批通俗读物出版,也使社会能够了解党的中心工作和国家的大政方针,不断提升自身理论水平和自身的现代化。

第七章 "第二次结合"与对社会主义工业化的认识深化

一、"第二次结合"命题的提出

在社会主义改造完成后,党和国家领导人对社会主义现代化的认识逐步加深,尤其是在"社会主义+现代化"认识基础上,进一步提出了"马克思主义与中国实际第二次结合"的命题。在社会主义改造逐渐完成后,毛泽东先是在《关于无产阶级专政的历史经验》中正式提出了"第二次结合"的任务,后在《论十大关系》中探索了在社会主义改造完成、社会主义基本制度建立起来以后,如何进行经济文化建设等社会主义建设问题,凸显出三方面思考:一是必须坚持社会主义;二是在社会主义与现代化结合问题上,需要不断进行改革发展;三是社会主义现代化在不同国家具体展开的过程中,要不断与不同国家的具体国情相结合。

随着社会主义改造的顺利推进,以毛泽东为主要代表的中国共产党人逐渐明确了我们国家进行工业化电气化建设的社会主义性质。最为突出的标志就是毛泽东在1953年审阅修改过渡时期总路线时,把"基本上实现国家工业化"的表述改为"逐步实现国家的社会主义工业化",并指出执行这条总路线,就是"变农业国为社会主义工业国",这意味着只有用"国家的社会主义工业化"来表述,才能体现工业化也即现代化建设应有的性质和方向。而在此前党的领导人和党的重要会议的表述中,并没有将工业国的发展构想和国家的社会主义性质统一起来。[①]

---

① 《马克思主义中国化史》(第2卷),中国人民大学出版社2015年版,第187页。

1955年，毛泽东指出，"我们现在所从事的、所思考的、所钻研的，是钻社会主义工业化，钻社会主义改造，钻现代化的国防，并且开始要钻原子能这样的历史的新时期"。①

当时，属于社会主义阵营的苏联及东欧其他社会主义国家，正展现出社会主义工业化模式的优越性。东欧社会主义各国按照苏联模式进行社会主义改造，在工业上实行国有化，在农业上进行土地改革并实行集体化，在短时间内建立起了社会主义公有经济的雄厚基础。随着政权巩固和公有制的建立，以及正确经济政策的实施，社会主义国家经济快速增长，人民的物质文化水平得到了很大提高。"在1952—1981年的30年中，苏联国民收入增长9.5倍，年平均增长率为6.9%；工业总产值增长13.4%，年平均增长率为7.9%，超过了除日本之外的所有发达资本主义国家。20世纪50年代初到60年代初，东欧国家的经济增长速度年平均率一直保持在8%以上，其中罗马尼亚、民主德国和保加利亚国民收入的年平均增长率分别高达14.2%、13.1%和12.2%"。② 正是在这个意义上，中国共产党始终坚持"走俄国人的路"，③"以俄为师"，正如毛泽东指出的："我们现在发展重工业可以有两种办法，一种是多发展一些农业轻工业，一种是少发展一些农业轻工业。从长远观点来看，前一种办法会使重工业发展得少些和慢些，至少基础不那么稳固，几十年后算总账是划不来的。后一种办法会使重工业发展得多些和快些，而且由于保障了人民生活的需要，会使它发展的基础更加稳固"，"为了使我国变为工业国，我们必须认真学习苏联的先进经验。苏联建设社会主义已经有四十年了，它的经验对于我们是十分宝贵的"。④

因此，在这个意义上可以说，"以苏为鉴"的前提是"以苏为师"，走社会主义道路，更好建设社会主义，以重工业为中心，使我国发展成为社会主义工业化国家，能够立足于世界民族之林，主要目的在于加快推动工业化现代化建设，即迅速实现工业化电气化，"正确地进行生产斗争和科学实验……用比西

---

① 《毛泽东文集》(第6卷)，人民出版社1999年版，第395页。
② 李景治等编：《当代世界经济与政治》，中国人民大学出版社2007年版，第164—165页。
③ 《毛泽东选集》(第4卷)，人民出版社1991年版，第1471页。
④ 《建国以来重要文献选编》(第8册)，中央文献出版社2011年版，第208页。

方资产阶级较短的时间在农业、工业、国防和科学技术方式实现现代化"。①

1956年苏共二十大的召开以及国际共产主义运动暴露出来诸多问题,例如在经济方面,突出体现在重工业、轻工业和农业的发展比重不平衡,钢铁、电力等重工业发展水平位居世界前列,但与人民生活相关的轻工业和农业生产却停滞不前,在政治领域,党的民主集中制和社会主义法制也需要现代化,等等。这些问题使中国共产党人认识到社会主义道路需要不断进行改革,不断与本国实际相结合,"以苏为鉴"。毛泽东指出:"把马列主义基本原理同中国革命和建设的具体实际相结合。民主革命时期我们在吃了大亏之后才成功地实现了这种结合,取得了中国新民主主义革命的胜利。现在是社会主义革命和建设时期,我们要进行第二次结合,找出在中国怎样建设社会主义的道路。"②

"第二次结合"在社会主义现代化的蕴意上主要包含了三个意思：一是社会主义国家要不断进行改革,以适应生产力的发展,更好推进国家的现代化建设,1955年苏联就开始开展经济调整和改革,对1956年毛泽东做出富有创见性的《论十大关系》产生了重要推动作用。例如,"苏联经济学家关于必须克服中央计划工作的各种弊端的观点对中国的争论的主要参与者有重要影响"。③显然《论十大关系》关于"中央和地方的关系"的认识依然离不开苏联这个"老师"的指导。二是在社会主义现代化过程中,要避免苏联已经出现的问题,坚持社会主义性质和方向不变,同时吸取苏联的经验教训,不能犯苏联等已经开展社会主义工业化建设的国家出现过的错误,《论十大关系》开篇就指明:"最近苏联方面暴露了他们在建设社会主义过程中的一些缺点和错误,他们走过的弯路,你还想走？过去我们就是鉴于他们的经验教训,少走了一些弯路,现在当然更要引以为戒。"④三是社会主义现代化的普遍原则要与各国具体实际相结合。在《关于正确处理人民内部矛盾的问题》中,毛泽东在谈及"工业化道路"时明确指出:"谁给我们设计和装备了这么多的重要工厂呢？美国给我们

---

① 《建国以来重要文献选编》(第20册),中央文献出版社2011年版,第3页。
② 吴冷西:《忆毛主席——我亲身经历的若干重大历史事件片段》,新华出版社1996年版,第9页。
③ 麦克法夸尔、费正清:《剑桥中华人民共和国史》(上卷),中国社会科学出版社1990年版,第115页。
④ 《建国以来文献选编》(第8册),中央文献出版社2011年版,第206页。

没有？英国给我们没有？他们都不给,只有苏联肯这样做,因为它是社会主义国家,是我们的同盟国家。除了苏联以外,东欧一些兄弟国家也给了我们一些帮助。完全不错,一切国家的好经验我们都要学,不管是社会主义国家的,还是资本主义国家的,这一点是肯定的。但是主要的还是要学苏联。学习有两种态度。一种是教条主义的态度,不管我国情况,适用的和不适用的,一起搬来。这种态度不好。另一种态度,学习的时候用脑筋想一下,学那些和我国情况相适合的东西,即吸取对我们有益的经验,我们需要的是这样一种态度。"[①]美国学者迈斯纳也指出,毛泽东时代最突出的特点之一,是追求工业现代化的手段与社会主义目标的统一。毫无疑问,这是毛泽东的目标,也是毛泽东思想的主张,这也就说明了新中国开始进行的工业化建设,不断探索实现社会主义与现代化的更好结合。

二、从"工业化"到"现代化"的"两步走"战略构想

以毛泽东为代表的中国共产党人对社会主义工业化进行了丰富深刻的战略设想,对实现社会主义工业化的时间点和主要标准进行了探索,同时更是提出了从实现社会主义工业化到社会主义现代化的战略设想。

(一) 实现社会主义工业化的主要标志

从党和国家领导人的文献梳理中可以看到,实现社会主义工业化的主要时间是 1967 年,也即通过三个五年计划的时间初步建立起社会主义工业化。例如,1956 年 4 月国家计委党组向中央提交了关于第二个五年计划和十五年远景计划的汇报指出：我国在 1967 年是可以基本上实现社会主义工业化的。按照刘少奇在党的八大上做出的判断,即通过三个五年计划时间基本实现社

[①] 《建国以来文献选编》(第 10 册),中央文献出版社 2011 年版,第 206 页。

会主义工业化推算,应当在1967年完成社会主义工业化的任务。①

时间上的主要判断依据是毛泽东提出的社会主义工业化中的生产力和生产关系理论,尤其是随着社会主义改造提前完成,党的领导人认为中国工业化建设可以通过更快的速度进行。毛泽东在阅读《政治经济学教科书》时就指出:"在中国的特殊条件下,社会主义能在国家工业化实现以前,就在所有制方面(包括农村在内)取得胜利,是因为有强大的社会主义阵营存在,有苏联这样高度发展的工业国家的援助。"对此联系到社会主义国家发展和资产阶级工业革命的发展历程,毛泽东指出,从世界历史来看,资产阶级工业革命,不是在资产阶级建立自己的国家以前,而是在这以后;资本主义生产关系的大发展,也不是在上层建筑革命以前,而是在这以后。都是先把上层建筑改变了,生产关系搞好了,上了轨道了,才为生产力的大发展开辟道路,为物质基础的增强准备了条件。当然,生产关系的革命,是生产力的一定发展所引起的。但是,生产力的大发展,总是在生产关系改变以后。②

我国实现社会主义工业化的主要判断标准是:在现代技术基础上建立一个独立的完整的工业体系,保证国民经济的技术改造,保证不断扩大再生产,并且保证国防的巩固。③至于工业在工农业总产值中比重的大小,是工业化的次要的标志,要视各国的具体情况而定。由于我国人口众多,农业和消费资料必须保有一定的比重,到1967年,按1952年的不变价格计算,现代工业在工农业总产值(约5 317.7亿元)中的比重将达到67%左右(全部工业在工农业总产值中的比重则达到70%左右),现代工业在工业总产值中的比重也将达到60%左右。④刘少奇在党的八大政治报告中提出:党中央委员会认为,为了满足我国社会主义扩大再生产的需要,完成社会主义工业化的任务,为了加强社会主义阵营各国之间的国际协作,促进社会主义各国经济的共同高涨,根据我国人口众多、资源丰富的条件,我们应当在三个五年计划的时期内,基本上

---

①③ 参见姜长青:《1949年至1978年工业体系和国民经济体系建设研究》,《毛泽东邓小平理论研究》2022年第2期。
② 《毛泽东年谱(1949—1976)》(第4卷),中央文献出版社2013年版,第268—271页。
④ 中国社会科学院、中央档案馆编:《1958—1965中华人民共和国经济档案资料选编(综合卷)》,中国财政经济出版社2011年版,第163页。

建成一个完整的工业体系。①

(二) 从社会主义工业化到社会主义现代化

基于对实现社会主义工业化目标的时间历史梳理不难看到,党和国家领导人初步提出了"两步走战略构想",这一构想充分展现了从社会主义工业化到社会主义现代化的战略规划。

在社会主义改造完成前,毛泽东就做出了规划。1954年,毛泽东指出:"我们的总目标,是为建设一个伟大的社会主义国家而奋斗。我们是一个六亿人口的大国,要实现社会主义工业化,要实现农业的社会主义化、机械化,要建成一个伟大的社会主义国家,究竟需要多少时间？现在不讲死,大概是三个五年计划,即十五年左右,可以打下一个基础。到那时,是不是就很伟大了呢？不一定。我看,我们要建成一个伟大的社会主义国家,大概经过五十年即十个五年计划,就差不多了,就像个样子了,就同现在大不一样了。"②这样就通过"三个五年计划"和"十个五年计划"形成了最初的两步走战略。

1955年,毛泽东更进一步明确,"这个总路线就是在大约三个五年计划的期间内,逐步实现国家的社会主义工业化……我们可能经过三个五年计划建成社会主义社会,但要建成为一个强大的高度社会主义工业化的国家,就需要有几十年的艰苦努力,比如说,要有五十年的时间,即本世纪的整个下半世纪"。③ 同年,毛泽东更进一步指出,"大约在五十年到七十五年的时间内,就是十个五年计划到十五个五年计划的时间内,可能建成一个强大的社会主义国家"。④ 基于时间换算可见,大概在20世纪末到2025年左右建成一个强大的社会主义现代化国家。1963年8月下旬,毛泽东审阅修改《关于工业发展问题》(初草稿)中指出:"在三年过渡阶段之后,我们的工业发展可以按两步来考虑:第一步,搞十年,建立一个独立的完整的工业体系,使我国工业大体上赶上世界先进水平;第二步,再用十年,使我国工业走在世界最前列。"毛泽东将文中的两

---

① 《刘少奇选集》(下卷),人民出版社1985年版,第224页。
② 《毛泽东文集》(第6卷),人民出版社1999年版,第329页。
③ 同上书,第389—390页。
④ 《毛泽东著作专题摘编》(上),中央文献出版社2003年版,第926页。

个"十年"都改为"十五年",将"走在世界最前列",改为"接近世界的先进水平"。①

1963年,周恩来指出:三年过渡之后,我们打算搞一个十五年的设想,就是基本上建立一个初步的独立的国民经济体系或工业体系,然后再用十五年左右,在20世纪内,建成一个现代化农业、现代化工业、现代化国防、现代化科学技术的社会主义强国。② 1963年9月18日,邓小平在会见印尼客人时指出:我们现在提的口号是,建设一个比较完整、独立的现代化的国民经济体系,包括工业、农业。这就是说,基本的东西我们自己都能搞,摆脱附属地位。③

第三届全国人民代表大会第一次会议提出,要建立独立的比较完整的工业体系和国民经济体系。周恩来在《政府工作报告》中指出:今后发展国民经济的主要任务,总的说来,就是要在不太长的历史时期内,把我国建设成为一个具有现代农业、现代工业、现代国防和现代科学技术的社会主义强国,赶上和超过世界先进水平。为了实现这个伟大的历史任务,从第三个五年计划开始,我国的国民经济发展,可以按两步来考虑:第一步,建立一个独立的比较完整的工业体系和国民经济体系;第二步,全面实现农业、工业、国防和科学技术的现代化,使我国经济走在世界的前列。④

由此能看到中国共产党人对新中国实现社会主义现代化的初步设想,即在社会主义基本制度基础上,进一步推动社会主义工业化建设,先完成"有没有"的问题,从而不断建设现代化的工业、农业、国防和科学文化,逐步赶上发达资本主义国家,继而完成"好不好"的任务。因而"建立社会主义制度和工业化"与"发展生产力和实现四个现代化",⑤也就形成了最初中国共产党"两步走"的社会主义现代化战略。

三、社会主义工业化建设的主要思想

中国共产党人在探索中不断形成自身有关社会主义现代化道路的认识,

---

① 《毛泽东年谱(1949—1976)》(第5卷),中央文献出版社2013年版,第252页。
② 《周恩来年谱(1949—1976)》(中),中央文献出版社2020年版,第562—563页。
③ 《邓小平文集(1904—1974)》(下卷),人民出版社2014年版,第159—160页。
④ 《建国以来重要文献选编》(第8册),中央文献出版社2011年版,第423—424页。
⑤ 参见《马克思主义中国化史》(第2卷),中国人民大学出版社2015年版,第209页。

不断进行体制制度改革,形成了十分丰富的社会主义工业化建设的思想。

第一,在基本路径层面,以毛泽东为主要代表的中国共产党人提出了"多快好省"与"综合平衡"的思想。《论十大关系》代表着中国共产党人对中国开展社会主义现代化建设的重要探索,形成了有关社会主义现代化建设的诸多重要设想。在《论十大关系》之前,毛泽东就提出了"多快好省"的思想,1956年1月1日,《人民日报》发表了由毛泽东亲自审定的元旦社论《为全面地提早完成和超额完成五年计划而奋斗》,提出要"多快好省地"发展社会主义事业;1956年1月20日,毛泽东在关于知识分子问题的会议上着重强调了"多快好省"的口号。这可以视为《论十大关系》的一个起点。在《论十大关系》中,也有一个最初表述,即"提出这十个问题,都是为着一个目的,为调动一切积极因素,动员一切可用的力量,来多、快、好、省地建设社会主义"。①

《论十大关系》中的"综合平衡"的发展思想集中体现在党的八大政治报告中。从报告的具体内容来看,工业部分强调了"降低轻工业和其他经济部门的发展速度"②是不准确的;农业部分强调了"必须保证农民在生产发展的条件下能够增加收入"③和"坚持兼顾国家利益、集体利益和个人利益的分配政策";④国家的政治生活部分强调了"必须适当地调整中央和地方的行政管理职权""正确地处理少数民族问题"⑤和革命与反革命等关系问题;国际关系部分强调了中国和外国的关系问题;在党的领导部分强调了党和非党的关系问题。也正是通过党的八大报告,《论十大关系》体现的"综合平衡"发展思想成为党和国家关于社会主义工业化乃至现代化建设的指导思想。这同时证明,以毛泽东为主要代表的中国共产党人对平衡"重工业与轻工业、农业""中央和地方""国家、生产者和个人"等关系重要性的认识。以工业化原则为例,将苏联模式以重工业为中心,调整为"以重工业为中心,优先发展重工业""在这个条件下,必须实行工业与农业同时并举,逐步建立现代化的工业和现代化的农业"。这是对苏联社会主义工业化模式的重要改革,也彰显了中国共产党人对

---

① 中央档案馆:《中国共产党八十年珍贵档案》(第3卷),中国档案出版社2001年版,第1058页。
② 《建国以来刘少奇文稿》(第8册),人民出版社2018年版,第224页。
③④ 同上书,第231页。
⑤ 同上书,第246页。

社会主义工业化道路的探索和思考。

第二,在改革路径层面,中国共产党人也提出了基本设想,即经济体制与政治体制相统一。从《论十大关系》的文本内容看,前五条主要反映了毛泽东对经济问题的思考,后五条主要反映了对政治问题的思考,从体制机制上看,更多蕴含了毛泽东对进行社会主义现代化建设的制度思考。在前五条中,毛泽东主要思考了包括"重工业和轻工业、农业的关系""沿海工业和内地工业的关系""经济建设和国防建设的关系""国家、生产者和个人的关系"以及"中央和地方的关系"等内容。前三条集中反映了毛泽东对在中国这样一个经济文化相对落后的国家里进行社会主义工业化建设的思考,尤其是他认识到生产力发展水平较低,经济制度还存在不合规律性等问题,因而提出了"决不可以因此忽视生活资料的生产""内地工业必须大力发展""一定要首先加强经济建设""就必须发挥地方的积极性"[1]等主张,这也反映出中国共产党人对在一个落后的农业大国开展现代化建设的思考,实现社会主义工业化必须考虑多数农民的生产和利益,应当考虑不同地域的平衡发展问题,需要考虑集体利益和个人生产积极性的统一以及地方灵活性和中央统一领导等关系问题,这是把马克思主义基本原理同中国国情相结合基础上探索中国社会主义现代化经济制度的重要开端。

《论十大关系》的"后五条"实际上是毛泽东对新中国政治制度改革发展的思索,如"我们必须搞好汉族和少数民族的关系""我建议党政机构大精简""惩前毖后、治病救人""提出向外国学习的口号"[2]等,这也说明,实现社会主义工业化建设不仅是一个简单的经济问题,其中还涉及诸多复杂的政治关系问题。特别是在当时"资本主义—社会主义"两制关系格局下,中国共产党处理好"汉族与少数民族""中国共产党与民主党派""革命与反革命""中国和外国"的关系,其核心就是处理好社会主义制度下的"民主"与"专政"之间的关系,这也是团结一切力量、建设社会主义现代化的政治前提。

正是在《论十大关系》的基础上,党和国家领导人思考了如何对苏联高度集中的经济管理体制进行改革,消解已经暴露出来的弊病。比如,中央要向地

---

[1] 《建国以来毛泽东文稿》(第6册),人民出版社1992年版,第83—91页。
[2] 同上书,第94—101页。

方分权,毛泽东明确指出要注意发挥地方的积极性,不能框得太死,1956年6月到8月,周恩来主持的国务院全国体制会议,研讨了中央和地方关系问题,周恩来指出,最集权就等于无权,要发挥地方积极性,共同促进生产力的发展。此外,周恩来还指出,要从计划、财政、企业、事业、基本建设和编制等方面来扩大地方权力。但同时,"为了建设一个强大的社会主义国家,必须有中央的强有力的统一领导,必须有全国的统一计划和统一纪律,破坏这种必要的统一,是不允许的"。① 同时还要扩大企业的自主权,要给企业必要的自主权和机动的余地,发挥企业的积极性,让企业有一定独立性。1956年,毛泽东明确指出,企业包括生产过程的企业和流通过程的企业都要有一定的自主权,做到独立自主,成为公开的、合法的半独立王国。② 要给生产者个人以利益,给生产单位以一种自主权,这就更有利于促进国家的工业化。

第三,在思想原则层面,中国共产党人始终坚持自力更生为主、争取外援为辅,不断重视培养本国无产阶级知识分子推动科学文化建设的思想。在《论十大关系》中,毛泽东明确指出,一切民族、一切国家的长处都要学,政治、经济、科学、技术、文学、艺术的一切真正好的东西都要学。但是,必须有分析有批判地学,不能盲目地学,不能一切照抄,机械搬用。应当继续努力同苏联和一切兄弟国家团结一致,继续努力同世界上一切兄弟党、人民革命政党和广大人民群众团结一致,取得他们的同情和援助。在建设一个新世界时,"不但可以不要向帝国主义者乞讨也能活下去,而且还将活得比帝国主义国家更好些"。③ 同时,发展科技力量,建立一支庞大的专家队伍。现代工业是随着现代科技发展而不断发展前进的。党和国家领导人认识到科学技术现代化是现代化建设的核心要素,所以中国社会主义建设中"要采用先进技术,必须发挥我国人民的聪明才智,大搞科学试验。外国一切好的经验、好的技术,都要吸收过来,为我所用。学习外国必须同独创精神相结合。采用新技术必须同群众性的技术革新和技术革命运动相结合。必须实行科学研究、教学同生产相

---

① 《毛泽东文集》(第7卷),人民出版社1999年版,第32页。
② 同上书,第53页。
③ 转引自《马克思主义中国化史》(第2卷),中国人民大学出版社2015年版,第211页。

结合"。① 社会主义建设是为人民的事业,也是需要人民群众广泛参与的事业,社会主义的工业体系和经济体系的建成,需要广大社会主义建设者参与,更需要各方面专家队伍。1957年,毛泽东指出:为了建成社会主义,工人阶级必须有自己的技术干部的队伍,必须有自己的教授、教员、科学家、新闻记者、文学家、艺术家和马克思主义理论家的队伍。这是一个宏大的队伍,人少了是不成的。1959年12月4日,毛泽东主持中共中央政治局扩大会议讨论国际形势和对策问题。毛泽东会前写了详细的讲话提纲,他在讲话中指出:"周总理讲了三条:一、建立独立的经济体系;二、突破国防尖端;三、党的团结。这三条提得很对,再加一条:四、建立技术队伍。华东协作区这次开会,他们感到在这方面注意不够。搞工业体系,要建立技术队伍,希望各大区都注意这个大问题,各大区、各省要建立无产阶级的理论队伍和技术队伍。"② 1956年,周恩来在《关于知识分子问题的报告》中做出了知识分子是工人阶级一部分的判断,同时发出了向现代科学进军的号召,指出科学技术是关系我们的国防、经济和文化各方面的有决定性的因素。这就在实质上阐明了独立自主的意义,一是立足于中华民族和新中国的独立自主发展而言;二是立足广大中国人民和工人阶级的独立自主发展而言。

四、社会主义工业化实现了国家和人民的发展

综合国内外现有研究成果,对新中国的社会主义工业化现代化建设,主要有两种评价标准,一是基于实证数据测算;二是基于实证数据的理论阐发。从这两个标准出发能够看到,新中国开展的社会主义工业化建设,解答了现代化进程中出现的民族国家和广大人民的发展难题,不仅使新中国具有了完整的工业体系和国民经济体系,更提升了广大人民的生活水平。

---

① 《周恩来选集》(下卷),人民出版社1984年版,第441页。
② 《毛泽东年谱(1949—1976)》(第4卷),中央文献出版社2013年版,第245—247页。

中华人民共和国成立到改革开放前,中国国民经济统计采用物质生产平衡表(MPS)体系。该体系认为社会产品是物质生产的成果。MPS 把整个国民经济部门依据经济活动性质分为物质生产领域和非生产领域。物质生产领域包括农业、工业、建筑业等生产物质产品的部门,以及为农业、工业、建筑业产品实现而追加劳动的商业、物资供应、货物运输业和为生产服务的邮电业等部门。社会总产值只包括物质生产部门,工业的物质产品总产出成为工业总产值;农业的物质产品总产出成为农业总产值;工农业的物质产品总产出成为工农业总产值。在实物经济指标中,煤炭、钢铁、粮食和棉花作为最重要的生产资料,同时也是重要的生活资料,在国民经济发展中具有举足轻重的地位,是国民经济发展的重要基础,所以在这一时期,国家通常以这四种物资的产量作为衡量国内经济发展的重要指标。

从工业化指标上看,1963 年,周恩来在讨论《关于工业发展问题(初稿)》时的讲话要点指出:经过 1963—1965 年三年过渡和 1966—1975 年十年规划,基本建立一个独立的国民经济体系。国民经济体系不仅包括工业,而且包括农业、商业、科学技术、文化教育、国防各个方面。工业国的提法不完全,提建立独立的国民经济体系比只提建立独立的工业体系更完整。苏联就是光提工业化,把农业丢了。建立一个独立的国民经济体系,有这样几个指标,初步设想,经过十三年,到 1975 年的奋斗目标是:粮食产量达到五千五百亿斤,那时人口将有八亿五千万,每人平均有原粮六百五十斤。棉花产量达到四千万担,加化学纤维二十五万吨,每人平均可有布十六尺。钢产量达到二千八百万到三千万吨,才可以初步满足国民经济的需要。煤炭产量达到四亿吨,石油产量达到三千万吨,才可以开始改变我国燃料首先是改变化工原料的构成。再加以在木材、有色金属和稀有金属、各种钢材、化肥、酸碱、机床、发电量上达到相应的产量,铁路运输里程达到五万五千公里左右。在轻工业产品和各种运输量上,在国防工业和尖端技术上,也有相应的增长和相当的发展。这样,就可以说基本上建成独立的国民经济体系了。[1]

从工业化发展水平上看,1963 年 11 月 15 日,周恩来在第十九次最高国务

---

[1] 《周恩来经济文选》,中央文献出版社 1993 年版,第 519—520 页。

会议上的讲话中指出:"我们已经为建立一个独立的国民经济体系和工业体系打下了初步的基础。这表现在:我们已经能够自己设计厂矿企业,不仅小型的,大中型的我们也可以自己搞了,并且能够供应设备了。第一个五年我们自己只能搞五百多项,现在能搞一千多项,质量也不同了,因为大中型的多了。我们的各种材料的品种,不论钢、钢材、机器、化学、有色金属的品种,都有增加。我们的技术水平也大大提高了。在工业方面,我们有了很大的进步。……我们的科学技术队伍也开始形成了,力量也壮大起来了,现在大概经过专业训练的有二百多万人,但是还不够。"[①]

1981年6月27日中国共产党第十一届中央委员会第六次全体会议一致通过的《中国共产党中央委员会关于建国以来党的若干历史问题的决议》对于中华人民共和国成立后32年历史的基本估计指出:在工业建设中取得重大成就,逐步建立了独立的比较完整的工业体系和国民经济体系。1949—1978年工业体系和国民经济体系建设是中国自鸦片战争以来所进行的最成功的工业化建设,深刻改变了中国的社会经济基础,改变了世界力量对比格局,也为中国改革开放和进一步发展奠定了坚实的工业经济基础。对于新中国的工业化建设取得的伟大成就,改革开放以来我们党做出的两个历史决议都有充分的阐释。

国外学者迈斯纳提出,毛泽东时代是一个迅速工业化的时代,对这一时代的经济发展的批评,主要是针对经济发展中存在的问题和缺陷,但批评家们都承认,在毛泽东时代,中国的工业总产值增加了38倍,重工业增加了90倍。从1952年到1977年,中国的工业产量以年平均11.3%的速度增长,在现代世界历史上,与任何国家在类似的发展阶段上相比,中国的发展速度都是惊人的。在毛泽东时代,工业产值占国民生产总值的比重由23%提高到50%以上,农业产值的比重从58%下降到34%,这样工业份额在国民收入中的增长速度(30%)在历史上是罕见的。在工业化进程的最初40—50年中,英国的工业产值的比重仅仅上升了11%(1801—1841年),日本是22%(1878—1923年),在第二次世界大战后的新兴工业化国家中,几乎没有一个国家能够跟中

[①]《周恩来经济文选》,中央文献出版社1993年版,第526—527页。

国相媲美。

中国从一个基本的农业国转变为一个具有相对独立完备的工业基础的国家,反映在与现代化相关的产品的生产大幅度增长上。从 1952 年到 1976 年,钢产量达到 2 300 万吨,煤产量达到 4.48 亿吨,发电量达到 1 330 亿千瓦时,原油产量达到 2 800 万吨,化肥产量达到 2 800 万吨,水泥产量达到 4 900 万吨。到 20 世纪 70 年代,中国能够制造原子弹和洲际导弹、发射人造卫星。同样,工业化深刻改变了中国的社会结构,虽然仍有 4 亿劳动力从事农业生产,但工业劳动力从 1952 年的 300 万增加到 1970 年的 5 000 万,还有成为社办或队办工厂工人的 2 800 万农民。中国还建立了新型技术知识分子队伍,科技人员从 1949 年的 5 万人,增加到 1966 年的 250 万人,1979 年达到 500 万人,其中 99% 是 1949 年之后培养起来的,同时还兴建了巨大的灌溉和水利工程,对 20 世纪 80 年代初的农业生产的发展高潮起了重要作用。到 1978 年,中国实际上摆脱了"东亚病夫"的帽子,跻身世界大工业国之列,1952 年到 1978 年,国民收入增长了 5 倍,达到 3 000 亿元人民币。工业产值增长比例最大,与历史上德国、日本和俄国三个国家的早期和第一波、第二波现代化浪潮相比,1880 年到 1914 年,德国经济增长率为每十年 33%,日本从 1874 年到 1929 年的经济增长率为每十年 43%,苏联在 1928 年到 1958 年的经济增长率为每十年 54%,中国从 1952 年到 1972 年的经济增长率为每十年 64%。同时,不能忽视的是,一些对衡量劳动人民至关重要的成就,很难以数字来衡量,在这一时期,跟现代化息息相关的基本成就,如教育事业、学校数量、受教育机会、扫盲运动、医疗卫生体系等迅速发展,中国人均寿命增加了近一倍,中国人民的物质和社会利益迅速发展。[1]

正是基于上述成就,毛泽东时代是中国乃至世界上最为宏伟的社会主义现代化篇章,为从社会主义工业化建设向社会主义现代化建设不断发展奠定了根本的道路和制度基础,塑造了中国社会主义现代化建设的"文化"和"制度"基因。

---

[1] Maurice Meisner, *The Deng Xiaoping Era: An Inquiry into the Fate of Chinese Socialism*, 1978-1994, Hill and Wangpp, 1996, pp.188-194.

第三篇

中国式现代化的道路开辟

改革开放，作为中国的"第二次革命"，是新中国成立之后掀起的一场在现代社会主义史上由传统到创新的自我革命。

20世纪70—80年代，我们党根据时代变化，对国际形势的总体前景和特征做出了科学的判断，认为世界大战是可以避免的，我们有可能争取较长时期的和平环境，和平与发展是当今世界两大带有全球性的战略问题，是当代世界主要矛盾的集中体现。正是基于"和平"与"发展"这一时代主题判断，我们党做出了以经济建设为中心，集中力量进行社会主义现代化建设的战略决策。

20世纪下半叶，当苏联还在如日中天之时，就开始暴露自身的问题，成为东欧等社会主义国家相继改革的对象。在此期间，中国的改革开放并没有像苏联东欧的改革那样，或者在封闭僵化的传统体制内进行修补，或者走上改旗易帜的转轨之路，而是在坚持科学社会主义基本原则和社会主义基本制度不变的前提下，果断地突破社会主义的苏联模式和传统计划体制，实现社会主义与市场的创造性结合，从而成功开创了中国特色社会主义。

尽管中国特色社会主义诞生于改革开放时代，但与新中国社会主义建设的历史密切相关，它们统一于新中国成立以来的社会主义伟大实践。站在新时代的高度来看，改革前后两个历史时期乃至到新时代整个历史，呈现出新中国一个完整的发展轨迹，贯穿着三个历史时期的，则是当代中国对社会主义现代化道路的不懈探索，是在中国建设、改革和复兴各个时代不断谱写的新篇章。

如果说中国革命的胜利和新中国的建立，为我们独立自主地探索现代化道路奠定了根本的历史和政治前提，那么，我们在建设时期确立的社会主义国家制度，在改革时期建立的社会主义市场经济体制，则为中国式现代化的开创和拓展建立了制度和体制基础。基于此，我们逐渐形成了一整套成熟完备的、行之有效的制度体系——中国特色社会主义制度和国家治理体系，并将其确立为"全面深化改革"的总目标，即完善中国特色社会主义制度，推进国家治理体系和治理能力现代化，以新时代的"中国之制""中国之政"和"中国之治"夯实中国式现代化的制度、政治和治理基础。

第八章　和平与发展：中国式现代化面临的时代主题

中国特色社会主义，是我们党在继承新民主主义革命和社会主义革命与建设的历史成就的基础上，在和平与发展的时代开创的。和平与发展，是中国共产党对时代主题的基本判断。

一、和平与发展：中国共产党对时代主题的基本判断

在马克思主义发展史上，关于时代的学说，起源于马克思和恩格斯，并由列宁所创立。列宁明确指出，要划分时代，首先要弄清"哪一个阶级是这个或那个时代的中心，决定着时代的主要内容、时代发展的主要方向、时代的历史背景和主要特点"；[1]同时，时代之划分要面向世界，涵盖"各式各样的现象的总和"，[2]在此基础上，挑出那些"特别突出、引人注目的'历史事件'作为划分时代的路标"。[3]据此，马克思和恩格斯将他们自己所处的时代界定为"资产阶级时代"[4]或"资本主义时代"，[5]这一时代，资产阶级"按照自己的面貌为自己

---

[1][3]《列宁全集》(第21卷)，人民出版社1963年版，第123页。
[2]《列宁全集》(第35卷)，人民出版社1958年版，第214页。
[4]《马克思恩格斯选集》(第1卷)，人民出版社1995年版，第275页。
[5]《马克思恩格斯全集》(第23卷)，人民出版社1972年版，第784页。

创造出一个世界",但也由此开启了无产阶级社会主义或共产主义运动的时代;列宁则将自己所处的时代界定为"垄断资本主义"时代[①]或"帝国主义"时代[②],同时指出,无产阶级是"这一时代的中心",决定时代的主要内容和发展方向。

所以,在列宁的时代学说看来,20世纪的历史大致可以界定为帝国主义或垄断资本占据世界体系的统治中心,但无产阶级步入历史舞台的中央,通过社会主义革命和建设,打破现有的世界体系,深刻改变世界历史的时代。按照列宁关于时代的学说,20世纪以来的历史大致可以划分为两个阶段:一是20世纪上半叶,这一时期的基本特征便是战争与革命,即帝国主义之间的战争和无产阶级社会主义革命的时代。苏联社会主义就诞生于战争与革命为主题的时代,也是在这样一个时代环境中,中国革命由旧民主主义阶段进展到新民主主义阶段,最终赢得革命的胜利,建立起社会主义制度,随着苏联、中国等横跨欧亚的众多社会主义国家的建立,引发民族解放运动的高潮,最终导致旧的殖民主义体系的瓦解。二是20世纪下半叶以来,随着两次世界大战的结束,社会主义经由无产阶级革命已经成为现实的社会制度,世界由此进入社会主义和资本主义两种社会、两种国家和两种制度分庭抗礼的时代,加上第三世界的兴起,尤其像中国这样的发展中的社会主义国家打破以意识形态为基础组合的国际形势,作为发展中社会主义国家与那些发展中民族主义国家广泛发生联系,世界格局已经悄然发生变化。

新中国成立之后,中国共产党对国际格局和时代环境的认识经历了一段比较曲折的历程。20世纪50年代初,周恩来指出,"新世界(1917年十月革命以来)诞生了36年,世界和平民主阵营更加巩固和扩大了",社会主义阵营与资本主义阵营之间的对立,致使这个时代"有和平与战争的矛盾,有民主与反民主的矛盾"。[③] 20世纪60—70年代,中国与苏联修正主义和美国帝国主义同时处于对立关系,认为当时所处的时代是"全世界资本主义和帝国主义走向

[①] 《列宁选集》(第2卷),人民出版社1972年版,第650页。
[②] 《列宁专题文集·论资本主义》,人民出版社2009年版,第93页。
[③] 《周恩来选集》(下册),人民出版社1984年版,第106—107页。

灭亡,全世界社会主义和人民民主主义走向胜利的历史时代"。① 至此,我们对时代的判断仍然沿用20世纪上半叶的战争与革命这一主题。

我们之所以形成这样的时代主题判断,有国际的原因。当时中苏两党两国分裂,苏联变为修正主义或社会帝国主义,同美帝国主义一道在全球争夺世界霸权,中国则宣布属于第三世界,继续推进世界的民族民主革命和社会主义革命。也有社会主义国家内部的原因。诸如"波兹南事件""匈牙利事件"和"布拉格事件"的出现表明,即使在国家内部仍然存在矛盾和问题,倘若没得到及时解决,很可能演化为尖锐的阶级矛盾,这些事件使当时的中国对战争、革命、矛盾和斗争问题的认识发生了变化。对于马克思主义的正统信条而言,社会主义唯有在废黜或终结资本主义的地方才真正成为可能,以苏联模式为蓝本的现实社会主义制度,就其制度基因而言,已经秉承了这一信条,因而与资本主义之间的关系天然就是对抗的或革命的。斯大林逝世后,苏联沦为修正主义,逐渐放弃列宁主义的一系列主张,试图与西方国家实现和平共处、和平竞赛、和平过渡,即便如此,苏联模式并没有根本改观。当时的中国正是在苏联模式的基础上,建立起社会主义的计划经济和传统体制,因而中苏决裂之后,中国则忠实践行列宁主义的主张,继续推进世界民族民主革命和社会主义革命。

但20世纪70—80年代以来,随着大批第三世界国家政治独立的实现,民族民主革命的历史任务基本完成;同时,社会主义已经成为现实的社会制度,但随着苏联模式和传统计划体制遭遇问题,摆在现实社会主义国家面前的历史任务不再是推进社会主义革命,建立无产阶级政权,而是如何在破解发展难题的基础上实现自身的改革、发展和现代化。虽然世界上霸权主义和强权政治仍然存在,某些地区仍然存在动荡风险,但新的世界大战打不起来,世界和平是基本可期的。

鉴于此,我们党根据20世纪70—80年代以来的国际经济、政治的发展状况及其相互关系的矛盾运动,对国际形势的总前景和总特征做出了科学的判断,逐步形成了"和平与发展"是当今时代基本主题的新论断。

---

① 《毛泽东选集》(第4卷),人民出版社1991年版,第1261页。

20世纪80年代初,邓小平认为,世界战争的危险依然存在,但争取较长时期的世界和平是可能的。同时,发展问题是世界各国面临的共同主题,这既是社会主义国家面临的问题,又是资本主义国家面临的问题,当然也是广大发展中国家面临的问题。基于此,邓小平指出,"现在世界上真正大的问题,带全球性的战略问题,一个是和平问题,一个是经济问题或者说发展问题",[①]"和平问题是东西问题,发展问题是南北问题",其中,发展问题是核心问题,我们"应当把发展问题提到全人类的高度来认识,要从这个高度去观察问题和解决问题"。[②]

20世纪90年代,随着苏联解体、东欧剧变,世界社会主义运动遭受重大挫折,冷战格局宣告结束,这并非意味着和平与发展的终结,当然也绝非意味着和平与发展目标的实现,恰恰相反,它意味着和平问题尤其发展问题并没有得到根本解决。以苏联为首的社会主义阵营的垮台,反而强化了以欧美日三合会国家为主导的国际垄断资本在世界体系中的统治地位,全球贫富差距迅速拉大,然而正如邓小平指出的,"如果南方继续贫困下去,北方就可能没有出路",[③]倘若如此,和平也变得不再可能了;同时,随着社会主义的苏联模式和传统计划体制退出历史舞台,在和平的环境仍然可期的情况下,发展问题便成为更加严峻的问题,摆在现实社会主义国家面前,如何通过社会主义的自我革命,通过体制性的改革,实现发展和现代化,已经成为现实社会主义国家的首要使命。

2008年以来,以美国为中心的金融危机席卷全球,直至今天,这场危机并没有被真正克服,反而通过虚假繁荣引发了更加深刻和持久的萧条和危机。这场危机,也宣告了自冷战结束后,以新自由主义为主导的全球化的逆转。这种逆全球化从根本上说是资本主义世界体系的内在矛盾的全球性延伸,它反映的是资本主义的全球性问题,它表明发展问题(以及与发展问题相关联的和平问题)不可能在资本主义体系内部得到根本性的解决。正如邓小平所说的,

---

① 《邓小平文选》(第3卷),人民出版社1993年版,第105页。
② 同上书,第282页。
③ 同上书,第311页。

"世界和平与发展这两大问题,至今一个也没有解决"。① 要在全球层面解决发展问题,并且在此基础上实现世界和平,唯有通过社会主义的创造性实践,开创新型的现代化道路和文明形态,以克服资本主义逻辑主导下带来的一系列发展难题。

如果我们回到经典作家,结合马克思、恩格斯尤其是列宁关于现时代的学说,中国共产党关于当今时代是以"和平与发展"主题的时代的判断是有着马克思主义的理论基础的。当今时代仍然是国际垄断资本即帝国主义占据世界统治地位的时代,但无产阶级已经"处于时代的中心",只是这一点更多体现在社会主义国家的身上。时代的主要特征是社会主义作为现实的社会制度和国家形态,仍然是在资本主义所主导的世界体系中,不可能脱开这个世界体系而展开历史和社会实践;时代的主要方向是社会主义如何在自我革命(即从传统的苏联模式中解放出来,同时超越西方的资本主义制度)的进程中,破解自身的发展难题,从而通过自身的实践,为这一世界性难题的破解提供自身的道路、智慧或方案,从而为世界的真正和平奠定共同发展的基础。这正是中国在当今时代所处的基本的历史方位。

二、现代社会发展难题的破解:社会主义运动的核心议程

和平与发展问题,就其实质而言,发展问题更为根本。因为只有发展问题解决了,和平才有稳固的基础。自从资本主义产生以来,人类社会便进入动荡不宁的历史之中,乃是因为资本主义本身就蕴含了自身不可解决的矛盾、冲突与纷争,正是此类矛盾、冲突和纷争成为破坏现代世界的和平、秩序与安宁的根本原因。

在某种意义上,发展逻辑,或者发展作为一种规律或法则,是植根于现代社会的历史进程之中的,这一历史进程通常就是指现代化进程。一般来说,

---

① 《邓小平文选》(第3卷),人民出版社1993年版,第383页。

"现代化"描述的是"16世纪至今人类社会发生的种种深刻的质变和量变",按照这一范畴的通常含义,它"开创了人类历史的一个新时代"。[①] 从深层逻辑看,现代化肇始于西方兴起的资本主义和工业主义。资本主义将现代社会表象为一个财富的普遍生产和再生产的社会,工业主义则将其表象为一个为科学、技术和工业所普遍改造的社会。资本逻辑一旦从"历史的钟罩"(布罗代尔语)里释放出来,便成为新的世界文明的支配性的法则。从这个意义上说,现代社会是一个由工业和资本这双重逻辑所书写的社会:工业的背后是科学所推动的技术的进步、创新,以及由此引起的产业革命或生产扩张的逻辑;资本的背后是价值所支配的财富的生产、增殖,以及由此导致的经济增长和社会发展的逻辑。

工业逻辑和资本逻辑交织在一起,共同构成了马克思所说的现代社会的生产方式的一体两面,前者是生产力范畴,承载着现代社会的科学和技术进步,后者是生产关系范畴,承载着现代社会的经济和社会发展。二者之间的关系,其实类似于生产力与生产关系之间的关系,即伴随着科学的发展、技术的进步,伴随着财富的增殖和经济的增长,社会的生产关系和其他关系也发生相应的发展与变迁。例如,马克思在谈到工业革命时指出,"随着一旦已经发生的、表现为工艺革命的生产力革命,还实现着生产关系的革命","引起'生产方式上'的改变,并且由此引起生产关系上的改变,因而引起社会关系上的改变"。[②]

如果我们将技术的进步、财富的增殖和资本的增长,以及社会的经济和其他关系的变迁,视为"发展"这一现代性现象在量和质这两个层面的基本表现,那么,贯穿于现代社会的一个根本逻辑便是发展逻辑。这种发展逻辑既植根于现代社会的工业逻辑,以及这一逻辑背后的科学进步、技术创新和产业革命,又植根于现代社会的资本逻辑,以及这一逻辑背后的财富增殖、经济增长和社会繁荣。正是在这双重逻辑的推动下,现代社会在生产的意义上体现为经济、社会和技术的增长、发展和创新历程,在制度的意义上体现为市场、市民

[①] A.R.德塞:《重新评价"现代化"概念》,转引自罗荣渠主编:《现代化:理论与历史经验的再探讨》,上海译文出版社1993年版,第26页。
[②] 《马克思恩格斯全集》(第47卷),人民出版社1972年版,第473、501页。

社会、政治社会和国家等现代文明建制的形成过程,当然也体现为由以农业文明和以土地为财富的集中表现形式的农村社会向以工业文明和以资本为财富的集中表现形式的城市社会的转变过程。

所以,在发展逻辑的支配下,现代社会便表现为一种自我延展、自我更新和自我扩张的技术—工业体系和经济—社会体系,它的根本展开便是现代化这一历史进程。如果我们从发展逻辑出发看待现代化进程,那么,现代化就不只是现代文明中传统社会的历史主题,即传统社会向现代社会的发展、转化和演进的进程,而且更是植根于现代社会的深层逻辑,是现代社会推动自身不断的发展、变革和创新的历史进程。正如马克思所指出的,前现代的传统社会是"原封不动地保持旧的生产方式",而现代社会总是寻求"生产的不断变革,一切社会状况不停的动荡,永远的不安定和变动"。[①] 从这个意义上说,现代化没有休止符,它是一个植根于现代社会的一个没有终点的发展历程。

如果说现代化是现代社会的基本的历史进程,那么,植根于现代化之中的发展逻辑便是现代社会必须遵循的根本逻辑。但现代社会也会面临一系列发展难题,尤其是在资本主义的主导下所造成的财富的发展必然伴随贫困的发展这一深层次的矛盾、冲突和对立,换言之,就是财富的普遍的生产、积累和增殖必然伴随贫困的普遍的生产、积累和增殖,甚至财富的生产和积累是以贫困的生产和积累为前提条件的。

在现代社会主义的语境中,这是典型的资本主义症候,它植根于资本主义的剥削制度。例如,19世纪的美国社会主义者亨利·乔治就明确指出,"贫困与进步的这种形影相随是我们这个时代的难解之谜","是决定命运的斯芬克斯向我们文明提出的谜语"。[②] 同时代的法国社会主义者蒲鲁东也明确指出,劳动所拥有的"创造财富的手段"由于"它们本身所固有的对抗性",因而"变成贫困的新的原因",因而资本主义所主导的现代社会是在"肯定贫困、组织贫困",而不是在消灭"不良的劳动组织所造成的贫困"。[③] 通常说来,现代社会的贫困绝不只是指人们占有财富多寡所造成的贫困,而且还包括资本主义的

[①] 《马克思恩格斯文集》(第2卷),人民出版社2009年版,第34页。
[②] 亨利·乔治:《进步与贫困》,吴良健、王翼龙译,商务印书馆2017年版,第17页。
[③] 蒲鲁东:《贫困的哲学》(下卷),余叔通、王雪华译,商务印书馆2017年版,第831页。

剥削和统治所造成的诸如人口的贫困（人口的马尔萨斯陷阱和反马尔萨斯陷阱）、自然的贫困（资本的过度积累所造成的资源、环境和生态危机）和社会的贫困（社会关系的过度市场化或金钱化所导致的道德、文化和精神的贫困），等等。

财富与贫困之间的矛盾、对立和问题就是马克思所说的现代社会即资产阶级社会"在生产财富的那些关系中也生产贫困；在发展生产力的那些关系中也发展一种产生压迫的力量"，[①]它植根于资本与劳动之间存在的深层次矛盾。这一矛盾在西方所主导的现代化进程中，就集中表现为在资本主义世界体系的中心地区和边缘地区之间累积性的不平等结构，因而就造成诸如西方与东方或北方与南方之间的诸如帝国与殖民、发达与欠发达、资产者和无产者、世界性的城市与世界性的农村之间两极化的悖论和矛盾，从而周期性地孕育地区性或全球性的经济、社会、生态危机。这就是邓小所说的"发展问题"，它是当今世界面临的核心问题，世界的和平与秩序的实现从根本上说乃是有赖于发展问题的解决，因而我们应当从全人类的高度来认识、观察和解决发展问题。

从全人类的高度来认识和解决发展问题的最为典型的人类实践，就是现代社会主义运动的伟大实践。社会主义作为对资本主义的矛盾和问题的现实反应，同时也是对此类矛盾和问题的实践解答。从这个意义上说，社会主义就是针对现代社会的发展问题——尤其是资本主义的财富和贫困的双重积累所导致的矛盾、症候和问题——而展开的一场具有革命性意义的、已经并且正在深刻改变人类历史进程的伟大的历史、社会和政治斗争，就其扬弃资本主义的矛盾所导致的纷乱与战争而言，它又是一项旨在实现真正和平的人类事业。

从社会主义发展史的高度来看，这场伟大实践经历了若干具有标志性事件的发展阶段，因而可以区分若干相对独立的历史时代：一是马克思主义的诞生，实现了对现代社会的"历史之谜"和"资本之谜"的科学解答。这为社会主义在实践中解决由资本主义所导致的发展问题，为人类的解放、自由与和平事业找到了科学的理论武器，从而让社会主义实现了由空想到科学的发展，当

[①] 《马克思恩格斯文集》（第1卷），人民出版社2009年版，第614页。

然,科学社会主义也继承了现代社会主义运动中的共产主义或革命传统,将世界无产阶级社会主义革命提上了历史日程。二是十月革命的胜利,建立了以无产阶级的革命和专政为基础的社会主义国家政权。社会主义国家政权的建立,打破了资本对现代社会的经济、政治和国家的全面垄断,当然也打破了资本主义作为世界体系对全球的统治,社会主义实现了由理想的理论原则转化为现实的社会制度的飞跃,它也为社会主义解决横亘在现代社会面前的发展问题奠定了国家的政治或政权基础,也为社会主义克服资本主义和帝国主义的剥削及殖民逻辑,实现人类和平带来了希望。三是中国革命的胜利,实现了社会主义由西方到东方的发展,并且在以中国为代表的东方世界扎下根来,打破了帝国主义中心对边缘地区的殖民主义统治。新中国社会主义制度的确立,极大加强了世界的解放、民主与和平的力量,毛泽东的"具有许多不同特点的伟大斗争"正是在这一时代背景下提出的,他所指的是作为现实制度形态的社会主义在共处、竞争和较量中赢得对资本主义的最终胜利。四是中国改革的成功,实现了社会主义由传统到创新的自我革命。中国历经40多年(或近半个世纪)的改革,一方面克服了苏联模式和社会主义传统计划体制所导致的发展停滞的问题,另一方面克服了西方资本主义所导致的发展失衡的问题,成功开创了中国道路、中国理论和中国制度,为中国自身乃至世界的发展难题的解决,为世界的秩序与和平奠定健全的发展基础,给出了具有启发意义和光明前景的中国经验、中国智慧和中国方案。

三、破解发展难题,致力世界和平,仍是当今世界的基本主题

21世纪的今天,中国的发展已经进入一个新的历史方位:一是中国特色社会主义已经进入新时代,中国社会主要矛盾已经发生深刻变化;二是世界正在经历百年未有之大变局,中国与世界的关系已经发生深刻变化。中华民族伟大复兴已经到了历史的关键时期。

中国进入新时代的一个根本标志就是国内社会主要矛盾发生了深刻变

化。在此之前,我国面临的是生产力不发达的问题,在生产力落后的情况下,正如邓小平所说的,"虽说我们也在搞社会主义,但事实上不够格",[①]也就是说,社会主义如果不能推动社会生产力的发展,甚至成为生产力发展的束缚或障碍,那么,这样的社会主义就是不合格、不够格的社会主义。所谓初级阶段的社会主义,不止是在生产力不发达的基础上建立的社会主义,而且还是指有待有效解放和发展生产力的不成熟的社会主义。从这个意义上说,新中国改革开放前所建立的承袭自苏联模式的社会主义就是一种没有有效解放和发展生产力的不成熟的社会主义制度。

现代社会的发展动力是建立在工业和资本这双重逻辑的基础上的,但鉴于资本主义所主导的发展通常会导致财富积累和贫困积累的两极分化,那么,作为对资本主义和工业主义的现实反应,社会主义的一个正统的信条,便是在废黜资本主义的前提下消除剥削,消除贫富分化,继承工业主义的文明遗产。例如,斯大林就明确认为,在社会主义的生产条件下,与资本主义和商品经济相关联的"价值规律不能是各个生产部门间劳动分配方面的'比例的调节者'",[②]应当被废止。然而问题在于,一旦废止价值规律,废止废黜与之相关的"合理性的商业技术"或市场机制,[③]苏联模式也就丧失了经济持续增长的动力,当然也就丧失了推动技术和工业持续变革和创新的动力,最终也从根本上丧失了社会的经济和其他关系持续发展和变迁的动力。换言之,废黜资本逻辑便会丧失现代社会的内生性的发展动力。所以,以废黜商品、货币、市场机制乃至资本逻辑为隐秘情结的苏联模式,就其根基而言是束缚社会生产力发展的。

鉴于此,中国在改革开放中的一个核心内容,便是改革以苏联模式为标识的传统计划体制,实现社会主义与市场体制的创造性结合,为社会生产力的解放和发展奠定制度和体制的基础。这是一场针对传统社会主义的自我革命,期间经历了波澜壮阔的开拓历程,经受住了政治风波的考验,捍卫了社会主义

---

① 《邓小平文选》(第3卷),人民出版社1993年版,第225页。
② 斯大林:《论社会主义经济问题》,《斯大林文集(1934—1952)》,人民出版社1985年版,第615页。
③ 卡尔·兰道尔:《欧洲社会主义思想与运动史》,群立译、南木校,商务印书馆1994年版,第18、23、20页。

国家制度;经受住了苏联解体东欧剧变的政治冲击,建立了社会主义市场经济体制;经受住了西方的封锁,加入世界贸易组织,真正融入国际循环和世界市场,从而形成了中国特色社会主义的道路、理论和制度。中国的改革开放同时也是一场既捍卫社会主义基本制度和国家政权,又针对社会主义的苏联模式和西化的资本主义道路而展开的具有创造性智慧的伟大实践。

中国的改革开放历经40多年,社会生产力得到了显著的发展,与生产力解放和发展相适应的经济和其他方面的体制已经日臻完善。今天的中国,社会主要矛盾也悄然发生变化,现在面临的不是发展不足或落后的问题,而是发展"不平衡不充分"的问题。

其实,就发展的不平衡问题而言,如果它是一种累积性或增殖性的问题,即随着社会生产力的发展,经济社会发展的不平衡程度日益增加乃至恶化到无法修复的严重失衡的地步,那么,这就是典型的资本主义问题。这一问题通常表现为分配问题(贫富的两极分化)、阶层问题(资产阶级化和无产阶级化)、城乡矛盾问题(财富向城市聚集和农村的普遍贫困化)、生态恶化问题(人口、资源与环境的日益恶化)。而且发展的失衡问题在资本主义的体系内是无法解决的,表面的缓解是以深层的恶化为代价的(如欧、美、日等北方国家缓解危机的举措通常是将危机转嫁给亚非拉等南方世界),最终酝酿成难以克服的经济、社会和生态危机。而且这一问题最终会导致资本主义世界体系的崩溃,导致世界的秩序与和平的瓦解,国际社会陷入战乱与纷争之中。

自布雷顿森林体系解体以来,以美国为核心、欧美日为主体的资本主义世界体系的危机从来就没有间断过,先是石油战争和西欧的福利国家危机,继而是广场协议和日本萧条式的危机(尽管还收获了苏联解体东欧剧变的巨大地缘收益),然后是东南亚金融危机。在此期间,美国发动的局部性战争和动乱从来都没有消停过。苏东剧变之后,先是海湾战争,然后是科索沃战争,继而是伊拉克战争。同时,伴随着新自由主义全球化的推进,非西方世界在自由化和民主化浪潮中纷纷稀释自身的国家主权,不可避免地沦为新殖民主义的牺牲品,导致这些国家和地区经济、社会和政治动荡不宁。

到了2008年,资本主义的危机因为无法有效转嫁出去,遂在美国本土爆发,席卷欧美世界,成为一个标志性事件,自此,以新自由主义为主导的新一轮全球化宣告终结。时至今日,西方世界仍然深陷危机的泥沼之中,以泡沫式的繁荣拖延和涵盖实质性的萧条。为了推进西方的全球战略,以美国为首的西方国家构建 TPP(跨太平洋伙伴关系协定)和 TTIP(跨大西洋贸易与投资伙伴关系协定),围堵和施压中国与俄罗斯,在东亚和南亚不惜制造台海紧张、挑动中印冲突,在中东和东欧不惜挑动叙利亚战争和乌克兰战争,迫使俄罗斯尤其是中国变为像印度、南非和巴西那样的南方国家,变为与西方主导的国际金融垄断资本相配套的庞大且低端的全球商品和劳务的生产和供给基地。

当然,这与中国发展的根本利益相抵触,也与中国的崛起和文明复兴根本抵触。正因此,我们断然拒绝了奥巴马政府为中美关系提出的 G2 设想,给出跨太平洋的平等合作互利共赢的 C2 设想,当然,美国也无法接受中国的这种诉求。到了特朗普当政的时期,对中国发动贸易战,其主旨就是为了遏制中国产业的技术升级和金融的独立自主。当然,美国的图谋并不能得逞。中国谋求的是独立自主的发展和更高层次的开放,就其根本摆脱南方国家对北方国家的依附性地位,摆脱亚非拉从事实体制造业,欧美日从事金融服务业的两极化格局而言,中国的发展本身就是对美国为主导的当代资本主义世界体系的深层次变革,就是对当前世界体系所呈现的金融与实体、资本与劳动、资产阶级化和无产阶级化、中心与依附、新帝国主义和新殖民主义这些矛盾、对立和冲突的克服与扬弃。

正是在这个意义上说,当今世界正处于"百年未有之大变局",世界体系正在经历深层次的结构调整、中心转移和范式转换,中国是这一"大变局"中的"大变量"。和平与发展仍然是 21 世纪的时代主题,只是随着中国的发展、现代化和再度复兴,为这一时代主题在 21 世纪的解决提供了中国实践、中国道路和中国方案。这是因为,新时代的中国通过自身的实践实现自身的发展难题的破解,实现自身的共同富裕、普遍繁荣和全面进步,那么,中国的实践必然产生世界性的意义和影响。

当然,今天中国的发展问题既有国际的因素,即中国的改革开放是在参与国际经济大循环的基础上展开的,因而也受到至今仍然占据统治地位的资本主义世界体系的影响;也有国内的因素,即中国在改革开放的进程中,由于产品、要素、资源的市场化流动,也出现了诸如城乡之间、区域之间、经济社会之间、对内改革和对外开放之间、人与自然之间不相协调的问题。邓小平说过,"贫穷不是社会主义","两极分化也不是社会主义"。[①] 如果不能在充分发展的前提下实现平衡发展,这也是不成熟的社会主义。所以,习近平郑重指出,"共同富裕是社会主义的本质要求,是中国式现代化的重要特征"。[②] 对于今天的中国来说,破解现代社会的发展难题有着双重内涵,不仅要超越社会主义的苏联模式,以克服发展的不充分或不足(即无法真正解放和发展生产力)问题,以摆脱落后与贫穷,又要超越西方的资本主义道路,以克服发展的不平衡或失衡(即生产力的发展导致社会的两极分化)问题,以实现共同富裕,从而走出对苏联模式和西方制度实现双重超越的崭新的发展之道;同时,也为 21 世纪人类社会在克服和扬弃资本主义矛盾和问题的基础上实现世界和平与共同发展带来中国机遇和中国契机。

[①] 《邓小平文选》(第 3 卷),人民出版社 1993 年版,第 225、123 页。
[②] 《习近平主持召开中央财经委员会第十次会议上的讲话》,《人民日报》2021 年 8 月 18 日。

第九章　改革开放：中国式现代化道路的创造性开辟

2018年，习近平在博鳌亚洲论坛上指出，改革开放是"中国的第二次革命"，它"不仅深刻改变了中国，也深刻影响了世界"。① 改革开放，是新中国成立之后掀起的一场社会主义制度由传统到创新的自我革命，是继苏联社会主义模式告别历史舞台之后，开辟了中国特色社会主义道路，它推动中华民族实现伟大复兴，实现社会主义现代化，并且正在愈来愈深刻地改变世界历史进程；同时，改革开放对于当代中国深刻认识和把握社会主义和资本主义"一球两制"的关系有着深远的意义和影响。

一、中国改革开放对苏联模式和欧美模式的双重革命

改革开放，作为中国的第二次革命，它是社会主义成为现实的社会制度以来，在社会主义内部实现的自我革命，实现了社会主义由苏联模式或传统体制到创造性的中国特色社会主义的革命性变革。在此期间，中国的改革开放不仅是对苏联模式的革命和超越，也是对苏联东欧由改革到转轨后走西化道路的拒绝和超越。

---

① 习近平：《开放共创繁荣　创新引领未来——博鳌亚洲论坛2018年年会开幕式上的主旨演讲》，《人民日报》2018年4月11日。

新中国成立伊始,我们"以苏联为师",效仿社会主义的苏联模式,对农业、手工业和资本主义工商业展开社会主义改造,并在此基础上推进社会主义的工业化,建立起以公有制(全民所有制和集体所有制)为制度基础的、以农村公社制度和城市单位制度为社会基石的传统社会主义计划经济体制。正是这一体制,集中当时中国有限的资源,进行快速的工业化,使中国在20世纪70年代中叶已经成长为世界第六工业制造强国。

但是,封闭僵化的计划体制和高度集中的政治体制使得苏联模式一方面丧失经济发展的内生性动力(即科学技术无法通过市场机制转化为社会的生产力),乃至呈现科尔内所说的短缺①这一传统社会主义经济的特有现象;另一方面成为一个日益官僚化的国家(即受制于封闭僵化的官僚主义逻辑),甚至出现一个官僚化的特权阶层,即吉拉斯所说的新阶级。② 因而自20世纪50年代开始,苏联模式便开始暴露出问题。

新中国在社会主义改造完成之后,便认识到苏联模式的问题,并且试图突破这一模式,尝试走出一条新的道路。但由于受到"战争与革命"的惯性影响和"左"倾思想的支配,我们试图"运用群众运动规律"来"贯彻路线方针政策",进行"生产斗争、社会斗争和政治斗争",以图恢复"国家的革命活力",③凭此来克服苏联模式的封闭、僵化和官僚化趋势。然而这种群众运动的国家治理方式,有悖社会正常的生产生活需要,终不可避免导致国家的内损和内耗。

在此期间,苏联东欧也都尝试对传统模式进行改革。一是东欧等国,诸如南斯拉夫的"社会所有制""联合劳动"和"工人自治"模式、匈牙利的"导入市场机制"的计划模式、波兰的计划与市场相结合的"分权"模式,等等。它们基本都是在国家掌握资源配置的前提下,在计划体制的框架内恢复或重建市场机制。二是苏联自身,或者是改变决策模式(如在"条条"与"块块"之间来回调整),或者改善计划工具(如讲求计划的科学性和精确性),或者变革管理方式(如建立"新的计划和经济激励机制"),等等,其本质上还是对传统计划经

---

① 亚诺什·科尔内:《短缺经济学》,张晓光等译,经济科学出版社1986年版,第12页。
② 米洛万·吉拉斯:《新阶级》,陈逸译,世界知识出版社1963年版,第15页。
③ 麦克法夸尔、费正清:《剑桥中华人民共和国史》(上卷),谢亮生等译,中国社会科学出版社1990年版,第439、440页。

济体制进行修补。

真正实现对苏联模式的革命性突破的是中国的改革开放。如果以社会主义的苏联模式退出历史舞台为分界线,中国40多年的改革开放史大致可以分为两个阶段:

第一阶段是20世纪80年代,中国基本是在传统体制的框架内,借鉴苏联东欧改革的经验教训,试图在国家掌握资源配置的前提下,恢复商品、货币、价格、信贷在社会生产和流通中的调节作用,乃至将货币、价格、信贷等市场要素作为计划调节的基本手段,先后确立"计划经济为主,市场调节为辅"、[1]"公有制基础上的有计划的商品经济"、[2]"计划与市场内在统一的经济体制"[3]等改革的目标框架。

这种目标导向的改革,与东欧等国在20世纪60—70年代在传统计划体制的框架内重建市场机制的改革没有什么本质的不同。然而东欧的改革并未取得成功,这是由于计划和市场在体制性的意义上(即作为两种经济体系)是难以兼容的。因为只要是市场,就意味着社会在对资源的占有、支配的基础上实行自发配置,这与国家占有、支配和配置资源相冲突,这就是为什么市场必须有排他性的产权安排,以确保财富的生产或创造与财富的占有或享用之间的一致性。如果是计划,国家必须实质性地占有和支配全社会的资源和财富,如社会主义传统体制中的全民所有制和集体所有制,唯有如此,国家才能进行泛行政化的资源和财富配置,因而它与市场自发占有和配置资源的要求相冲突。所以,经济体制要么是以计划体制为主体,那么,商品、货币、价格和信贷等经济要素就无法真正发挥作用,这些要素要发挥正常作用,就必须以健全的市场体系为制度前提;要么是以市场体制为主体,即由社会自发配置资源,并且形成与之相应的产权安排,那么,国家就无法通过计划实质性地配置资源,计划也就必然退归为政府在掌握公共性的资源和要素基础上的宏观调控。鉴于此,苏联东欧的改革在20世纪80年代普遍遭遇困境。

第二阶段始于20世纪90年代。80年代,苏联东欧改革受挫,它们将经济

---

[1] 《关于建国以来党的若干历史问题的决定》,《人民日报》1981年6月27日。
[2] 《中共中央关于经济体制改革的决定》,《人民日报》1984年10月20日。
[3] 《中国共产党第十三次全国代表大会报告》,《人民日报》1987年10月25日。

体制改革的失败归结为政治体制改革的滞后,开始将改革的目标锁定在政治领域,尤其是以戈尔巴乔夫为代表,推行所谓的民主化和公开性,将矛头指向社会主义基本制度,普遍开启向西方所谓的自由体制和民主体制的转轨,结果导致苏联解体、东欧剧变,社会主义政权垮台,苏联模式黯然退场。中国则是在坚决捍卫社会主义基本制度和国家政权的前提下,果断突破苏联模式和传统计划体制,确立"社会主义市场经济体制",实现社会主义与市场的创造性结合,推动我国由传统的计划经济体制向社会主义市场经济体制的深刻转变。

社会主义市场经济体制的建立,标志着中国的改革实现了对社会主义的苏联模式和传统体制的根本突破。因为在社会主义的正统信条中,计划经济乃是社会主义经济的本质特征,"社会主义是计划经济的同义语",[1]所以社会主义的改革也只能在计划体制的框架之内展开。苏联东欧在20世纪60—70年代的改革大都是在这一基本前提下进行的。然而"社会主义市场经济体制"作为改革的基本目标框架一经提出,就意味着中国改革在经济领域所确立的社会主义体制乃是市场体制,而不是此前所恪守的计划体制,让市场而不是原先的计划"在社会主义国家宏观调控下对资源配置起基础性作用"。[2] 这是对苏联模式的根本超越,同时也是20世纪科学社会主义运动内部针对传统体制而展开的一场彻底的自我革命,在现代社会主义发展史上是原创性的和突破性的贡献。

不仅如此,中国的改革开放同时也是对西方资本主义制度的一种拒绝、否定和超越。众所周知,苏联东欧的改革在80年代遭受挫折后便纷纷开始转向所谓的政治体制改革,针对社会主义基本制度,推进所谓的民主化和自由化,将旨在实现社会主义制度自我完善的改革转换为彻底倒向西方所谓的自由民主制度的转轨。这些国家在放弃社会主义的苏联模式后普遍向西方资本主义制度缴械投降,最终导致社会主义基本制度和国家政权的分崩离析。在此期间,中国成功应对了苏联解体、东欧剧变给世界社会主义运动带来的巨大冲击,粉碎了西方和平演变的图谋,成功捍卫了社会主义基本制度。中国的改革

---

[1] 戴维·皮尔斯主编:《现代经济学词典》,宋承先等译,上海译文出版社1988年版,第555页。
[2] 江泽民:《加快改革开放和现代化建设步伐 夺取有中国特色社会主义事业的更大胜利》,《人民日报》1992年10月18日。

并没有像"华盛顿共识"期许的那样,由市场化开始从而进展到所谓的私有化、民主化和自由化,而是在坚持社会主义制度自我完善这一根本目标的前提之下,推进社会主义市场经济体制改革,并且由此开启了从经济到政治、文化、社会和生态等各领域全方位的体制机制改革和制度建设,从而成功开辟了中国特色社会主义道路。尤其是 21 世纪初,超越"华盛顿共识"的"北京共识"的出现,不仅标志着中国改革已经取得了世界所公认的历史性成功,同时也标志着中国改革在超越社会主义的苏联模式的基础上再次实现了对欧美资本主义模式的超越。对于中国改革对苏联模式和西方道路的双重超越,《21 世纪资本论》的作者托马斯·皮凯蒂的观点不无道理,他说,中国的改革"将社会主义和资本主义的各自优点结合起来,开辟出一条全新的发展道路"。[1] 这对中国的发展、现代化和民族复兴来说,其意义怎么强调也不过分。

在资本主义主导的世界体系下,发展的现代性难题集中表现为资本主义所导致的财富的普遍生产与贫困的普遍生产和再生产之间的二律背反。如果我们将对发展这一现代性难题的破解视为社会主义运动的核心议程,那么,中国在改革开放中开辟的道路,一方面是从根本上克服了社会主义传统体制抑制或阻碍生产力发展的问题,当然也从根本上克服了传统社会主义经济的短缺问题,从而带来生产力的解放和发展;另一方面是旨在从根本上克服现代资本主义制度所主导的生产力发展的失衡、不平等和两极分化问题,当然也是旨在从根本上克服资本主义的过剩问题或危机,因而是对苏联模式和欧美模式的双重革命。

二、从革命对抗到借鉴改造:中国改革开放对传统"两制关系"的超越

改革开放,作为中国的第二次革命,它是世界社会主义或国际共产主义运动针对苏联模式和传统体制而开展的自我革命,同时也是对现代社会主义自

---

[1] 托马斯·皮凯蒂:《21 世纪资本论》,巴曙松译,中信出版社 2014 年版,中文版自序第 XV 页。

身的革命和自我革命传统的继承或传承,当然也是现代社会主义针对现代资本主义展开的革命、运动和斗争的继续或延续。中国改革开放的历史性成功,以及对苏联模式和欧美模式的双重超越,使得世界社会主义运动在21世纪呈现出前所未有的胜利曙光。

十月革命开辟社会主义运动的新纪元,自社会主义由未来的理想转化为现实的社会制度之时起,现代世界便迎来了资本主义与社会主义这两种社会形态、两种国家制度共处同一个地球的时代,即"一球两制"的时代。自此之后,"两制关系"便成为世界社会主义运动必须面对和予以处理的一对基本关系。

在马克思主义经典作家那里(尤其在列宁之前),"两制关系"问题在严格意义上是不存在的。马克思指出,无产阶级"只有在世界历史意义上才能存在",共产主义只有作为"世界历史性的存在"才有可能实现,所以,"共产主义只有作为占统治地位的各民族'一下子'同时发生的行动,在经验上才是可能的"。[①] 相类似地,恩格斯也指出,共产主义革命是"世界性的革命,将有世界性的活动场所",因而它"不仅仅是一个国家的革命,而是将在一切文明国家里……同时发生的革命"。[②] 因此,对于马克思主义经典作家来说,他们对无产阶级革命持有"同时胜利论",也就是说,当共产主义这一世界性的革命爆发时,资本主义的丧钟便已敲响,整个世界将经历短暂的无产阶级的革命专政,这一时期将是资本主义社会向共产主义社会过渡的短暂时期,即"在资本主义社会和共产主义社会之间,有一个从前者变为后者的革命转变时期。同这个时期相适应的也有一个政治上的过渡时期"。[③] 这就是马克思最为著名的"过渡思想"。如果说在此期间还存在某种残存的"两制关系"的话,那么,这一时期也是非常短暂的,随着过渡时期的结束而结束。

然而历史的事实是,在列宁的"一国胜利论"指导下的十月革命的胜利和社会主义苏联的诞生,使社会主义在一个国家而且是经济文化相对落后的国家率先成为现实的社会制度,而其他地区则是处于资本主义的汪洋大海之中,

---

① 《马克思恩格斯全集》(第1卷),人民出版社2001年版,第86—87页。
② 《马克思恩格斯全集》(第2卷),人民出版社2005年版,第241页。
③ 《马克思恩格斯文集》(第3卷),人民出版社2009年版,第445页。

因而"两制关系"也就演变为具有社会政治、意识形态价值的战略关系。

对于社会主义国家来说,把握"两制关系"的直接理论来源便是马克思主义经典作家(尤其是列宁)的过渡思想。

与马克思和恩格斯相较,列宁的"过渡思想"有他的不同之处:一是认为"过渡时期"应当是一个很长的历史过程。列宁指出,"共产主义是从资本主义社会中产生出来的,是资本主义社会所产生的那种社会力量发生作用的结果",只有当社会经济基础达到并超出资本主义现有的高度时,这一过渡时期才可能宣告完成,所以,"从资本主义过渡到共产主义是一整个历史时代"。[①]二是"过渡时期"分为国内和国际两个层面。列宁在马克思和恩格斯的"同时胜利论"的基础上发展出社会主义革命的"一国胜利论",再经由斯大林发展出社会主义建设的"一国建成论"。该论认为,当社会主义革命在某一国家或地区取得胜利后,可以在该国家或地区先行实现向社会主义的过渡,继而再推动整个国际社会向社会主义过渡。三是"过渡时期"分为向社会主义过渡和向共产主义过渡这两个时期。列宁明确将"社会主义"界定为"共产主义的第一阶段"。[②] 这就意味着,社会主义革命取得胜利之后,无产阶级国家首先面临着向社会主义过渡的任务,在社会主义已经完全实现的情况下再向共产主义过渡。在此期间,资本主义也面临着向社会主义的过渡。

不论是马克思和恩格斯的"同时胜利论",还是列宁的"一国胜利论"和斯大林的"一国建成论",其主线就是马克思主义经典作家的"过渡思想",正是这一思想构成了对"两制关系"的传统认识。按照马克思主义经典作家的理解,在由资本主义向社会主义或共产主义过渡之间,有一个无产阶级的革命和专政的历史时期,因而资本主义与社会主义之间的"两制"关系,是一种对抗和革命的关系。这与马克思主义经典作家对社会主义或共产主义的理解和认识有着本质性的关联。社会主义发展史上,有一种根深蒂固的观念,那就是,唯有在废黜私有制和财产权、消灭商品货币、自由贸易和资本主义体系的前提下,剥削、奴役和不平等才有可能消失,社会主义或共产主义才有可能实现。此类观念在马克思主义经典作家那里也有所体现。最著名的就是《共产党宣言》的

[①] 《列宁选集》(第3卷),人民出版社2012年版,第187页。
[②] 同上书,第194—195页。

一句话,即"共产党人可以把自己的理论概括为一句话:消灭私有制。"①所以,在共产主义或科学社会主义的语境中,社会主义或共产主义与资本主义的关系便是一种革命性的对抗关系:社会主义或共产主义,作为一种现实的社会制度或国家形态,对于资本主义或资产阶级而言,究其实质乃是一种呈现为制度化形态的无产阶级革命运动;它的历史使命,就是在无产阶级专政的前提下,在国内实现向社会主义或共产主义过渡,在国际推动无产阶级社会主义革命的世界性胜利。

这一思想对于苏联和中国把握"两制关系"的影响甚为深远。例如,斯大林明确指出,"社会主义在一个国家的胜利并不是目的本身,而是支持和发展其他社会主义国家革命的手段",②"苏联无产阶级的'民族'任务和国际任务融合为一个共同的任务;我国社会主义建设的利益和各国革命运动的利益完完全全融合为一个共同利益,即社会主义革命在世界各国的完全胜利"。③ 其实,成型于斯大林时期的苏联模式,就是在20世纪上半叶以"战争与革命"时代主题而成长起来的社会主义传统模式,它内嵌着以废除私有制、商品货币关系、价值法则和市场机制为隐秘目的的计划体制,在国际上肩负着推进无产阶级社会主义世界革命的历史使命。

同样,新中国在改革开放前,也是按照这一基本思路来把握"两制关系"的。例如,20世纪50—70年代,我们基于中国革命的基本经验,将20世纪下半叶的时代把握为由"世界性的农村"包围"世界性的城市"的时代,因而制定和执行国际共产主义总路线,主张"全世界无产者联合起来,全世界无产者同被压迫人民、被压迫民族联合起来,反对帝国主义和各国反动派,争取世界和平、民族解放、人民民主和社会主义,巩固和壮大社会主义阵营,逐步实现无产阶级世界革命的完全胜利,建立一个没有帝国主义、没有资本主义、没有剥削制度的新世界"。④ 在此期间,针对苏联提出的"三和"主张,中国明确指出,这是典型的修正主义,是对列宁主义的背叛,并且认为"无产阶级革命"是资本主

---

① 《马克思恩格斯选集》(第1卷),人民出版社2012年版,第414页。
② 《斯大林全集》(第6卷),人民出版社1954年版,第347页。
③ 《斯大林全集》(第9卷),人民出版社1954年版,第49页。
④ 《关于国际共产主义运动总路线的建议和有关文件》,人民出版社1963年版,第3页。

义向社会主义过渡的普遍规律,[1]因而资本主义与社会主义这两种社会形态、两种国家制度之间的关系是对抗与革命的关系,总体上从属于世界无产阶级社会主义革命这一大的历史时代。

但是,随着20世纪下半叶以来,时代主题由"战争与革命"转变为"和平与发展",因而"两制关系"也应当从原来的"对抗与革命"的关系转换为"借鉴与改造"的新型关系。这种与"和平与发展"主题相契合的新型的"两制关系"是中国在改革开放过程中开创的,它与中国特色社会主义在本质上是相通的。虽然以赫鲁晓夫为代表的苏共中央在20世纪50年代主张资本主义与社会主义之间可以进行"和平共处、和平竞赛与和平过渡",正式提出和平这一时代性的议题,但仍然是从单纯的"过渡理论"去把握"两制关系"的,无非是将过渡理论的基础从马克思列宁主义置换为伯恩施坦修正主义,因而遭到当时中国的批判。在今天看来,苏联的"三和"主张并没有正视20世纪50年代以来的"和平与发展"这一基本主题,而是奢谈资本主义与社会主义这"两制关系"的"和平前景",既没有正视苏联自身(阻碍和束缚生产力发展)的问题,又没有正视西方(生产力的发展导致失衡和危机)的问题,简言之,它没有正视这个世界面临的发展问题。

但中国与此不同。改革开放伊始,就将发展问题上升到时代主题的高度,并且认为,"发展问题是核心问题",只有发展问题解决了,和平才有坚实的基础,因而主张应当从全人类的高度来认识、观察和解决发展问题。[2] 中国正是通过自身的改革开放伟大实践,破解了发展问题:一是通过改革,即实现社会主义的自我革命,突破苏联模式和传统计划体制,建立社会主义市场体制;二是开放,即融入世界市场,参与整个世界体系的经济大循环,在此基础上实现自身的现代化和民族复兴。改革开放期间,我们超越了计划与市场、姓社与姓资的争论,认识到如市场、民主和法治等现代性建制虽然产生于资产阶级时代,资本主义可以利用和发展,社会主义也可以利用和发展。由此带来了"两制关系"的根本调整,即从传统的"对抗与革命"转换到"借鉴与改造":资本主

---

[1] 《关于国际共产主义运动总路线的论战》,人民出版社1965年版,第395页。
[2] 《邓小平文选》(第3卷),人民出版社1993年版,第105、282页。

义对于社会主义而言,不再是传统的革命对象,而是借鉴的对象,同时也是改造的对象。社会主义可以充分汲取和正确利用资本主义发展带来的文明成果,同时,又在破解资本主义所导致的一系列发展问题的基础上真正超越资本主义,从而实现对现代性建制的社会主义改造。

三、发展问题而非过渡问题构成改革开放时期"两制关系"的核心问题

我们知道,毛泽东在20世纪60年代将50年代以降的时代确认为"世界上社会制度彻底变化的伟大时代",并且提出要"进行有着许多不同特点的伟大斗争"。[①] 毛泽东之所以形成这样的判断,其根据就在于社会主义已经在苏联和中国等东方世界成为现实的社会制度,世界已经进入"一球两制"的历史时期。在改革开放之前,我们仍将这一时代确认为"战争与革命"的时代,根据马克思主义经典作家的"过渡理论",来把握资本主义与社会主义之间的两制关系,把握在这一时代围绕社会制度的深刻变革而展开的"伟大斗争"的基本内涵。

其实,对于马克思主义经典作家(尤其是列宁和毛泽东)来说,社会主义社会(或者说共产主义社会初级阶段),严格意义上只存在过渡问题,即在社会主义世界革命已经取得部分胜利(如俄国革命和中国革命)的时代,资本主义与社会主义之间的关系总体上可以被把握为资本主义向社会主义或共产主义过渡的关系。这个时代,对于社会主义革命已经取得胜利的国家或地区(如苏联和中国)来说,是如何实现旧社会的改造,实现向新社会即社会主义或共产主义社会过渡的问题;对于欧美等资本主义世界,在向社会主义过渡的进程中还面临着无产阶级革命和专政的问题(这一点为苏联在赫鲁晓夫时期所放弃);对于亚非拉等第三世界国家,则存在民主革命如何与社会主义革命相结合,实现跨越资本主义向社会主义过渡的问题。即便是马克思主义经典作家提

[①] 《毛泽东文集》(第8卷),人民出版社1999年版,第302页。

出类似于"利用资本主义,建设社会主义"的思想,如马克思指出,东方社会可以"占有资本主义制度的一切积极的成果",从而"跨越资本主义制度的'卡夫丁峡谷'";①列宁指出,"用资本主义作为小生产和社会主义之间的中间环节",实现由"小生产"到"社会主义"的过渡;②毛泽东也指出,"可以消灭了资本主义,又搞资本主义",③等等,但此类思想总体从属于经典的马克思主义的"过渡理论"。

所以,在马克思主义的正统信条中,未来的社会主义或共产主义社会是不存在现代社会所面临的发展问题的。因为对于共产主义来说,社会生产力已经从资本主义的桎梏中解放出来,迎来的是真正的社会化的大生产,在此基础上,历史将会迎来人类的全面解放,迎来自由、平等和繁荣的普遍实现。如果说社会主义还存在问题,那就是它作为一个过渡性的社会,存在自身的矛盾或问题。例如,斯大林就认为,在社会主义苏联,生产关系"完全适合"生产力的发展,尽管他在晚年对"完全适合"做出另外一种解释,认为社会主义社会仍然存在着矛盾和斗争。④ 与斯大林不同,毛泽东认为,社会主义社会存在矛盾,生产关系与生产力之间存在"既适应又不适应"的情况,但他后来将社会主义社会的矛盾视为"资产阶级与无产阶级、社会主义道路与资本主义道路"之间的对抗性矛盾。⑤ 毛泽东正是从马克思主义经典作家的过渡理论出发,将社会主义从根本上把握为一个过渡范畴,从而得出在社会主义社会整个过渡阶段,仍然存在过去的资本主义与未来的共产主义、复辟和反复辟、资产阶级与无产阶级这两个社会形态、两条道路乃至两大阶级之间的矛盾和斗争这一"左"的结论。

改革开放之后,我们才将发展问题视为社会主义社会必须面对的严肃问题。此时,我们认识到:现代社会的基本问题就是资本主义所导致的发展问题,现代社会主义的核心议程就是对横亘在现代社会面前的发展问题的破解;无产阶级革命的胜利,社会主义国家政权和社会制度的确立,打破了资本主义

---

① 《马克思恩格斯全集》(第25卷),人民出版社2001年版,第465页。
② 《列宁全集》(第36卷),人民出版社1985年版,第576—577页。
③ 《毛泽东文集》(第7卷),人民出版社1996年版,第170页。
④ 《斯大林选集》(下卷),人民出版社1979年版,第590页。
⑤ 《建国以来毛泽东文稿》(第6卷),人民出版社1987年版,第594页。

对经济和政治、社会和国家的全面垄断，为社会主义国家在实践领域破解发展问题奠定了政治前提和制度基础；但社会主义国家政权和社会制度的建立并不意味着发展问题的终结或消逝，毋宁说对这一问题的解决或破解才真正提上议事日程。在资本主义的制度框架内，资本对整个社会处于绝对垄断的地位，因而其所导致的发展问题是无解的，只有在社会主义的制度框架内，发展问题才有可能赢得真正解决。因为社会主义国家通过无产阶级的革命和专政，打破了资本（通常通过市场化的自由和民主手段）对于政治或国家的支配和垄断，从而让政治和国家作为总体性的社会力量，以公有制（即国家以社会、全民或集体的名义）为形式直接或间接占有主体资源，赢得对于整个经济的支配性力量，从而为国家驾驭市场和资本进而让其成为推进社会普遍繁荣的公共秩序（而不是缺乏政治和国家规定性的原始或野蛮力量）提供了制度和体制的可能。

社会主义的苏联模式和传统体制的问题在于，它在民主革命和社会主义革命的基础上建立起无产阶级专政的国家政权，但是囿于对资本主义的传统认识，囿于社会主义的传统信条，试图在废黜商品货币关系、价值法则和市场机制的基础上建设社会主义，甚至将价值法则发挥作用的商品货币关系视为"自发的资本主义"加以驱逐或消灭。基于此，苏联在很长时间，都将"市场社会主义"视为"资产阶级社会主义"，将其视为"几乎所有修正主义的社会主义'理论'的基础"；[①]在改革开放前，中国也一度认为，"资产阶级力图利用价值规律搞市场自由化"，"主张以价值规律"来"复辟资本主义"。[②]

现代社会的发展原则是植根于工业和资本的双重逻辑之中的，一旦废黜资本逻辑，废黜与之相关联的商品货币关系、贸易形式或市场机制，那么，单纯靠工业逻辑支撑的社会也就丧失了通过财富、资本和经济的积累、增殖或增长推动科学、技术和工业发展的持续创新的动力，因而最终也就失去了发展动力，国家依靠单纯的累积性的资源投入，是无法提供持续的发展动力和增长源泉的。这也是为什么苏联模式自斯大林时期通过资源积累，效仿欧美产业而实现工业化之后，到了赫鲁晓夫和勃列日涅夫时期，其经济增长和社会发展的

---

① 《苏联共产主义建设》，科学出版社1959年版，第124页。
② 《政治经济学基础知识》，上海人民出版社1975年版，第323页。

动力日益涸竭的根本原因。所以,当苏联在"两制关系"上提出"和平共处、和平竞赛、和平过渡"时,由于自身存在的发展难题而陷入僵化和停滞;同时,由于其在自身的改革中首先是故步自封然后是改旗易帜,最终在与西方的"和平共处"中被西方反向"和平过渡",导致自身的崩溃和解体。这不仅是苏联模式或体制的失败,同时也是苏联政治和战略的失败,其中一个重要因素,就是苏联党和国家缺乏坚定的政治立场和严肃的斗争意识,被西方的"和平演变"战略所麻痹,最终导致亡党亡国的悲剧。

所以,无产阶级政党和社会主义国家,在任何时候都不能丧失政治立场和斗争意识。对于中国而言,不论在革命、建设和改革的任何一个历史时期,都要贯彻斗争原则,只是随着历史环境和时代主题的变化,斗争的条件、形式、内容和目标有所不同罢了。

如果说毛泽东在 20 世纪 60 年代所说的"伟大斗争"是指从马克思主义经典的过渡理论出发,围绕社会主义制度取代资本主义制度,推动无产阶级社会主义世界革命最终取得胜利而在国内外展开的一系列斗争实践的话,那么,在"和平与发展"的时代,社会主义制度在这场斗争中要赢得胜利,就必须破解资本主义所造成的现代社会中的发展难题,从而在超越资本主义制度的基础上实现对市场、民主和法治等现代性建制的社会主义改造。中国改革开放时期所开辟的就是这条道路,它在突破社会主义的苏联模式的基础上实现社会主义制度的自我革命,同时在超越西方资本主义制度的基础上,以中国自身的实践实现对发展难题的破解。改革开放这一"中国的第二次革命",就是我们党在"和平与发展"时代所展开的具有新的历史特点的伟大斗争:正是这一斗争让我们在 20 世纪 80—90 年代苏联解体、东欧剧变的社会主义危机大变局中,始终保持坚定的政治立场和战略定力,以创造性的改革精神实现社会主义与市场的结合,将现代社会内生性的发展动力植根于社会主义基本制度框架之中;也正是这一斗争让我们在 2008 年以来以美国为首的资本主义世界体系遭遇危机的大变局中,以高瞻远瞩的战略眼光,将中国特色社会主义推进到新时代,以中国自身的实践着力做好"共同富裕"这篇大文章,为发展这一世界性难题贡献中国道路、中国智慧和中国方案,使中华民族伟大复兴在世界面临"百年未有之大变局"之际呈现出前所未有的光明前景。

第十章　道路传承：中国式现代化对新中国的历史继承

中国式现代化是在改革开放的伟大实践，也是在对中国革命和建设传统的继承中开创的。如何看待中国革命、建设和改革之间的关系，尤其是在整个社会主义现代化建设（即新中国成立到21世纪中叶实现社会主义现代化）的进程中，如何看待中国革命与中国改革（它在中国道路的语境中就表现为如何看待改革前后两个历史时期）之间的关系问题，事关中国道路的历史传承和历史开辟。

正如习近平所指出的："历史就是历史，历史不能任意选择，一个民族的历史是该民族安身立命的基础。"①以史为鉴、继往开来，面对这样一个重大原则问题，我们一定要有十分清醒的认识，要站在新时代的高度，既要认识这两个历史时期之间的重大区别，又要认识到它们之间一脉相承的相互联系，从未来"第三个30年"把握中国改革前后"两个30年"之间的关系。

一、改革前后两个历史时期统一于中国式现代化的伟大实践

新中国的历史，社会主义的实践大致可以分为改革前后两大阶段，即"走

---

① 习近平：《在纪念毛泽东同志诞辰120周年座谈会上的讲话》，《人民日报》2013年12月27日。

进"和"走出"社会主义的苏联模式和传统计划体制的阶段,它自身充满着马克思主义所特有的创新特质。从中华人民共和国成立之日起,中国共产党就始终在探索一条独立自主的、体现中国特色的社会主义道路。然而对于社会主义的苏联模式和传统计划体制的真正突破是在改革开放之后开始的。从这个意义上说,改革前后两个历史时期(两个"30"年)虽然存在着观念、体制和政策方面的差异、对立和否定,但都统一于当代中国的社会主义伟大实践。

(一) 改革前新中国效仿社会主义的苏联模式和计划体制的必然性

在改革前 30 年,新中国社会主义建设的效仿对象只能是苏联模式,这具有历史、现实和理论的必然性。苏联作为世界上第一个社会主义国家,"似乎已经掌握了创造和建设社会主义社会的门径";[1]而且对于社会主义的经典信念来说,计划经济意味着社会主义经济的正统形式,或者说"社会主义是计划经济的同义语"。在这种现实语境和理论思维中,改革前的新中国选择追随苏联模式是理所当然的事情。因而在这一时期,中国共产党只能在计划体制的思维和信条中探索社会主义之现实可能性。

所以,改革开放前的新中国社会主义实践,究其体制性特征来说,是依据苏联模式的基本特征和基本原则进行"命题作业式"的解答和推进。即便在计划体制遭遇问题时,我们仍然试图对这一体制抱着不断总结、改进、完善的心理诉求和思想倾向。例如,当时的邓小平就明确说过:"计划指标如果切合实际,并且留有余地,那就不会发生过重、过死的问题了。今后订计划,一方面要有统一的计划,另一方面,在统一的计划内,要给下面留有这样的可能,就是使下面能够结合当地的具体实际去安排,特别是在因地制宜方面,在发挥地方积极性方面,都要做得更好。"[2]

必须承认,在改革开放前,新中国的建设取得了巨大的历史成就,尤其是社会主义基本国家制度的确立,为当代中国的进一步发展奠定了制度基础。新中国所确立的基本国家制度,是 20 世纪中国革命的历史产物,中国革命的一个世纪性贡献,就是将中国导向了社会主义道路,建立起社会主义新中国。

---

[1] 石约翰:《中国革命的历史透视》,王国良译,东方出版社 1998 年版,第 210 页。
[2] 《邓小平文选》(第 1 卷),人民出版社 1993 年版,第 306 页。

尽管中国在改革前后两个历史时期所建构的经济社会体制有着截然不同的差异,而贯穿当代中国社会主义的革命、建设和改革进程的一条主线却是中国共产党,以及以党为核心和主轴而建构起来的社会主义基本国家制度。

当代中国社会主义的基本国家制度一方面脱胎于苏联社会主义国家制度,苏联对20世纪上半叶中国革命所选择的新中国国家制度建设有着强大的"引导"意义和"榜样"力量;[1]另一方面有着中国传统政治文明的起源,现代中国所确立的基本国家制度是中国的"大一统"的历史和政治传统在20世纪下半叶中国社会主义革命、建设和改革进程中的延续或延伸。[2] 不仅如此,新中国所建立的这一套基本国家制度,在改革前后也经历了从封闭的计划经济体制以及与之相匹配的高度集中的政治体制到开放的市场经济体制以及与之相适应的民主法治的政治体制的转变,其中一以贯之的就是以中国共产党为领导核心和组织枢纽的党和国家制度这一基本常量。正是社会主义基本国家制度这一常量决定了当代中国任何改革和发展的领导和主导力量只能是也必须是中国共产党;当代中国的任何改革和发展究其原则和主旨来说,都是巩固和发展以中国共产党为领导核心地位的社会主义基本国家制度。

(二)改革开放后新中国突破社会主义的苏联模式和计划体制的必要性

社会主义的计划体制和苏联模式有着内在的问题和缺陷。早在新经济政策期间,列宁就反思过"战时共产主义"的政策、做法和体制的问题,主张恢复自由贸易,用合作制、租让制和国家资本主义的方式将苏俄经济社会导向社会主义。但由于列宁的过早逝世、苏联特殊的国际国内环境以及苏联党的主观因素,苏联在斯大林的领导下形成了高度计划化和高度集中化的经济政治体制。

到了20世纪60—70年代,社会主义的苏联模式和传统计划体制开始暴

---

[1] Boyd Compton, *Mao's China: Party Reform Documents*, University of Washington Press, 1966, pp. 42-44.

[2] 詹姆斯·汤森、布兰特利·沃马克:《中国政治》,顾速、董方译,江苏人民出版社1992年版,第37页。

露出它的弊病,推行改革几乎已经成为苏联、东欧和中国等国家的基本共识。但80年代之前,不论是向右变革的东欧,还是向左变革的中国,都是在苏联式的计划体制内寻求问题的解决。到了80年代之后,苏联、东欧为了抛却在计划体制内转圈的改革,不惜走上否定社会主义基本制度的转轨之路,最终导致剧变解体。但中国经受住了巨大的国际国内考验,在毫不动摇坚持共产党领导和社会主义制度的前提下,积极探索市场与社会主义制度的创造性结合,从而成功开辟了中国特色社会主义道路。

中国的改革一方面从根本上摆脱了社会主义的苏联模式,突破了社会主义实践的传统框架和理论信条,推动现代市场经济体制与社会主义基本制度原则的创造性结合;另一方面又杜绝了苏联、东欧等社会主义国家以西方化为参照的体制转轨或社会转型,突破了"市场—民主—自由"三位一体的西方信条,而是在坚持社会主义基本国家制度的基础上积极探索国家与市场之间的创造性的共生关系,继而在此基础上形成了独特的经济社会和政治体制。经过长达40余年的改革开放,中国并没有像西方主流意识形态所预期的那样,由市场化改革走向所谓的私有化、民主化和自由化,反而将市场纳入社会主义基本制度框架,建立起与社会主义基本制度相适应的市场经济体制、民主政治体制和法治国家体系,并且取得了举世瞩目的成就。

在西方一些观察研究人士看来,中国的改革是将苏联体制和西方体制的各自优点结合起来,既超越正统的社会主义计划体制又超越西方典型的自由市场体制,因而是在探索和开辟一条独特的"第三条道路",并由此形成了基于中国独特的政治制度、文化传统和社会结构之上,交织着政治、经济、资本和权力等诸多要素的混合体制。[1] 中国改革所展现的现代性是一种贯穿社会主义逻辑的国家主导的现代性(state-led modernity),因而形成了国家主导的市场体制和市民社会,它所建构的治理体制是政党主导的国家治理模式(party-led govern system),从而构成对西方的自由市场制和自由民主制的直接挑战,甚

---

[1] Peter Nolan, *China at the Crossroads*, The Copenhagen Journal of Asian Studies, 2004, pp. 105 - 111.

至为迎接以国家能力为核心的"全球第四次革命"做好了准备。[①]

(三) 改革前后两个历史时期统一于新中国成立以来的社会主义伟大实践

纵观当今中国的改革,它绝不是割裂历史的一场所谓的——通常以西方化信条为参照原则——社会转型或体制转轨,而是对现代中国历史所积累或形成的革命传统和社会主义传统在当代中国的改革语境中的继承和传承。正因此,中国的改革才突破了"华盛顿共识"的禁锢,形成了凝聚中国发展经验的"北京共识"。

从党的"第二个百年奋斗目标"来看,改革前后两个历史时期有一脉相承的东西,这就是坚持中国共产党的领导不动摇,坚持社会主义制度不改变,这使得中国的改革与苏联、东欧的转轨根本区分开来。同时也有重大突破的东西,这就是对社会主义的苏联模式和传统计划体制的根本突破,坚持市场与社会主义相结合,从而开辟出一条新路,这使得改革开放中的中国与那些恪守传统体制的社会主义国家(如古巴和朝鲜)根本区分开来。因此,从与其他社会主义国家的前后左右的对比中可以看出,新中国改革后的历史对于改革前的历史既是一脉相承的,又有重大的突破、发展和超越。

改革后的历史实践虽然在众多领域突破和超越了改革前的各种历史限制,但究其本质而言,这两个历史时期无非是"中国社会主义建设方式的不同探索,并且二者之间相互联系、密切交织,是不能任意加以分割的",是有着"体制和政策上的连续性",当代中国国家体系的"传承性一直未变"。[②] 甚至有观点指出,中国在改革前的革命、改造和斗争使得中国"形成了有利于改革的经济社会结构",而中国的改革正是在此基础上"扫除其中的历史障碍",从而取

[①] John Micklethwait and Adrian Wooldridge, *The Fourth Revolution: The Global Race to Reinvent the State*, London, Penguin Press, 2014, p. 223.
[②] David Schweickart, "You Can't Get There from Here: Reflections on the Beijing Consensus", in *China Model and the Beijing Consensus*, eds. Yu Keping, China Social Science Literature Press, 2006, pp.72 – 98.

得了令人瞩目的发展成就。①

所以,中国的改革尽管是对社会主义的苏联模式和传统计划体制的突破和超越,但它并没有脱离社会主义的基本轨道,也没有改变党和国家的基本制度,相反,党和国家在基本理论、基本经济政治制度、意识形态工作和长远战略安排等方面,有着根本的一致性和一贯性,使得这两个时期内在地关联在一起,构成一个完整的整体,共同统一于当代谋求实现社会主义、现代化和民族复兴的整体实践。其中,一个最具雄辩的事实就是,党在社会主义初级阶段"一个中心,两个基本点"的基本路线体现了改革开放前后"两个30年"以及其后的历史统一性和连贯性:"一个中心"是当代中国实现社会主义现代化和实现中华民族伟大复兴的必然要求,坚持"四项基本原则"是对改革开放前30年所确定的基本国家制度的坚持和坚守,坚持"改革开放"是对改革开放前所确立的封闭僵化的传统计划体制的突破和改变。党的基本路线是党和国家工作的生命线,它体现了改革后历史时期对于改革前时期的路径依赖、制度传承和体制变革等深层次的历史关联。

二、中国特色社会主义是对改革开放前历史时期的继承和超越

中国特色社会主义开创于改革开放的伟大实践之中,而改革开放后党在路线、方针、政策方面的确是对改革前历史时期的一种扬弃,但这并不意味着中国特色社会主义与此前社会主义建设的探索没有实质性的关联。实际上,如果没有改革开放前的历史实践为新中国奠定坚实的国家制度基础和物质技术基础,改革开放后也不可能取得如此巨大的历史成就;当然,如果没有改革开放后对于社会主义的苏联模式和传统计划体制的突破,改革开放前的历史功绩就很难在以后的历史实践中得以彰显。从这个意义上说,改革开放后开

---

① Arif Dirlik, "The Idea of a 'Chinese Model': A Critical Discussion", *International Critical Thought*, Vol. 1, No. 2, June, 2011.

创的中国特色社会主义是对改革前历史的继承和超越。

(一) 中国特色社会主义是对改革开放前历史时期的继承

中国特色社会主义道路是在改革开放的历史进程中开辟的,这条道路的历史起点绝不是1949年刚脱胎于半封建半殖民地的新中国,而是1978年已经历经30年艰苦奋斗建立起来的独立自主和自力更生的新中国。从这个意义上说,改革开放后历史时期所开创的中国特色社会主义是对改革前社会主义探索实践的历史性继承。

首先,改革开放前的新中国,铲除了帝国主义、封建主义和官僚资本主义的统治根基,取得了民族独立、主权和领土完整。它在"漫长的中国革命"[1]的基础上确立了人民民主专政的国家政权,实现了由传统中国向现代中国最伟大最深刻的政治和社会转型,在具有深厚历史传统和沉重历史负担的现代中国成功实现了"现代国家的重建"。[2] 此外,新中国经过社会主义革命、改造和建设,确立了社会主义基本制度,在经济和制度体系的意义上摆脱了对世界资本主义体系的殖民依附,摆脱了对中国封建主义传统的历史依附,为中国进一步发展、改革和复兴奠定了高度独立和高度自主的现代民族国家基础和经济社会制度基础。

其次,改革开放前的新中国,初步建立了独立的比较完备的工业体系和国民经济体系。改革开放"赖以进行现代化建设的物质技术基础,很大一部分是这个时期建立起来的;全国经济文化建设等方面的骨干力量和他们的工作经验,大部分也是在这个时期培养和积累起来的"。[3] 正如国际有些观察家或研究者所指出的,改革开放前的新中国一扫"近代以来中国的衰败局面,恢复了国家的统一和稳定",实现了旧中国无法获得的腾飞和发展,为中国的工业化、城市化和现代化"奠定了坚实的基础"。[4] 可以说,中国改革开放成功的"强大

---

[1] 费正清:《伟大的中国革命》,刘尊棋译,世界知识出版社2000年版,第380页。
[2] Theda Skocpol, *States and Social Revolutions, A Comparative Analysis of France, Russia and China*, Cambridge University Press, 1999, p. 285.
[3]《关于建国以来党的若干历史问题的决议》,《三中全会以来重要文献汇编》,人民出版社1982年版,第804页。
[4] Martin Jacques, *When China Rules the World: The End of the Western World and the Birth of a New Global Order*, London: Penguin Press, 2009, p. 99.

制度体系"和"人力物力基础"在改革开放前"已经准备就绪"。①

最后,改革开放前的新中国,进行了适合中国国情的社会主义建设道路的探索。比如,曾试图解决苏联模式带来的体制僵化和特权主义、等级主义、官僚主义等问题,试图通过"运用群众运动和政治斗争规律"来寻求此类问题的解决,试图恢复新中国在缔造时期所具有的"革命与活力"②等,但终究效果不明显。在此期间,我们党经历了沉痛的教训,也积累了丰富的经验。正如邓小平所说的:"没有'文化大革命'的教训,就不可能制定十一届三中全会以来的思想、政治和组织路线和一系列政策……'文化大革命'变成了我们的财富。"③

所以,倘若没有对改革开放前的新中国为社会主义建设提供的正反两方面经验教训的继承和汲取,中国的改革开放和中国特色社会主义的开创是不可想象的。如果看不到改革开放前的新中国为改革开放后的历史实践奠定的牢固基础,就很难明白,世界上那么多发展中国家搞改革、开放,都与市场经济和国际社会接轨,为什么只有中国的改革开放取得了举世成就。从这个意义上说,没有对改革开放前的新中国的社会主义建设实践成就和问题、经验和教训的汲取,就不可能有改革开放后中国特色社会主义的举世成就。

(二) 中国特色社会主义是对改革开放前历史的超越

中国特色社会主义与社会主义的传统体制或苏联模式的根本区别在于,中国在改革开放中一方面坚持中国共产党领导和社会主义基本制度不变,另一方面果断推动经济体制由传统计划体制向现代市场体制根本性转变,推动社会主义与市场创造性结合,从而开启了从经济到政治、文化、社会和生态等各领域全方位的体制机制改革和制度建设。这在世界社会主义实践史上是突破性的,也是原创性的,它深刻地改变了世人对社会主义内涵、本质和可行道路的理解。

从这个意义上说,中国特色社会主义,作为改革开放后党的全部理论和实

---

① Vladimir Popov, *Mixed Fortunes: An Economic History of China, Russia and West*, Oxford, New York: Oxford University Press, 2014, pp.79 - 90.
② 斯图尔特·施拉姆:《毛泽东的思想》,田松年等译,中国人民大学出版社 2005 年版,第 202 页。
③ 《邓小平文选》(第 3 卷),人民出版社 1993 年版,第 272 页。

践主题,也是对改革开放前社会主义实践的历史性超越。

首先是经济体制。改革开放前中国实行的是封闭僵化的计划体制,改革开放后的中国在20世纪80年代试行市场与计划相结合的模式,但由于市场和计划在体制性或体系性的意义上无法兼容,因而这一模式不可持续。所以,自90年代后,中国果断实行社会主义市场经济体制,推进市场经济体制与社会主义基本国家制度相结合,使得中国的改革开放"超越了'左'与'右'的'十字路口'",既避免走封闭僵化的老路,又避免走改旗易帜的邪路,同时,中国还"以实践的方式摸索自己的模式",成功开辟了基于中国自身的历史和政治逻辑的"第三条道路"。这是中国在改革开放后对改革开放前的经济体制的超越。

其次是政治体制。改革开放前中国实行的是高度集中的政治体制,改革开放后积极推进社会主义民主和法治建设,推进政治或政府体制改革,使之与社会主义市场经济体制相适应。正如有观点指出的,中国自1978年以来经历了如此大规模和持久性的改革,如果没有相应的政府、政治或国家体制的变革与之相适应,绝对是无法想象的。只是中国在政治领域的体制改革和制度建设,打破了"市场—民主—自由"三位一体的西方信条,形成了一种以党和国家的基本制度为"核心和枢纽",既有别于苏联体制又有别于西方体制,"既具有开放特征的又具有政治绩效的政治或国家体制"。[①] 这是中国在改革开放后对改革前的政治体制的超越。

所以,尽管改革开放前后两个30年之间存在着诸如体制、政策和观念上的差异、矛盾、否定乃至超越之处,但在根本上是一致的、一贯的和一脉相承的。

回顾历史我们会更清楚:如果没有1949年中华人民共和国的建立,如果新中国不坚持走社会主义道路,如果改革开放不坚持四项基本原则,新中国很可能误入歧途,这已经为苏联、东欧等前社会主义国家所证明;如果没有1978年的改革开放,如果没有对苏联模式和传统计划体制的突破,如果没有中国特色社会主义道路的开辟,新中国的历史将难以为继,这一点也为苏联、东欧等

[①] 罗伯特·劳伦斯·库恩:《中国30年:人类社会的一次伟大变迁》,吕鹏译,上海人民出版社2008年版,第437页。

前社会主义国家所证明。从这个意义上说,改革开放前后两个历史时期的内在统一构成了中国特色社会主义的完整形态。

三、从新时代的高度看待中国的革命、建设与改革开放之间的关系

随着中国特色社会主义进入新时代,新中国的历史继改革开放前后两个 30 年之后正在开启它的"第三个 30 年",而这第三个 30 年大致也是党和国家"两个百年目标"之间所涵盖的历史时期。因此,我们应当从新时代中国特色社会主义的高度,科学把握新中国改革开放前后两个 30 年乃至第三个 30 年的关系,为新时代的更好开局奠定正确的理论认识基础和历史传承基础。

(一) 中国特色社会主义进入新时代:第三个 30 年开启的标志

党的十九大报告指出,"中国特色社会主义进入了新时代,这是我国发展新的历史方位"。对当前中国之所以给出这一战略判断,主要基于以下两点理由:

一是基于中国社会主要矛盾发生的新变化。党的十九大提出,中国社会主要矛盾已经由人民日益增长的物质文化需要同落后社会生产之间的矛盾转化为人民日益增长的美好生活需要和不平衡不充分发展之间的矛盾。经过 40 多年改革开放,中国社会的生产水平取得了历史性的发展和飞跃,在很多领域已接近世界先进水平。从整体上看,中国已经成长为世界第二大经济体,经济的增长率和对世界经济的贡献率都位居世界前列。[1] 当前中国已经总体进入小康社会,社会的工业化、城市化、市场化和国际化都有了巨大进展,但同

---

[1] 据有关专业机构测算,当前中国经济的体量不仅足够庞大,而且其经济生态系统的网络也已经足够强大,已经取代美国成为"经济太阳系的第二个太阳",对行星系产生着巨大的引力"。它们通过量化计算发现,中国现在对世界的影响力已经有美国和欧盟加起来那么大。——参见"中国经济的世界影响力有多大?是欧美影响之和"。——参见《华尔街见闻》2019 年 1 月 30 日。

时也积累了诸如贫富分化遏制难度增大、社会分层趋于固化、经济发展成本增加、社会转型压力加大、资源人口瓶颈约束显现、生态环境承载能力有限等一系列亟待解决的难题。这些难题归根到底是中国社会在公平正义、民主法治、社会安全、生态环境等方面的需要同城乡之间、区域之间、经济社会之间、人与自然之间等领域的不平衡不充分发展之间的矛盾。诸如此类的矛盾如果得以解决，那么，中国的改革将迎来真正的成功。

二是基于中国面临的国际环境发生新变化。当前，国际的经济—政治—地缘格局正在历经深层调整，以美国为核心的资本主义世界体系已经陷入结构性的矛盾、冲突和危机之中。这是一个世界形势和国际局势动荡的时期，更是中国由世界大国晋升为世界强国的关键时期。正如习近平所指出的：当前世界正处于"百年未有之大变局"，当前中国正处于"近代以来最好的发展时期"。[①] 世界的体系中心首次出现有西方世界向非西方世界转移的迹象，百年来西方国家主导国际经济政治的情况正在发生根本性改变。中国的崛起和复兴不单是国家实力的上升，而且还会塑造与它自身需要相匹配的内外秩序或国内国际体系。如果中国能够抓住国际秩序调整和世界中心转移的历史机遇，稳妥应对国内国际各种挑战和风险，稳步成长为世界产业和金融中心，稳步延长自身的经济、政治、安全和地缘半径，为中国的发展和国内问题的解决赢得国际空间的红利，那么，中国就会真正步入世界舞台的中央，那时，21世纪将会迎来中国崛起和文明复兴。

如果说1978年十一届三中全会是新中国的历史区分为改革前后两个30年的根本标志，那么，2012年党的十八大则是新中国的历史进入第三个30年的根本标志，同时也标志着中国特色社会主义也进入了一个新的发展阶段。在第三个30年，中国将进一步解决在改革中所积累的问题，同时，问题的解决也会推进改革中所形成的体制或制度机制的深刻转型，并通过转型迎来自身的完善化、成熟化和定型化，与之相伴随，中国将迎来社会主义现代化的实现和中华民族的伟大复兴。

[①] 习近平：《在中央外事工作会议上的讲话》，《人民日报》2018年6月24日。

（二）从新时代中国特色社会主义的高度看待改革前后两个 30 年的关系

习近平指出："中国特色社会主义是改革开放以来党的全部理论和实践的主题。"①从这个意义上说，我们党在改革后的历史实践无非是从理论和实践结合上系统回答了在中国这样一个古老的东方大国"建设什么样的社会主义、怎样建设社会主义"这个根本问题，②并由此开创了中国特色社会主义。而新中国进入新时代，历史又给我们提出了一个重大的时代课题，要"从理论和实践结合上系统回答新时代坚持和发展什么样的中国特色社会主义、怎样坚持和发展中国特色社会主义"。③

从新时代中国特色社会主义的高度看，改革前后两个历史时期的关系，以及它们与新时代的关系是由"社会主义—中国特色社会主义—新时代中国特色社会主义"三大历史主题关联在一起的，它们统一于"两个百年目标"所涵盖的新中国社会主义现代化建设。在中国这样一个古老落后的东方大国如何走社会主义道路，这是"第一个百年"所涵盖的历史主题，它囊括了中国共产党成立以来所领导的百年中国的革命、建设和改革史；同样，在中国这样一个尚未实现现代化的东方大国怎样建设社会主义，这是"第二个百年"所涵盖的基本主题，它囊括了新中国成立到实现社会主义现代化这段约一个世纪的历史。从新时代中国特色社会主义的高度来看，改革前后两个历史时期的基本主题是同一的，即都是试图解决在中国"建设什么样的社会主义、怎样建设社会主义"这一基本问题。只不过，改革前无非是立题或者说提出这一世纪性问题，但囿于社会主义的苏联模式和计划体制，既积累了经验，也经历了教训，并为改革的历史实践奠定了坚实的历史、政治和技术基础；而改革则是破题或者说是对这一问题解答的成功开启，开辟了市场与社会主义创造性的深度融合的历史先河，但对这一问题的历史解答在实践和理论上并没有终结，还有进一步分析、反思和探索的历史空间；而新时代则是解题或者说对这一问题解答的成

---

① 习近平：《在省部级干部专题研讨班开班式上的重要讲话》，《人民日报》2017 年 7 月 26 日。
② 胡锦涛：《坚定不移沿着中国特色社会主义道路前进　为全面建成小康社会而奋斗》，《人民日报》2012 年 11 月 17 日。
③ 习近平：《决胜全面建成小康社会　夺取新时代中国特色社会主义伟大胜利》，《人民日报》2017 年 10 月 18 日。

功完成,即推动现代市场经济体制与社会主义在更高意义上的综合或融合,使得其所建构的市场经济体制成为真正的社会主义体制,推动社会主义现代化的成功实现。

从新时代中国特色社会主义的高度看,改革前后两个历史时期乃至新时代的整个历史,呈现出一个完整的发展轨迹,这就是从站起来到富起来再到强起来的不断飞跃,而贯穿着三个历史时期的,则是中国人民在中国共产党领导下对新中国社会主义现代化道路的不懈探索,在中国建设、改革和复兴的各个历史主题中不断谱写新篇章。不仅如此,新时代在解决或化解改革进程所积累的矛盾和问题中,同时也在解决和化解它与改革前历史时期之间的差异、矛盾和分歧中,实现改革前后两个历史时期在新时代的深度交汇、融合与贯通。

(三) 从党的两个百年奋斗目标展望新时代(即第三个 30 年)

新时代不仅承接历史,而且前瞻未来。在此期间,我们将经历"两个一百年"奋斗目标的历史交汇期。从党的两个百年奋斗目标展望新时代(即第三个 30 年),中国特色社会主义制度将会更加完善,中国将会迎来自身的现代化的实现和文明的复兴。

一是中国改革将会赢得体制上的真正成熟和战略上的真正成功。历经 40 多年的中国改革开放现在已经步入了攻坚期和深水区,同时也是改革开放中形成的体制和机制进入完善期和成熟期。在新时代,中国如果能够抓住"百年未有之大变局"所给予的战略机遇期,着力解决发展的体制瓶颈、空间瓶颈、人口瓶颈、资源瓶颈和环境瓶颈,成功化解诸如"中等收入陷阱""塔西佗陷阱""金德尔伯格陷阱""修昔底德陷阱"等隐忧,那么,中国在改革开放中所确立的道路、制度和模式就会赢得体制和战略上的双重成功,就会形成一整套独特的制度体系,中国"很可能就是一座灯塔",对于其他寻求发展的国家就是一种替代性的选择。

二是新中国的社会主义制度将与现代市场经济体制和民主法治体系高度契合。中国在改革开放中所形成的经济体制是社会主义市场经济体制,这一体制旨在实现国家能力既与释放和引导市场力量相匹配,又与修复市场周期相匹配,这是一个世界性的难题,在新时代,中国将为解决这一难题贡献中国智慧和中国方案；同时，中国在改革开放中形成的社会主义民主政治和法治国家将会以一整套更完备、更稳定、更管用，具有更高"国家能力"的制度体系呈现在世人面前，它将会直接挑战西方的自由民主信仰。届时，中国道路所展现的价值观念、文明传承和政治智慧将会赢得世界性的认同，中国将会"给世界带来新的哲学"。[①]

三是中国共产党将成为最具世界性影响力的第一大政党。中国共产党是当代中国"社会变革的发动机"，是"国家政治过程的运行枢纽"。在新时代，随着中国的崛起和文明复兴，新中国历经整整一个世纪而形成的"国家型政党"或"政党型国家"的政党模式和国家体制，将会被视为既能充分体现中国传统文明和政治智慧，又能有效赢得现代政治和价值观的辩护的一整套成熟的制度模式和运行体制，而产生世界性的辐射和影响。如此一来，由当代中国的历史、体制和模式所塑造的中国共产党将会深刻改写世人对于政党、政治和国家的习惯性的印象和思维。

四是世界将会迎来中国文明的再度复兴。中国不是单纯的民族国家，而是有着悠久历史和文明传承的国家，中国的复兴将是文明的复兴。正如有观点指出的，世界上没有任何一个国家像中国一样和自己的传统联系得如此紧密，甚至被传统深深影响，中国的未来将由传统和现代化共同决定，因而中国自身的改革和成功转型，必然会带来世界的深刻转型。在新时代，如果中国不犯颠覆性的错误，中国将会成长为无可匹敌的世界第一大经济体、行为体和力量体，国际秩序或世界体系将会迎来中国的世纪。倘若如此，原先由"西方书写的世界史"将会为中国固有的文明传统和近代以来中国积累的历史智慧所改写。

---

① 彼得·诺兰：《中国必然会为世界做出更大的贡献》，《21世纪经济报道》2017年12月6日。

第十一章 制度创建：中国式现代化开创的制度文明新形态

中国共产党的百年奋斗史，其根本标志，就是在革命、建设和改革的实践基础上，开创了中国的道路、理论和制度。在新时代完善中国特色社会主义制度，推进当代中国国家治理现代化，开创中国式现代化道路，为实现社会主义现代化和中华民族伟大复兴奠定坚实的制度基础。

一、社会主义基本国家制度：中国式现代化道路的政治奠基

19世纪下半叶到20世纪上半叶的"漫长的"中国革命（费正清语）是近现代以来中国进行的一场争取民族独立和人民解放的伟大斗争。漫长的中国革命历经了三个阶段：一是旧民主主义革命；二是中国共产党领导的新民主主义革命；三是新中国的社会主义革命。革命的根本性历史成就便是在中国这个古老的东方国度建立起社会主义基本国家制度，打破了国际垄断资本在中国的殖民统治，为中国的发展、现代化和民族复兴奠定了根本政治前提和制度基础。

在此期间，世界形势发生了深刻的变化，即资本主义由欧美现象拓展为全球现象，形成以帝国主义和殖民主义为两极结构的资本主义世界体系。这就是列宁所说的，资本主义由自由竞争阶段过渡到垄断阶段即帝国主义阶段。

到了20世纪,现代世界革命运动的形势也发生了根本变化,这就是:革命的时代主题由资产阶级民主革命过渡到无产阶级社会主义革命,世界革命的重心由西方转移到东方,由欧洲转移到亚洲。对此,列宁指出,20世纪上半叶的时代,"现在正处在这些风暴盛行及其'反转来影响'欧洲的时代","亚洲的觉醒和欧洲先进无产阶级夺取政权的斗争的展开,标志着20世纪初所揭开的全世界历史的一个新的阶段"。① 但在世界资本主义的帝国主义—殖民主义体系中,亚洲诸民族民主革命必须放在帝国主义与民族和殖民地问题的基本历史语境中加以考察,以中国革命为代表的亚洲革命,不仅要解决民主问题,完成资产阶级革命的议题,而且还要在帝国主义和殖民主义的世界环境中解决民族问题。

对于中国革命来说,俄国十月革命的胜利无疑是具有历史性影响的,它宣告了世界无产阶级社会主义革命时代的到来,在这一时代潮流的影响下,随着新文化运动由"民主"和"科学"转向社会主义和马克思主义,由此导致中国共产党的诞生。中国革命因而也翻开了新的一页,即由中国资产阶级领导的旧民族民主革命进展到由中国无产阶级领导的新民族民主革命。其中,以中国共产党领导的新民族民主革命最为艰辛,是"作为短促的20世纪的漫长的中国革命"的"最艰苦卓绝"的部分,②正是这一部分,从根本上改变了中国的面貌,也改变了中国在世界版图中的历史和命运。

中国共产党领导的中国革命,就其本身的历史进程而言,只能是民主性质的,因为中国的民族民主革命在中国共产党成立之时并没有实现,这一革命目标的完成,只能落到中国共产党的身上。同时,"由于世界资本主义的集中化",帝国主义殖民体系的形成,导致以中国为代表的东方殖民地半殖民地革命运动不仅要反抗本国的"封建统治",而且还要推翻外国的"资本压迫"。③再加之十月革命胜利所宣告的世界无产阶级社会主义革命时代的来临,此时的中国革命必然是由无产阶级领导的,具有社会主义导向的新的民主革命。20世纪大的时代背景,中国革命自身的历史进程,决定了20世纪中国革命的

---

① 《列宁全集》(第19卷),人民出版社1959年版,第68页。
② 汪晖:《作为思想对象的二十世纪中国》,《开放时代》2018年第5—6期。
③ 《列宁全集》(第3卷),人民出版社1950年版,第211页。

基本道路、历史进程和未来走向。这些因素集中表现为毛泽东所概括表述的，中国新民主主义革命的基本路线，即"无产阶级领导的、人民大众的，反对帝国主义、封建主义和官僚资本主义"的革命。[①] 在这一表述中，中国革命的基本对象就是帝国主义、封建主义，以及买办资本和官僚资本在中国的统治；中国革命的主体或支柱便是中国无产阶级及其同盟军——农民阶级；中国革命的主要目标，便是完成民族革命和民主革命的双重目标，建立新的民主共和国，在此基础上通过社会主义革命，建立社会主义的基本制度和国家政权。

对于中国的发展、现代化和民族复兴来说，中国革命的历史意义不仅仅在于建立一个现代意义的民族国家，为中国步入现代社会奠定"政治现代化的基础"（这也是资产阶级民主革命的通常目标），而是要进行社会主义导向的民主革命。因为当民主革命由西方转向东方的时候，历史语境已经发生了根本的变化：西方资产阶级民主革命（不论是英国革命、美国革命还是法国革命），都是资本主义生产关系在经济和社会层面基本成熟的基础上展开的，是资本主义经济社会关系在政治层面的自我完善；但对于以中国为代表的东方国家来说，一方面面对帝国主义的资本入侵和殖民统治，另一方面还处于传统的封建主义的历史羁绊之中。如果只是将19世纪西方的资产阶级民主革命移植到20世纪的东方国家，并不能建立一个正常的民族国家，为现代化奠定政治基础，如果仅停留在旧的资产阶级民主革命的层次，反而很可能为买办资本和垄断资本在中国的统治开辟道路。中国革命要实现完全意义的民族独立和人民解放，就必须针对帝国主义在中国的"资本入侵"和"殖民统治"，进行具有社会主义导向的民主革命。因此，中国革命的根本意义在于，通过新民主主义革命，推翻帝国主义在中国的殖民统治，通过社会主义革命，推翻资本主义在中国的垄断统治。中国革命的根本成就，就在于它打破国际资本对中国经济、社会和政治的全面统治，建立社会主义政权，确立社会主义制度，具体说来，就是我们党在新民主主义革命和社会主义革命的基础上，创造性地建立起包括国体、政体、根本政治制度、根本经济制度和根本意识形态制度在内的社会主义国家制度。

[①] 《毛泽东选集》（第4卷），人民出版社1991年版，第1313页。

社会主义国家制度，就其实质而言，它是科学社会主义基本原则的集中体现。所谓科学社会主义基本原则，并不是科学社会主义作为学说所蕴含的一系列理论原理，而是马克思主义政党或社会主义国家在运用这一学说指导社会主义实践时，必须坚持和遵循的一系列基本的立场、态度和行为准则，它是马克思主义政党领导革命事业和社会主义事业所遵循的基本规律的集中体现。马克思主义经典作家虽然没有明确提出"科学社会主义基本原则"这一概念，但他们在领导科学社会主义或共产主义运动中对于一些原则性问题也有着若干权威性的阐述。此外，我们党在领导中国革命、建设和改革的各个历史时期，对关系到科学社会主义基本原则的问题也有着一系列经典性的论述。例如，毛泽东明确指出，"领导我们事业的核心力量是中国共产党，指导我们思想的理论基础是马克思列宁主义"。① 改革开放后，我们党提出坚持"四项基本原则"，并且将其视为"立国之本"。所以，科学社会主义基本原则的主体内涵，概括起来大致便是：在无产阶级与社会主义事业中，一是坚持马克思主义政党即共产党的领导；二是坚持马克思主义的理论指导；三是在无产阶级革命和专政的基础上建立社会主义国家政权和基本制度；四是创造性地开展社会主义建设实践，等等。改革开放以来，社会主义国家制度则进一步表现为"四项基本原则"所确立的基本的制度框架。"四项基本原则"，作为党和国家工作的生命线，是新中国的"立国之本"。邓小平明确指出，"如果动摇了这四项基本原则中的任何一项，那就动摇了整个社会主义事业，动摇了现代化事业"。②

我们党在中国革命这一伟大斗争的基础上所建立的社会主义国家制度，根据马克思列宁主义国家学说，在本质上是无产阶级的，是在无产阶级的革命和专政基础上建立起来的国家制度。唯有通过无产阶级革命，打碎资产阶级国家机器，才能打破资本主义通过市场（自由市场体制）、民主（自由民主制度）和自由（自由社会的理念或理想）的多重逻辑对经济、社会和政治领域的全面垄断，才能在无产阶级专政的前提下建立社会主义公有制，确立国家在市场、资源和财富配置上的主体地位，才能为社会主义国家主导和驾驭市场和资本奠定坚实的政治和社会基础。

---

① 《毛泽东文集》（第6卷），人民出版社1999年版，第350页。
② 《邓小平文选》（第2卷），人民出版社1994年版，第173页。

二、社会主义市场经济体制：中国式现代化道路的体制基础

中国革命的胜利，社会主义国家政权和基本制度的确立，是我们党在百年伟大斗争的历史中取得的奠基性的历史成就，为中国摆脱帝国主义的殖民统治或资本统治的命运，实现自身的发展、现代化和民族复兴奠定了坚实的历史、政治和制度基础。但社会主义国家制度的建立，并不意味着中国实现自身的现代化、社会主义和民族复兴问题的自动解决，而是意味着中国通过自身的实践，破解横亘在现代社会面前的发展问题，以实现现代化、社会主义和民族复兴真正提上议事日程。

为此，自20世纪下半叶社会主义的苏联模式遭遇自身的发展难题时，中国开始掀起改革开放这一新的伟大社会革命，在社会主义传统内部实现自我革命的基础上成功超越了苏联模式和传统计划体制，实现社会主义的基本原则和基本制度与市场经济这一现代社会的基本经济体制相结合，建立了社会主义市场经济体制，从而成功破解了传统社会主义的计划体制丧失或缺乏发展动力的问题。同时，中国在改革开放中建构的市场经济体制是以社会主义的基本国家制度为根本政治前提的，因而将市场秩序改造成为"容纳""规范""约束"和"引导"资本运作的公共秩序，为克服资本主义逻辑所导致的发展失衡或失序的问题奠定了框架性的制度和政策基础。

发展是"硬道理"，也是硬问题。破解发展问题——不仅针对现代资本主义在发展进程中的财富和贫困的双重积累问题，而且针对传统社会主义因缺乏发展动力而陷入普遍贫困的问题——是现代社会主义运动的核心议题，尤其自俄国革命和中国革命胜利，社会主义已经成为现实的社会制度之后，这一问题便成为社会主义国家面临的首要问题。

现代化背后所贯穿的是发展逻辑，现代化不只是前工业或前城市文明向工业或城市文明的演化或转化，同时也是以工业和城市文明为基本标志的现代社会的内在的没有终结点和休止符的发展历程。随着社会生产力的不断变

革与发展,社会的生产关系和其他关系也会不断发生相应的变革、发展和演化。所以,中华人民共和国成立伊始,我们就将现代化提上了历史日程,并且提出了"社会主义现代化"这一历史目标。当时,毛泽东指出,这一目标就是要"使中国稳步地由农业国转变为工业国",[①]后来,社会主义现代化被具体表述为实现"现代农业、现代工业、现代国防、现代科学技术"的"四个现代化"。[②]但改革开放前,我们更多地是沿袭苏联经验,将现代化理解为工业化,即便是"四个现代化",植根于其中的仍然是以科学和技术支撑的工业逻辑。

这种承袭自苏联的,将现代化等同于工业化,将资本逻辑作为资本主义革除在新社会之外的经验和做法,在近代以来社会主义史上有着较为深厚的历史传统。例如,在众多社会主义的理论或实践方案中,诸如私有制或财产权、商品货币关系、市场体制等资本逻辑植根于其中的东西,乃是有待消灭、废黜的剥削现象,新的社会建立在集体财产制度的基础上,通过诸如"建立全世界的地方公社网",或者将国家"改造成为巨大的生产合作社",[③]来有计划有组织地安排社会生产,以克服资本主义的剥削现象、生产的无政府状态,以及商品和资本过剩所引发的各种形式的危机,从而打造一种合乎理性和人道的新的社会制度,在新的社会中,占据主体地位的应当是"科学、艺术与工业",而不是"商品、货币与财富"。所以,社会主义的苏联模式或传统计划体制就有19世纪众多社会主义经典作家所给出的诸多方案的影子。

对于传统模式,列宁有一句经典的话可以加以概括,这就是他所设想的作为社会主义的"全民的、国家的'辛迪加(Syndicate)'",在这种新型的社会组织中,"全体公民都成了一个全民的、国家的'辛迪加'的职员和工人",整个社会"将成为一个管理处,成为一个劳动平等、报酬平等的工厂",[④]整个国家如同一个企业一样,在其内部进行有组织有计划按比例相互协调的生产。按照"国家辛迪加"的模式,整个社会将组织成为一个"大工厂",这是社会主义计划经济体制的理想原型。所以,以计划体制为内在基础的传统社会主义模式,其实

[①] 《毛泽东选集》(第4卷),人民出版社1991年版,第1437页。
[②] 《周恩来选集》(下卷),人民出版社1984年版,第439页。
[③] 乔治·柯尔:《社会主义思想史》(第1卷),何瑞丰译、俞大畏校,商务印书馆1977年版,第9、10页。
[④] 《列宁选集》(第2卷),人民出版社1995年版,第202—203页。

就是国家直接或间接占有和垄断所有行业的一种经济社会模式,国家通过制定和执行计划来配置各种资源,组织整个社会按照国家指定的方向或用途进行快速的积累和生产。

但传统计划体制也有自身难以解决的问题,它在理论的意义上用"工厂分工"取代"社会分工",在现实的意义上用国家取代市场,用经济的政府状态取代经济的自发的市场状态,从而形成了从根本上排斥商品经济和市场体制的、呈现"去商品化""去资本化"和"去金融化"的高度实物化的经济体制。然而社会主义作为对现代资本主义和工业文明的现实反应,一旦废黜资本逻辑,废黜与之相关的合理性的商业技术或市场机制,[1]单纯依靠工业逻辑,以及与之相关的科学和技术来推动社会的发展与进步,那么,单纯的工业逻辑所支撑的"合作化的实业或公社制度"也就丧失了持续的增殖或增长动力,当然也就丧失了推动技术和工业持续变革和创新的动力,最终也从根本上丧失了推动社会的经济关系和其他关系持续发展和变迁的动力,简言之,亦即丧失了现代社会的内生性的发展动力。这就是为什么以计划体制为核心要件的苏联模式从根本上将现代化把握为工业化的根本原因。然而这种以废黜商品、货币和市场机制乃至废黜资本逻辑为隐秘情结的苏联模式或传统计划体制,也从根本上废黜了植根于资本逻辑的理性核算、经济增长和财富增殖的可能,同时,这也就从经济的角度废黜了以科学、技术和产业的进步、创新和革命为内在根基的工业逻辑。简言之,就是从根本上废黜了贯穿于现代社会的发展逻辑,因而也就打断了植根于这一逻辑的持续的现代化进程,致使经济无法持续增长,社会面临短缺危机,不得不改弦易辙。由于改革失误,最终导致这一模式不得不退出历史舞台。

中国自改革开放以来,便努力突破社会主义的计划体制和传统信条的束缚,将发展作为硬道理和硬问题,在实践中予以解答。中国正是在借鉴苏联模式和传统计划体制的正反两方面经验教训的基础上,建立起社会主义市场经济体制,从而实现社会主义与市场的创造性结合。正是社会主义市场经济体制的建立,成功破解了苏联模式面临的发展难题,彻底摆脱了苏联模式因内生

---

[1] 卡尔·兰道尔:《欧洲社会主义思想和运动史》,群立译,南木校,商务印书馆1994年版,第18、23、20页。

性发展动力的枯竭而导致的日益僵化问题。同时,让中国这套制度体系普遍适应现代社会的发展逻辑,从而实现普遍的物质生产、财富的持续增长和社会的永续繁荣,以及社会的生产关系和其他关系伴随技术的进步和生产力的发展而不断变革或变迁。所以,这就从根本上为中国的社会主义现代化奠定了内生性的制度基础。

中国改革开放的整个历史进程,就是在坚持社会主义基本国家制度(即党和国家制度)的前提下,以社会主义市场经济体制的建立、健全和完善为主线,在市场和国家、经济和政治、社会与文化、生态与环境等各领域全面推进与这一体制相适应的体制变革和制度变迁,建立健全与市场经济、民主政治和法治国家等现代文明建制相匹配的制度体系,从而不断推动中国特色社会主义制度体系日趋成熟、完善与发展。在某种意义上,中国特色社会主义的开创,可以说就是起源于社会主义与市场经济体制的创造性结合。社会主义市场经济体制的建立,也就从根本上将资本、财富和经济的增殖或增长逻辑,以及在这一逻辑推动下的技术、科学和工业的进步与创新逻辑植根于中国特色社会主义制度体系的全方位的自我生成之中。所以,改革开放历经40多年,我国的社会生产力得到了极大的解放和发展,与此同时,社会的生产关系和其他关系也发生了深刻的发展和变迁,整个社会开始出现由传统到现代、由农村到城市、由农业文明到工业文明乃至信息文明的变革或变迁,中国的社会主义现代化,以及在此基础上的中华民族伟大复兴,也由此呈现出前所未有的光明前景。

三、当代中国国家制度和治理体系:中国式现代化的国家治理基础

改革开放历经40多年,中国的历史方位已经发生了深刻的历史性变化。这就是"中国特色社会主义进入新时代"。[①] 这是党和国家的一个重大战略判

---

① 《习近平谈治国理政》(第3卷),外文出版社2020年版,第8页。

断。新时代的一个标志性特征,就是国内社会主要矛盾发生了深刻变化,因而问题的重心也发生了深刻的变化。在改革开放时代,我们面临的基本问题是"落后的社会生产"问题,在新时代,我们面临的基本问题则是发展的"不平衡不充分"问题。我们知道,发展的不充分或匮乏问题是苏联社会主义模式的痼疾,发展的不平衡或失衡的问题则是西方资本主义的顽症。因而改革开放以来,我们将"解放和发展生产力"作为首要议程,以推进中国的深层次改革,尤其是超越社会主义的苏联模式,从而在根本上解决了传统计划体制抑制或束缚生产力发展的问题。那么在今天,我们则是要通过全面深化改革,在更加充分发展的基础上真正解决发展的不平衡或失衡问题(这意味着对资本主义问题的实质性克服),以完善和发展当代中国国家制度和治理体系。

此外,随着中国的发展和综合实力的增强,中国与世界的关系也发生了深刻变化。如果说在改革开放时代,我们是通过对内改革和对外开放,融入以美国为核心、以欧美日为主体的世界市场(即资本主义世界体系),那么,在新时代,中国在成功解决自身发展问题的基础上,已经成长为世界制造业中心,同时,世界正在历经"百年未有之大变局",①中国的道路、制度和方案已经具有世界性的意义和影响。随着世界体系、国际秩序和全球格局的大变化大动荡大调整,我们此时则要站在中华民族伟大复兴战略全局的高度,统筹中国的发展、中国与世界的关系,以中国自身为榜样和典范,从体制和战略的高度破解发展(的不平衡和不充分)问题,推进当代中国国家制度和治理体系现代化。

习近平正是在这一时代背景下提出要进行"具有许多新的历史特点的伟大斗争"。习近平的这一论断既继承了毛泽东的论断,又不同于毛泽东在 20 世纪 60 年代的论断。20 世纪 60 年代,毛泽东提出这一论断,是着眼于"战争与革命"这一时代主题,以马克思主义的过渡理论来把握"两制关系",把握"社会制度彻底变化"的伟大时代。21 世纪的今天,习近平提出这一论断则是从新时代和大变局的高度把握"和平与发展"这一时代主题,以中国特色社会主义的理论视角来把握"两制关系",把握"社会制度彻底变化"的伟大时代。在习近平那里,这一伟大时代就表现为"世界正处于百年未有之大变局"和"中华

---

① 习近平:《接见 2017 年度驻外使节工作会议与会使节时的讲话》,《人民日报》2017 年 12 月 28 日。

民族伟大复兴正处于关键时期",基于此,我们要通过破解发展难题,从而开创中国式现代化,开创人类文明新形态。

对发展问题的破解是中国特色社会主义的核心问题。众所周知,邓小平对社会主义的本质内涵有一个明确的界定,即"解放生产力,发展生产力,消除剥削,消除两极分化,最终达到共同富裕"。[①] 在这一界定中,社会主义有着双重规定:一方面是解放和发展生产力;另一方面是消除剥削,消除两极分化。综合这两点,社会主义最终是实现人类的共同富裕和社会的普遍繁荣。在这双重规定中,前者其实就是发展的问题,就是适应植根于现代化自身的发展逻辑的问题,而后者就是对发展所产生的一系列矛盾或问题进行解决、化解、矫正或对治的问题,简言之,就是对发展问题进行治理的问题。治理的主旨或根本目的就是通过对社会关系和结构的调整、变革或重建,以解决社会发展所带来的矛盾、冲突或问题,塑造公平公正的社会秩序和分配格局。在社会主义的苏联模式或传统计划体制退出历史舞台的今天,那种为了彻底消灭剥削,从而将资本主义连同市场等现代性建制试图一起消灭的传统社会主义方案已经不合时宜。因而在今天,"消灭剥削,消除两极分化"这一社会主义的经典议程已经具有不可回避的治理内涵,一方面要遵循现代社会的发展逻辑,建立起与之相匹配的市场体制和运行机制,从根本上克服或解决苏联模式丧失发展动力的问题;另一方面又要实现市场体制与社会主义的创造性结合,从国家制度和治理的高度防止与克服发展的两极化问题。

邓小平指出,"发展问题是核心问题"。[②] 这其实就是把探寻发展道路和解决发展问题一道给提了出来。因为中国特色社会主义制度和国家治理体系是以社会主义国家制度为根本性的政治基石,因而从根本上防止了资本对经济和社会、市场和国家的全面垄断,从而为国家主导资本、驾驭市场,通过国家治理的方式来解决发展问题,以克服和扬弃资本主义的财富和贫困的双重积累问题提供了根本的解决之道。习近平为全面深化改革给出的目标,是"完善中国特色社会主义制度,推进国家治理体系和治理能力现代化",[③]其实就是

[①] 《邓小平文选》(第3卷),人民出版社1993年版,第373页。
[②] 同上书,第282页。
[③] 《习近平谈治国理政》(第1卷),外文出版社2014年版,第104页。

从国家治理的逻辑给出了针对发展问题的解决之道。从这个意义上说，当代中国国家制度和治理体系不仅要体现发展逻辑，即建立健全适应生产力的解放和发展的制度体制和运行机制，以解决不发达的问题；而且还要体现治理逻辑，即通过治理实现财富的公平分配和社会的公正秩序，以解决发展的不平衡不充分问题，从而在发展和治理的双重逻辑中健全和完善当代中国的这一整套制度和治理体系。

"小智治事，中智治人，大智治制。"治理的最高境界就是落实为一整套行之有效的成熟定型的制度体系。从国家治理的角度来看，制度和治理是一块硬币的两面，所谓国家治理体系，其实就是党领导人民管理国家的诸如经济政治文化、内政外交国防、社会环境生态等各领域而形成的制度体系。所以，中国特色社会主义制度体系，就是当代中国的制度化的国家治理体系，是以根本制度、基本制度、重要制度和具体制度为四梁八柱的科学制度体系：一是根本制度。根本制度乃是在当代中国国家制度和治理体系中起着"顶层覆盖性、全域覆盖性、全局指导性作用"[1]的制度，其核心要件就是新中国建立的社会主义国家制度，它从根本上规定了当代中国国家政治的体制类型，因而也从政治的高度规定了当代中国国家治理的基本主体。在当代中国，国家的治理主体就是中国共产党领导的全体中国人民，它的制度化表现就是中国共产党领导的人民当家作主的制度体系。二是基本制度。基本制度就是在根本制度的基础上"贯彻和体现国家政治生活和经济生活的基本原则"[2]的制度，其中，以社会主义市场体制为核心，将社会主义民主政治和社会主义法治国家集于一身，将市场、民主和法治等现代社会的基本建制纳入社会主义的制度框架之中，当然也将发展逻辑植根于中国特色社会主义制度和国家治理体系之中，使之成为国家在经济、政治、文化、社会、生态文明等基本领域进行治理的制度依托。三是重要制度。重要制度乃是国家治理在经济、政治、文化、社会、生态和党建等各个领域"由根本制度和基本制度派生而来"[3]的，发挥重要作用的主体性制度，此类制度是针对经济社会的发展所产生的新的重要领域或关键问题而

---

[1] 《〈中共中央关于坚持和完善中国特色社会主义制度 推进国家治理体系和治理能力现代化若干重大问题的决定〉辅导读本》，人民出版社2019年版，第175页。
[2][3] 同上书，第176页。

形成的制度,是一种以明确的主题或问题为导向的制度,是国家治理在根本制度和基本制度的基础上发挥正常作用不可或缺的重要环节,具有成长性、发展性和创新性等特征。四是具体制度。具体制度是从根本制度、基本制度、重要制度派生而来的在微观层面发挥具体作用的制度,此类制度是国家治理与社会自我治理相互沟通融合的中介和桥梁。

从国家治理的角度看,中国特色社会主义制度体系是当代中国国家治理的制度化的基础、依托和保障。其中,根本制度是"中国之政"的制度基础,它从根本上确保了当代中国国家治理的基本主体;基本制度、重要制度和具体制度是"中国之治"的制度基础,它从根本上规定了国家治理的基本领域、基本内容和基层运作方式。"中国之政"与"中国之治"之间互为条件和相互支撑,共同将当代中国的"政道"与"治道"共同纳入"中国之制",使之成为保障当代中国遵循现代社会的发展逻辑,破解现代社会的发展问题的制度基石,从而在进行具有新的历史特点的伟大斗争中,实现社会主义现代化,实现中华民族伟大复兴,为中国式现代化和人类文明新形态的开创奠定坚实的制度基础。

第四篇

新时代中国式现代化道路的创造性拓展

中国特色社会主义进入新时代，标志着中国的发展进入了一个新的历史方位：一是我国社会主要矛盾发生了深刻变化，即转化为"人民日益增长的美好生活需要和不平衡不充分的发展之间的矛盾"；二是世界进入了"百年未有之大变局"，国际秩序和全球格局将迎来深层次的体系重构和结构调整。

尽管如此，新时代、新矛盾、新方位并没有改变我们对我国社会主义所处历史阶段的判断，即我国仍处于并将长期处于社会主义初级阶段的基本国情没有变，我国是世界最大发展中国家的国际地位没有变。"两个没有变"的判断是理解中国特色社会主义所处历史阶段的重要依据，也是把握中国式现代化所处发展阶段的重要依据。正因此，我们党始终高度重视对当代中国发展的历史方位、中国社会阶段性特征的分析，明确新时代的根本任务和奋斗目标。

新时代以来，我们采取一系列战略性举措，推进一系列变革性实践，实现一系列突破性进展，取得一系列标志性成果，党和国家事业取得历史性成就、发生历史性变革，推动我国迈上全面建设社会主义现代化国家新征程。

中国特色社会主义进入新时代，从形成更加成熟、更加定型的制度来看，它标志着我国社会主义实践已经进入"后半程"。在这"后半程"，我们的主要任务便是完善和发展中国特色社会主义制度，推进国家治理体系和治理能力现代化，为党和国家事业发展、为人民幸福安康、为社会和谐稳定、为国家长治久安提供一整套更完备、更稳定、更管用的制度体系，为中国式现代化的深化和拓展奠定坚实的制度基础。

中国式现代化是中国共产党领导的社会主义现代化，这是我们党领导中国革命、建设和改革的百年奋斗历程得出的根本结论。历史和现实都证明，没有中国共产党，就没有新中国，就没有中国特色社会主义，就没有中国式现代化，就没有中华民族伟大复兴。党的二十大报告指出，中国式现代化是人口规模巨大的现代化、实现共同富裕的现代化、物质文明和精神文明协调发展的现代化、人与自然和谐共生的现代化、走和平发展道路的现代化。新时代新征程，中国共产党的使命任务就是以中国式现代化推进中华民族伟大复兴。

第十二章　新时代中国面临的主要矛盾和所处的历史方位的变化

党的十八大以来,党和国家取得的成就是全方位的、开创性的,给整个国家带来了深层次的、根本性的变革。这些变革对党和国家事业发展产生了重大而深远的影响。因此,党的十九大报告明确指出,中国特色社会主义经过长期努力进入了新时代,这是我国发展新的历史方位。

一、中国特色社会主义进入新时代

党的十九大报告指出,中国特色社会主义进入新时代,这是基于社会主义社会发展进程中不同阶段性特征得出的,标志着中国特色社会主义进入发展进程中一个新的阶段,也是中国特色社会主义事业的新进展。

(一) 新时代是理解中国特色社会主义的时代坐标

习近平指出:"新时代是中国特色社会主义新时代,而不是别的什么新时代。"[1]这将是理解中国特色社会主义的时代坐标,这一坐标的确定,有其充分的历史基础和现实依据。

新时代中国特色社会主义是中国共产党领导人民进行伟大社会革命的成

---

[1] 《习近平谈治国理政》(第3卷),外文出版社2020年版,第70页。

果,也是我们党领导人民进行伟大社会革命的继续。无论是世界社会主义500年风雨历程,还是鸦片战争以来170多年的民族复兴历程,我们无不深刻地感受到,"中国特色社会主义不是从天上掉下来的,而是党和人民历经千辛万苦、付出各种代价取得的宝贵成果。得到这个成果极不容易"。① 这是几代中国共产党人和中国人民在建立社会主义新中国、开启改革开放新时期、跨入机遇与挑战并存的21世纪,以及站在新的时代坐标的不断奋斗中努力实现的。

以毛泽东为主要代表的中国共产党人,把马克思主义基本原理与中国实际相结合,创立了毛泽东思想,领导中国人民取得了新民主主义革命的伟大胜利,建立了新中国,确立了社会主义制度。中华人民共和国成立前夜,毛泽东响亮地宣布:"我们的民族将从此列入爱好和平自由的世界各民族的大家庭,以勇敢而勤劳的姿态工作着,创造着自己的文明和幸福,同时也促进世界的和平和自由。我们的民族将再也不是一个被人侮辱的民族了,我们已经站起来了。"②在中华人民共和国成立初"一穷二白"的艰难国情下,中国共产党对如何建设社会主义进行了初步探索。科学社会主义在中国的初步实践,成功实现了中国历史上最伟大的社会变革。这期间虽然经历了曲折,甚至遭受了严重挫折,但我们党团结带领全国各族人民经过艰苦卓绝的努力,取得了多方面的巨大成就。为在新的历史条件下开创中国特色社会主义积累了重要的思想、物质、制度条件,积累了正反两方面的经验。

党的十一届三中全会后,以邓小平为主要代表的中国共产党人,团结和带领全国各族人民,深刻总结我国社会主义建设正反两方面的经验,借鉴世界社会主义发展的历史经验,创造性地回答了什么是社会主义、怎样建设社会主义的问题。当时,邓小平强调,党的政治路线"不管怎样表述,实质是搞四个现代化,最主要的是搞经济建设,发展国民经济,发展社会生产力"。③ 从把党和国家工作中心转移到经济建设上来、实行改革开放,到深刻揭示社会主义的本质、确立社会主义初级阶段基本路线,我国改革开放的格局初步确立,社会主

---

① 《坚持和发展中国特色社会主义要一以贯之》,《人民日报》2022年9月16日。
② 《毛泽东文集》(第5卷),人民出版社1996年版,第344页。
③ 《邓小平文选》(第2卷),人民出版社1994年版,第276页。

义制度得以自我发展和自我完善,开启了中国社会主义发展的新前景。

党的十三届四中全会以后,以江泽民为主要代表的中国共产党人,团结带领全党全国各族人民,坚持党的基本理论、基本路线,在国内外复杂形势和世界社会主义遭遇严重曲折的考验下,捍卫了中国特色社会主义,确立了社会主义市场经济体制的改革目标和基本框架,确立了社会主义初级阶段的基本经济制度和分配制度,开创了改革开放的新局面。在党的十四大报告中,江泽民明确提出:"我们要建立的社会主义市场经济体制,就是要使市场在社会主义国家宏观调控下对资源配置起基础性作用,使经济活动遵循价值规律的要求,适应供求关系的变化;通过价格杠杆的竞争机制的功能,把资源配置到效益较好的环节中去,并给企业以压力和动力,实现优胜劣汰;运用市场对各种经济信号反应比较灵敏的优点,促进生产和需求的及时协调。同时也要看到市场有其自身的弱点和消极方面,必须加强和改善国家对经济的宏观调控。"[①]把社会主义基本制度和市场经济体制紧紧结合在一起,作为经济体制改革的目标,是一项前无古人的开创性事业,是社会主义发展史上的重大突破,是中国共产党在新的历史时期的重大决断。此后,中国的改革开放和现代化建设事业展现出了新面貌。

党的十六大以后,以胡锦涛为主要代表的中国共产党人抓住重要战略机遇期,以科学发展为主题,加快转变经济发展方式为主线,在全面建设小康社会进程中逐步形成了中国特色社会主义事业总体布局。正如胡锦涛在纪念中国共产党十一届三中全会召开30周年大会上指出的:"30年来,以邓小平同志为核心的党的第二代中央领导集体、以江泽民同志为核心的党的第三代中央领导集体和党的十六大以来的中央领导集体,团结带领全党全国各族人民,承前启后,继往开来,竭力推进改革开放伟大事业,谱写了中华民族自强不息、顽强奋进新的壮丽史诗。我们党先后召开6次全国代表大会、45次中央全会,及时研究新情况、解决新问题、总结新经验,集中全党全国各族人民智慧,形成了党的基本理论、基本路线、基本纲领、基本经验,制定和作出了指导改革开放和社会主义现代化建设的一整套方针政策和工作部署,成功开辟了中国

---

① 《江泽民文选》(第1卷),人民出版社2006年版,第222、218、224、226—227页。

特色社会主义道路。"①

"坚持和发展中国特色社会主义是一篇大文章,邓小平同志为它确定了基本思路和基本原则,以江泽民同志为核心的党的第三代中央领导集体、以胡锦涛同志为总书记的党中央在这篇大文章上都写下了精彩的篇章。现在,我们这一代共产党人的任务,就是继续把这篇大文章写下去。"② 30 多年来,中国特色社会主义取得了巨大成就,加之新中国成立以后打下的基础,这是它得以站得住、行得远的重要基础,也是我们判定中国特色社会主义进入新时代的坚实历史基础。

(二) 历史性成就和历史性变革

党的十九大报告对十八大以来党和国家事业发展进行了全面总结,集中概括为:"取得历史性成就""发生历史性变革"。党的十八大以来,面对世界经济复苏乏力、局部冲突和动荡频发、全球性问题加剧的外部环境,面对我国经济发展进入新常态等一系列重大而深刻的变化,党领导全国各族人民稳中求进,迎难而上,开拓进取,取得了改革开放和现代化建设的历史性成就。中国特色社会主义事业进入新阶段,遇到了许多新情况、新问题和新挑战。经过 5 年的奋斗,我国国内生产总值从 54 万亿元增长到 80 多万亿元,稳居世界第二,年均增长 7.1%,在世界主要国家中名列前茅,对世界经济增长的贡献率超过 30%,超过美国、欧元区和日本贡献率的总和,成为世界经济增长的动力之源、稳定之锚。高速公路、高速铁路里程位居世界第一,科技创新、重大工程建设捷报频传,中国的高铁、移动支付、共享单车、网购"新四大发明"耀眼全球。③ 2012—2016 年,我国居民人均可支配收入从 16 510 元增加到 23 821 元,年均实际增长 7.4%,跑赢了经济增速。各项民生事业取得新的重大进展,普通百姓的获得感、幸福感、安全感大大提升,社会养老保险已经覆盖 9 亿多人,基本医疗保险覆盖 13.5 亿人,实现了 6 000 多万贫困人口稳定脱贫,贫困

---

① 胡锦涛:《在纪念党的十一届三中全会召开 30 周年大会上的讲话》,《人民日报》2008 年 12 月 19 日。
② 习近平:《关于坚持和发展中国特色社会主义的几个问题》,《求是》2019 年 3 月 31 日。
③ 中共中央宣传部理论局:《新时代面对面——理论热点面对面·2018》,学习出版社、人民出版社 2018 年版,第 33 页。

发生率从10.2%下降到4%以下。①这些成就是全方位的、开创性的,给整个国家带来了深层次、根本性的变革。这些变革对党和国家事业发展产生了深远影响。

发展的目的是造福人民。要让发展更加平衡,让发展机会更加均等、发展成果人人共享,就要完善发展理念和模式,提升发展公平性、有效性、协同性。②习近平在推进中国特色社会主义伟大实践中不断深化对共产党执政规律、社会主义建设规律、人类社会发展规律的认识,针对我国改革发展稳定、内政外交国防、治党治国治军等方面提出一系列新理念新思想新战略,主要内容包括:"实现中华民族伟大复兴中国梦"的发展目标、"坚持和发展中国特色社会主义"基本道路、"以人民为中心"的价值取向、以"五大理念"为核心内容的新发展理念、"四个全面"战略布局、"供给侧结构性改革"为主线的经济发展思想、实现国家治理体系和治理能力现代化的国家治理理论、"全面依法治国"的法治思想、"全面从严治党"的党建思想、"总体国家安全观"的国家安全思想、"人类命运共同体"的全球治理思想,逐步形成了内容丰富、系统完整、思想深邃、逻辑严密的习近平新时代中国特色社会主义思想,为新的历史时期进一步全面深化改革、扩大开放、加快推进社会主义现代化建设、实现中华民族伟大复兴,提供了思想指导、理论指引和行动指南。这为社会主义现代化强国战略的提出提供了理论和现实准备,进一步推动中国特色社会主义进入一个新的历史阶段。

二、我国社会主要矛盾的历史性转化

党的十八大以来,我国取得的一系列历史性成就、历史性变革必然形成历史性影响,带来历史性变化。其中与中国特色社会主义发展最为相关的就是我国社会主要矛盾的历史性转化。党的十九大做出"我国社会主要矛盾已经

---

① 中共中央宣传部理论局:《新时代面对面——理论热点面对面·2018》,学习出版社、人民出版社2018年版,第33—34页。
② 《共担时代责任,共促全球发展》,《人民日报》2017年1月18日。

转化为人民日益增长的美好生活需要和不平衡不充分的发展之间的矛盾"的重大判断,这是对党的十八大以来历史性成就、历史性变革的积极思考和回应,也是中国特色社会主义的重大理论成果。

(一) 中国社会主要矛盾判断的历史演变

生产力与生产关系、经济基础与上层建筑之间的矛盾,是人类社会基本矛盾。生产力与生产关系矛盾运动的规律、经济基础与上层建筑矛盾运动的规律,是人类社会发展的基本规律。生产力决定生产关系,经济基础决定上层建筑。马克思、恩格斯深入研究和剖析了不同社会形态下的社会基本矛盾,指出生产力和生产关系、经济基础和上层建筑的矛盾及相互作用是社会的基本矛盾,存在于一切社会形态和社会制度之中,是社会发展的动力。在《反杜林论》中,恩格斯指出:"在进行较精准的考察时,我们也发现,某种对立的两极,例如正和负,既是彼此对立的,又是彼此不可分离的,而且不管它们如何对立,它们总是互相渗透的;……"[①]"既然简单的机械的位移本身已经包含着矛盾,那么物质的更高级的运动形式,特别是有机生命及其发展,就更加包含着矛盾。我们在上面已经看到,生命首先正是在于:生物在每一瞬间是它自身,同时又是别的东西。所以,生命也是存在于物体和过程本身中的不断地自行产生并自行解决的矛盾;矛盾一停止,生命也就停止,死亡就到来。同样,我们已经看到,在思维的领域中我们也不能避免矛盾,……"[②]这一论断,简明扼要、强而有力地论述了辩证唯物主义的矛盾的客观性和普遍性原理。矛盾存在于一切事物发展过程的始终,旧的矛盾解决了,新的矛盾又产生,事物始终在矛盾中运动。

对中国社会发展主要矛盾的分析和判断,是中国共产党制定符合中国实际的路线、方针和政策的理论前提。从中国特色社会主义事业的发展历程来看,中国共产党是不可或缺的领导力量,党领导全国人民在不同的发展阶段追求着不同的任务,任务的提出离不开对我国社会主要矛盾的判断。中国共产党一经成立,就把实现共产主义作为自身的最高理想和最终目标,义无反顾地

[①] 《马克思恩格斯文集》(第9卷),人民出版社2009年版,第25页。
[②] 同上书,第127页。

肩负起实现中华民族伟大复兴的崇高使命。千里之行始于足下,要实现伟大理想,必须脚踏实地、真抓实干地去解决眼前的主要矛盾。

在新民主主义革命时期,中国共产党深刻地认识到,帝国主义、封建主义和官僚资本主义对中国人民的压迫是当时的主要矛盾,只有推翻这三座大山才能实现民族独立、人民解放、国家统一。党团结和带领人民进行了28年的浴血奋战,走出了一条以农村包围城市、武装夺取政权的正确革命道路,完成了新民主主义革命,建立了中华人民共和国,"实现了中国从几千年封建专制政治向人民民主的伟大飞跃"。中华人民共和国成立以后,中国共产党深刻地认识到,必须建立符合我国实际的先进社会制度。党再次抓住主要矛盾,排除万难,团结和带领人民完成社会主义革命,确立社会主义基本制度,为之后中国的发展进步奠定了根本的政治前提和制度基础。[1]

中华人民共和国的成立为中国社会的发展揭开了新的一页,但在中华人民共和国成立之初,虽然人民增强了民族自尊和自信,但经济和社会发展的水平依然没有"站起来"。毛泽东就曾形象地把中华人民共和国成立初期的国情概括为"一穷二白",自然经济和半自然经济大量存在,主要工业品产量极低,科学技术和文化教育都处于十分落后的境地。根据联合国1949年的一份报告,中国直到1949年还是仅次于印度尼西亚的最穷的国家,当时美国每一千个居民中有汽车250辆,中国只有0.2辆,1948—1949年,法国人的食品消耗是普通中国人的5倍,中国人的饮食中蛋白质含量极低。在人均预期寿命方面,美国是64岁,英国是62岁,而中国只有25岁。[2] 1956年党的八大《关于政治报告的决议》,对当时我国社会的主要矛盾进行了表述。这份决议明确指出:"我们国内的主要矛盾,已经是人民对于建立先进的工业国的要求同落后的农业国的现实之间的矛盾,已经是人民对于经济文化迅速发展的需要同当前经济文化不能满足人民需要的状况之间的矛盾。这一矛盾的实质,在我国社会主义制度已经建立的情况下,也就是先进的社会主义制度同落后的社会生产力之间的矛盾。党和全国人民的当前的主要任务,就是要集中力量来解

---

[1] 本书编写组:《党的十九大报告辅导读本》,人民出版社2017年版,第14页。
[2] 数据来源:西蒙·波娃:《长征》,《萨特和波娃谈中国》,秦悦等译,浙江文艺出版社2001年版,第36页。

决这个矛盾,把我国尽快地从落后的农业国变为先进的工业国。"①党的八大通过的新党章明确规定:"中国共产党的任务,就是有计划地发展国民经济,尽可能迅速地实现国家工业化,有系统、有步骤地进行国民经济的技术改造,使中国具有强大的现代化的工业、现代化的农业、现代化的交通运输业和现代化的国防。""党必须努力促进我国的科学、文化、技术的进步,为在这些方面赶上世界的先进水平而奋斗。""党的一切工作的根本目的,是最大限度地满足人民的物质生活和文化生活的需要。"不难发现,这份决议从马克思主义唯物史观出发,对当时我国面临的主要矛盾做出了实事求是的判断。也正是在这样的背景下,中国共产党明确提出了实现"四个现代化"的战略目标。

经过"大跃进"和"文化大革命"的挫折之后,中国共产党又深刻地认识到,建设中国特色社会主义,实现中华民族伟大复兴,必须勇敢地进行改革开放,这不仅是为了合乎时代潮流和顺应人民的意愿,而且是为了使党和人民的事业"始终充满奋勇前进的强大动力"。② 1978年党的十一届三中全会是一个重要的历史转折,吹响了改革开放的号角。在对社会主要矛盾的认识这一问题上,也重新强调了党的八大的相关表述。1981年党的十一届六中全会通过的《关于建国以来党的若干历史问题的决议》,对社会主要矛盾作了这样的表述:"在社会主义改造基本完成以后,我国所要解决的主要矛盾,是人民日益增长的物质文化需要同落后的社会生产之间的矛盾。党和国家工作的重点必须转移到以经济建设为中心的社会主义现代化建设上来,大大发展社会生产力,并在这个基础上逐步改善人民的物质文化生活。"③相较于党的八大的提法,这一表述不再从国家发展层面讲"建立先进的工业国的要求同落后的农业国的现实之间的矛盾",把"人民对于经济文化迅速发展的需要同当前经济文化不能满足人民需要之间的矛盾"改为"人民日益增长的物质文化需要同落后的社会生产之间的矛盾"。这两点改变,一方面坚持了党的八大对社会主要矛盾表述的本质内容,另一方面也反映了改革开放以后我国国情发生的变化,对社会

---

① 中国共产党历次全国代表大会数据库,http://cpc.people.com.cn/GB/64162/64168/64560/65452/4442009.html。
② 本书编写组:《党的十九大报告辅导读本》,人民出版社2017年版,第14页。
③ 中国共产党历次全国代表大会数据库,http://cpc.people.com.cn/GB/64162/64168/64563/65374/4526455.html。

矛盾进行了更精炼的表述,强调了改革开放之初我国社会主义现代化建设以经济建设为中心的特点。

在此后党的历次全国代表大会上,都会重申我国社会主要矛盾的问题。但需要注意到,历史是不断发展的,中国特色社会主义事业在不断地前进,随着改革开放以来我国经济和社会的不断发展,社会主要矛盾也经历着一个从量变到质变的转化过程。虽然我们仍处于并将长期处于社会主义初级阶段这一基本国情不变,但我国社会主义事业将会不断出现一些新的阶段性特征和新任务。跨入21世纪,我国胜利实现了现代化建设"三步走"战略的第一步、第二步目标,人民生活总体上实现了由温饱到小康的历史性跨越。2001年,我国国内生产总值逾9.59万亿元,比1989年增长近两倍,年均增长9.3%,实现了翻两番的目标,经济总量已居世界第六位。尤其是自党的十六大以后,中国特色社会主义建设的阶段性特征越来越明显,社会主要矛盾出现本质转化的趋势越来越明显。党的十六大报告指出,我国"总体上实现了由温饱到小康的历史性跨越","进入全面建设小康社会加快推进社会主义现代化的新的发展阶段"。[①]

2007年,党的十七大召开时,经过将近30年改革开放和现代化建设,我国经济总量跃至世界第四位。党的十七大号召全党高举中国特色社会主义伟大旗帜,为夺取全面建设小康社会新胜利而奋斗,并对实现全面建设小康社会提出了新的要求。为此,党的十七大报告强调:"必须适应国内外形势的新变化,顺应各族人民过上更好生活的新期待,把握经济社会发展趋势和规律,坚持中国特色社会主义经济建设、政治建设、文化建设、社会建设的基本目标和基本政策构成的基本纲领,在十六大确立的全面建设小康社会目标的基础上对我国发展提出新的更高要求。"[②]其中可以看到,"顺应各族人民过上更好生活的期待"这样的提法,相较于满足"人民日益增长的物质文化需要",更加注重人民生活的质量,这与我国进入全面建设小康社会阶段的新任务是相适应的。党的十八大报告强调,要在十六大、十七大确立的全面建设小康社会目标

[①] 中国共产党历次全国代表大会数据库,http://cpc.people.com.cn/GB/64162/64168/64569/65444/4429125.html。

[②] 中国共产党历次全国代表大会数据库,http://cpc.people.com.cn/GB/64093/67507/6429846.html。

的基础上努力实现新的要求,并提出了经济持续健康发展,转变经济发展方式取得重大进展,人民民主不断扩大,文化软实力显著增强,人民生活水平全面提高,资源节约型、环境友好型社会建设取得重大进展等目标。

(二) 党的十八大以来的中国社会主要矛盾转化

中国特色社会主义进入新时代,我国社会主要矛盾已经转化为人民日益增长的美好生活需要和不平衡不充分的发展之间的矛盾。社会主要矛盾的这一转化,反映了新时代、新发展阶段的基本特征,规定了发展的新要求,就是"大力提升发展质量和效益,更好满足人民在经济、政治、文化、社会、生态等方面日益增长的需要,更好推动人的全面发展、社会全面进步"。

从需求情况来看,随着我国生产力水平日益提高,综合国力显著增强,社会财富更加丰富,满足人民群众各种需要的物质基础大大增加。数据显示,我国人均国内生产总值 1978 年只有 220 多美元,2017 年达到了 8 836 美元;1978 年城镇居民家庭可支配收入和农村居民家庭纯收入分别达到 36 396 元和 13 432 元。[①] 从居民消费升级的演进规律来看,我国居民消费更多地从生存型升级到了发展型和享乐型,如 2013—2016 年,居民用于文化娱乐的人均消费年均增长 11.5%;人均医疗保健支出 2012—2016 年年均增长 12.6%;国内、出境旅游人次 2012—2016 年年均增长分别为 10.7% 和 10.1%。消费升级步伐加快。2017 年全国居民恩格尔系数为 29.39%,进入了联合国划分的 20% 至 30% 的富足区间。在这种情况下,人们的食品消费开始从吃饱吃好更多转向吃出健康、吃出品位和文化。[②] 人民群众对美好生活的向往更多向民主、法治、公平、正义、安全、环境等方面延展,更加追求人的全面发展和社会全面进步。

从供给层面来看,党的十八大以来,我们取得了改革开放和现代化建设伟大成就的同时,经济、政治、文化、社会、生态文明各领域发展不平衡、不充分的矛盾,城乡区域之间发展不平衡的矛盾,增长的数量速度与质量效益之间不平衡的矛盾,日益突出。发展不平衡,主要是指各区域各领域各方面发展不够平

[①] 石建勋:《新时代我国社会发展的主要矛盾研究》,人民出版社 2019 年版,第 81 页。
[②] 同上书,第 82 页。

衡；发展不充分，主要指一些地区、一些领域、一些方面还有发展不足的问题，发展的任务依然繁重。发展不平衡不充分，已经成为满足人民日益增长的美好生活需要的主要制约因素。以往关于国内社会主要矛盾的表述已不能够反映变化了的客观实际，需要立足我国社会发展的历史方位做出新的判断和表述。党的十九大综合分析各种情况，明确提出"人民日益增长的美好生活需要和不平衡不充分的发展之间的矛盾"是新时代中国社会的主要矛盾，是科学正确的，也是十分及时的。中国共产党以马克思主义为指导思想，马克思主义作为一种科学的世界观和方法论，主张在把握长时段的历史发展规律基础上，实事求是地从人们所处的具体时空条件出发去制定战略、策略和政策。中国特色社会主义伟大事业的发展历程，正是中国共产党人结合中国具体实际创造性地运用马克思主义的探索过程。实事求是，一切从实际出发，准确认识社会主要矛盾，是中国共产党制定正确的路线方针政策、确立正确的发展理念和发展战略的依据。党的十九大报告提出建成社会主义现代化强国的战略安排，正是基于对新时代我国社会主要矛盾转化的准确认识。

三、中国特色社会主义所处历史方位

中国特色社会主义在一个连续性和阶段性相统一的过程中持续向前推进。习近平明确指出："党的十八大以来，在新中国成立特别是改革开放以来我国发展取得的重大成就基础上，党和国家事业发生历史性变革，我国发展站到了新的历史起点上，中国特色社会主义进入了新的发展阶段。"

（一）"两个没有变"是理解中国特色社会主义所处历史方位的重要依据

党的十九大报告指出，我国社会主要矛盾的变化，没有改变我们对我国社会主义所处历史阶段的判断，我国仍处于并将长期处于社会主义初级阶段的基本国情没有变，我国是世界最大发展中国家的国际地位没有变。

"两个没有变"的判断是理解中国特色社会主义所处历史方位的重要依

据。准确把握当代中国的历史方位,正确认识我国社会所处的发展阶段,是建设中国特色社会主义的首要问题,是制定和执行正确的路线、方针、政策的根本依据,也是制定国家中长期发展战略的根本前提。正因为如此,我们党始终高度重视对当代中国历史方位的判断和社会阶段性特征的分析。[①] 我们党在运用马克思主义基本原理解决中国实际问题的实践中逐步认识到,发展社会主义不仅是一个长期的历史过程,也需要将其划分为不同历史阶段的过程。

中华人民共和国成立后,毛泽东多次提出我国社会主义发展的阶段问题。20 世纪 50 年代末 60 年代初,在初步总结社会主义建设的经验教训后,毛泽东意识到了中国社会主义建设的艰巨性、复杂性和长期性。他在读苏联《政治经济学教科书》时提出了一个重要的观点,认为:"社会主义这个阶段,有可能分为两个阶段,第一个阶段是不发达的社会主义,第二个阶段是比较发达的社会主义。后一阶段可能比前一阶段需要更长的时间。"党的十一届三中全会后不久,党中央在总结历史经验时,开始从认清我国社会主义社会所处的发展阶段出发分析以往发生失误的认识上的原因。1979 年 9 月,党的十一届四中全会通过的叶剑英即将代表党中央、人大常委会和国务院所作的《在庆祝中华人民共和国成立三十周年大会上的讲话》指出,社会主义制度是人类历史上崭新的社会制度,有发生和发展的过程,还处在幼年时期;我国现在还是发展中的社会主义国家,社会主义制度还不完善,经济和文化还不发达。1980 年 1 月 16 日,邓小平在中共中央召集的干部会议上的讲话中指出,建设现代化的社会主义强国,任务很多,需要做的事情很多,"我们穷,底子薄,教育、科学、文化都落后,这就决定了我们还要有一个艰苦奋斗的过程"。[②] 经过这些思想酝酿,1981 年 6 月,党的十一届六中全会通过的《关于建国以来党的若干历史问题的决议》第一次做出了"我们的社会主义制度还是处于初级的阶段"[③]的判断,社会主义制度由比较不完善到比较完善,必然要经历一个长久的过程。1982 年 9 月,党的十二大报告总结新中国成立以来社会主义现代化建设的历史经

---

① 秦宣:《认识和把握我国社会发展的阶段性特征——深入学习贯彻习近平同志"7·26"重要讲话精神》,《人民日报》2017 年 8 月 30 日。
② 《邓小平文选》(第 2 卷),人民出版社 1994 年版,第 257 页。
③ 中共中央文献研究室编:《三中全会以来重要文献选编》(下),人民出版社 1982 年版,第 838 页。

验,再次指出,"我国的社会主义社会现在还处在初级发展阶段"。[①] 1986年9月,党的十二届六中全会通过的《关于社会主义精神文明建设指导方针的决定》继续重申,"我国还处在社会主义的初级阶段"。[②] 1987年3月21日,《关于草拟十三大报告大纲的设想》提出,党的十三大报告全篇拟以社会主义初级阶段作为立论的根据,初步揭示"社会主义初级阶段"的基本内涵。1987年8月29日,邓小平在会见意大利共产党领导人约蒂和赞盖里时指出:"我们党的十三大要阐述中国社会主义是处在一个什么阶段,就是处在初级阶段,是初级阶段的社会主义。社会主义本身是共产主义的初级阶段,而我们中国又处在社会主义的初级阶段,就是不发达的阶段。一切都要从这个实际出发,根据这个实际来制订规划。"[③]

党的十三大在以往探索的基础上,总结了改革开放的经验,使关于社会主义初级阶段的认识前进了一大步。党的十三大报告第一次对社会主义初级阶段理论进行了系统阐述,深刻揭示了社会主义初级阶段的内涵和本质特征。党的十三大报告指出,我国正处在社会主义的初级阶段。这个论断包括两层含义:第一,我国社会已经是社会主义社会。我们必须坚持而不能离开社会主义。第二,我国的社会主义社会还处在初级阶段。我们必须从这个实际出发,而不能超越这个阶段。[④] 党的十三大报告强调,我国社会主义的初级阶段,不是泛指任何国家进入社会主义都会经历的起始阶段,而是特指我国在生产力落后、商品经济不发达条件下建设社会主义必然要经历的特定阶段。我国从20世纪50年代生产资料私有制的社会主义改造基本完成,到社会主义现代化的基本实现,至少需要上百年时间,都属于社会主义初级阶段。这个阶段,既不同于社会主义经济基础尚未奠定的过渡时期,又不同于已经实现社会主义现代化的阶段。我们在现阶段所面临的主要矛盾,是人民日益增长的物质文化需要同落后的社会生产之间的矛盾。阶级斗争在一定范围内还会长期存在,但已经不是主要矛盾。为了解决现阶段的主要矛盾,必须大力发展商品

---

① 中共中央文献研究室编:《十二大以来重要文献选编》(上),人民出版社1986年版,第26页。
② 中共中央文献研究室编:《十二大以来重要文献选编》(下),人民出版社1988年版,第1180页。
③ 《邓小平文选》(第3卷),人民出版社1993年版,第252页。
④ 《沿着有中国特色的社会主义道路前进》(一九八七年十月二十五日),中国共产党历次全国代表大会数据库,http://cpc.people.com.cn/GB/64162/64168/64566/65447/4526368.html。

经济,提高劳动生产率,逐步实现工业、农业、国防和科学技术的现代化,并且为此而改革生产关系和上层建筑中不适应生产力发展的部分。正如习近平所说的,"社会主义初级阶段是当代中国的最大国情、最大实际。我们在任何情况下都要牢牢把握这个最大国情,推进任何方面的改革发展都要牢牢立足这个最大实际"。① 这是我们认识当下、规划未来、制定政策、推进事业的基础。

习近平强调,新发展阶段是我国社会主义发展进程中的一个重要阶段。社会主义初级阶段不是一个静态、一成不变、停滞不前的阶段,也不是一个自发、被动、不用费多大气力自然而然就可以跨过的阶段,而是一个动态、积极有为、始终洋溢着蓬勃生机活力的过程,是一个阶梯式递进、不断发展进步、日益接近质的飞跃的量的积累和发展变化的过程。② 理解中国特色社会主义的历史方位,既是中国式现代化的重要时代坐标,也是我国社会主义从初级阶段向更高阶段迈进的要求。

(二) 新时代中国特色社会主义的奋斗目标

党的十八大以来,中国特色社会主义进入新时代,以习近平同志为核心的党中央在新的历史条件下续写坚持和发展中国特色社会主义这篇大文章。新时代的奋斗目标和战略布局,即自党的十八大起,到 21 世纪中叶中国现代化建设的宏伟蓝图和指导方针,确定了从全面建成小康社会到全面建成社会主义现代化强国历史进程的时间表和路线图。体现了社会主义和现代化建设的有机统一。

党的十八大提出"两个一百年"的奋斗目标:在中国共产党成立 100 年时全面建成小康社会,在新中国成立 100 年时建成富强民主文明和谐的社会主义现代化国家。从中国的现代化历程来看,实现中华民族伟大复兴的历史使命,内含着现代性的要求,以现代化为目标。全面建成小康社会进而全面建设社会主义现代化强国,将"实现中华民族伟大复兴"与"富强民主文明和谐美丽

---

① 习近平:《紧紧围绕坚持和发展中国特色社会主义 学习宣传贯彻党的十八大精神(2012 年 11 月 17 日)》,《人民日报》2012 年 11 月 19 日。
② 《习近平在省部级主要领导干部学习贯彻党的十九届五中全会精神专题研讨班开班式上发表重要讲话强调 深入学习坚决贯彻党的十九届五中全会精神 确保全面建设社会主义现代化国家开好局》,《人民日报》2021 年 1 月 12 日。

的社会主义现代化强国"相结合,这意味着社会主义现代化强国建成之日,就是中华民族伟大复兴的伟大梦想圆梦之时。

为实现党的第一个百年奋斗目标,党的十八大以来,党中央以前所未有的决心和力度推进改革开放和社会主义现代化建设,与现代化进程中所遇到的困难和挑战、风险与隐患、矛盾与问题进行了一系列斗争,形成并协调推进全面建成小康社会、全面深化改革、全面依法治国、全面从严治党"四个全面"战略布局。这是在与我国面临的突出矛盾和发展问题进行伟大斗争的过程中提出来的战略目标和战略举措。全面建成小康社会包括经济持续健康发展,人民民主不断扩大,文化软实力显著增强,人民生活水平全面提高,资源节约型、环境友好型社会建设取得重大进展。其中,经济健康发展是中国式现代化的重要引擎,是实现第一个百年奋斗目标的关键一环。

近年来,党中央统揽国内外发展全局,把握我国经济发展新特征新要求,明确提出我国经济发展进入新常态、坚持以供给侧结构性改革为主线、加快建设现代化经济体系、推动经济高质量发展等一系列新理念新思想新战略,有效引领了新时代我国经济发展大局,保证了经济社会持续健康发展。根据国家统计局发布的《2021年国民经济和社会发展统计公报》,2021年,我国国内生产总值(GDP)比上年增长8.1%,两年平均增长5.1%,在全球主要经济体中名列前茅;经济规模突破110万亿元,达到114.4万亿元,稳居全球第二大经济体。环境质量持续提升,空气质量继续改善。全国339个地级及以上城市平均空气质量优良天数比例为87.5%,比上年提高0.5个百分点;全年空气质量达标的城市占64.3%;细颗粒物(PM2.5)年平均浓度30微克/立方米,比上年下降9.1%。[①] 此外,围绕着打好防范化解重大风险、精准脱贫、污染防治等展开的一系列攻坚战,使全面建成小康社会得到人民认可,经得起历史的检验,为实现第二个百年奋斗目标提供了重要经验。

2021年7月,习近平代表党和人民庄严宣告,经过全党全国各族人民持续奋斗,我们实现了第一个百年奋斗目标,在中华大地上全面建成了小康社会,历史性地解决了绝对贫困问题,正在意气风发向着全面建成社会主义现代

[①] 《中华人民共和国2021年国民经济和社会发展统计公报》,https://www.gov.cn/winwen/2022-02/28/content_5676015.htm,2022年2月28日。

化强国的第二个百年奋斗目标迈进。作为一个后起发展中大国,中国用几十年时间走完了发达国家几百年走过的发展历程,习近平在党的十九届五中全会的总结讲话中,把中国式现代化道路的重要特征概括为五个方面:人口规模巨大、全体人民共同富裕、物质文明和精神文明相协调、人与自然和谐共生、走和平发展道路,这是我们在推进现代化建设、向第二个百年奋斗目标迈进的征程中必须坚持的方向。

第十三章 "后半程"与中国特色社会主义制度和国家治理体系的完善和发展

2014年2月,习近平在省部级主要领导干部学习贯彻十八届三中全会精神全面深化改革专题研讨班上的讲话中指出,从形成更加成熟更加定型的制度看,我国社会主义实践的前半程已经走过了,前半程我们的主要历史任务是建立社会主义基本制度,并在这个基础上进行改革,现在已经有了很好的基础。后半程,我们的主要历史任务是完善和发展中国特色社会主义制度,为党和国家事业发展、为人民幸福安康、为社会和谐稳定、为国家长治久安提供一整套更完备、更稳定、更管用的制度体系。这项工程极为宏大,零敲碎打调整不行,碎片化修补也不行,必须是全面的系统的改革和改进,是各领域改革和改进的联动和集成,在国家治理体系和治理能力现代化上形成总体效应、取得总体效果。

党的十九届四中全会审议通过《中共中央关于坚持和完善中国特色社会主义制度　推进国家治理体系和治理能力现代化若干重大问题的决定》,明确提出要"坚持和巩固""完善和发展"中国特色社会主义制度,全面推进国家治理体系与治理能力现代化,同时,还为新时代发展和完善中国特色社会主义制度和国家治理体系提出了总目标和总要求。完善中国特色社会主义制度,推进国家治理体系与治理能力现代化,是党和国家着眼于新时代中国特色社会主义,着眼于我国社会主义现代化建设后半程,推进当代中国国家制度和治理体系建设的题中之义。

一、完善和发展中国特色社会主义
制度和国家治理体系的必然性

完善和发展中国特色社会主义制度和国家治理体系是推进中国政治、经济、社会、文化和生态全面发展的必然要求,也是基于新时代中国特色社会主义建设进入后半程的现实要求。

(一) 实现"两个一百年"奋斗目标的必然要求

完善和发展中国特色社会主义制度体系,为当代中国国家治理奠定坚实的制度和体制基础,是为实现"两个一百年奋斗目标",实现中华民族伟大复兴的中国梦提供制度保障。

早在 1992 年,邓小平在南方谈话中就涉及这一主题:"恐怕再有三十年的时间,我们才会在各方面形成一整套更加成熟、更加定型的制度。"[1]党的十四大报告已经重视分析社会主义制度建设与建党百年目标的内在关系:"在九十年代,我们要初步建立起新的经济体制,实现达到小康水平的第二步发展目标。再经过二十年的努力,到建党一百周年的时候,我们将在各方面形成一整套更加成熟更加定型的制度。"[2]随后党的历次代表大会都对制度建设提出明确要求。党的十八大以来,以习近平同志为核心的党中央把制度建设摆到更加突出的位置,十八届三中全会首次提出"完善和发展中国特色社会主义制度,推进国家治理体系和治理能力现代化"这一重大命题,并将其确定为全面深化改革的总目标。十九届四中全会提出制度建设和治理能力建设的目标:到中国共产党成立一百年时,在各方面制度更加成熟定型上取得明显成效,到 2035 年,各方面制度更加完善,基本实现国家治理体系和治理能力现代化,到新中国成立一百年时,全面实现国家治理体系和治理能力现代化,使中国特色

---

[1] 《邓小平文选》(第 3 卷),人民出版社 1993 年版,第 372 页。
[2] 江泽民:《加快改革开放和现代化建设步伐 夺取有中国特色社会主义事业的更大胜利——在中国共产党第十四次全国代表大会上的报告》,《人民日报》1992 年 10 月 20 日。

社会主义制度更加巩固、优越性充分展现。① 彰显中国特色社会主义的优越性，全面推进中国特色社会主义制度和国家治理体系的完善和发展，是实现"两个一百年奋斗目标"的必然要求。

（二）应对百年未有之大变局的必然要求

当今世界正经历百年未有之大变局，"新冠肺炎疫情全球大流行使这个大变局加速变化，保护主义、单边主义上升，世界经济低迷，全球产业链供应链因非经济因素而面临冲击，国际经济、科技、文化、安全、政治等格局都在发生深刻调整，世界进入动荡变革期"。② 国际局势的复杂性、不确定性和不稳定性明显增加，政治、经济、科技、意识形态等方面的斗争进一步加剧。全面推进国家治理体系与治理能力现代化是有效应对国际新变局的必然要求。

中国特色社会主义制度体系建设，需要统揽伟大斗争、伟大工程、伟大事业、伟大梦想，确保中国共产党在世界形势深刻变化的历史进程中始终走在时代前列，为此，需要在全面推进国家治理体系与治理能力现代化上下更大功夫。这就意味着，在新的历史关头，需要统筹国内国际两个大局，破除影响中国发展的体制机制性障碍，在百年未有之大变局中继续开拓发展新空间；意味着面对复杂的外部环境和风险挑战，需要加快建设更高层次的开放型经济新体制，"实施更大范围、更宽领域、更深层次的全面开放"，③ 为推动建设开放型世界经济体系贡献中国的智慧和力量，推动经济全球化朝着更加开放、包容、普惠、平衡、共赢的方向发展，为中国在危机中育新机、于变局中开新局创造有利条件。

（三）满足人民对美好生活向往的必然要求

发展为了谁，发展依靠谁，发展成果由谁享有，是关乎一个政权性质的根本问题。发展为了人民，把满足人民对美好生活的向往作为奋斗目标是中国共产党人新时代的奋斗目标。当前，中国已进入高质量发展阶段，"治理效能

---

①③ 《中共中央关于坚持和完善中国特色社会主义制度　推进国家治理体系和治理能力现代化若干重大问题的决定》，《人民日报》2019年11月6日。
② 《习近平在经济社会领域专家座谈会上的讲话》，《人民日报》2020年8月25日。

提升,经济长期向好,物质基础雄厚,人力资源丰厚,市场空间广阔,发展韧性强大,社会大局稳定",①具有多方面发展优势和条件,但与此同时,发展不平衡不充分问题仍然突出。东部、中部与西部、城市与乡村的制度和治理供给仍存在较大差距,政治、经济、文化、社会、生态等领域以及各领域内部的制度运行绩效和治理效能仍存在较大的不平衡,此外,中国特色社会主义制度和国家治理体系本身在发展程度、发展态势上也有不充分、不稳固等问题。

历史和现实告诉我们,"只要紧紧依靠人民、一切为了人民,充分激发广大人民顽强不屈的意志和坚忍不拔的毅力,我们就一定能够使最广大人民紧密团结在一起,不断创造中华民族新的历史辉煌"。② 为了在应对国内外各种风险和考验的历史进程中克服发展不平衡不充分问题,深刻认识并适应我国社会主要矛盾发展变化所带来的新特征新要求,不断满足人民对美好生活的新期待,"更好满足人民在经济、政治、文化、社会、生态等方面日益增长的需要,更好推动人的全面发展、社会全面进步",③需要全面推进国家治理体系与治理能力现代化,推动中国特色社会主义制度不断自我完善和发展。

二、完善和发展中国特色社会主义制度和国家治理体系的原则遵循

中国特色社会主义制度是党和人民在长期实践探索中形成的科学制度体系,国家治理体系和治理能力现代化是中国特色社会主义制度及其执行能力的集中体现。新时代推进中国特色社会主义制度和国家治理体系建设,必须坚持党的领导、人民当家作主和依法治国三者有机统一这一根本原则,必须体现社会主义的基本要求。

---

① 《习近平在经济社会领域专家座谈会上的讲话》,《人民日报》2020年8月25日。
② 《习近平在全国抗击新冠肺炎疫情表彰大会上的讲话》,《人民日报》2020年9月9日。
③ 习近平:《决胜全面建成小康社会 夺取新时代中国特色社会主义伟大胜利——在中国共产党第十九次全国代表大会上的报告》,人民出版社2017年版,第11—12页。

（一）坚持党的领导、人民当家作主和依法治国的有机统一

党的领导、人民当家作主和依法治国既是中国特色社会主义制度和国家治理体系的根本优势，也是新时代完善和发展这一制度和国家治理体系的根本原则。在完善和发展中国特色社会主义制度和国家治理体系的进程中，通过坚持和完善党的领导制度体系，提高党科学执政、民主执政、依法执政水平，"把党的领导落实到国家治理各领域各方面各环节"；[①]坚持和完善人民当家作主制度体系，发展社会主义民主政治，"确保人民依法通过各种途径和形式管理国家事务，管理经济文化事业，管理社会事务"；[②]坚持和完善中国特色社会主义法治体系，提高党依法治国、依法执政能力，"全面推进科学立法、严格执法、公正司法、全民守法，推进法治中国建设"，[③]真正实现党的领导、人民当家作主和依法治国的有机统一。

中国共产党作为中国工人阶级、中国人民和中华民族的先锋队，是人民群众的内在组成部分，是中国人民真正实现当家作主的决定性力量。其特殊重要性在于，一方面，中国共产党的先进性，实质地决定着中国人民的人民性及其根本利益的内在演进方向；另一方面，中国共产党的领导地位，实际地担负着组织和引导分散性、多样性的人民群众，以各种民主参与的方式，实现其根本利益诉求的领导作用。

人民当家作主包含着民本与民主两个基本原则。所谓民本，是以人民或人民群众的根本利益为本。所谓民主，是分散性、多样性的人民群众基于各种具体的生存条件和主观意愿，通过各种组织形式对现实政治生活过程的有序参与。

依法治国，是中国共产党领导中国人民制定和不断完善社会主义国家制度，并在既定国家制度的框架下以民主形式，实现民本目标的历史过程。中国共产党相对于中国人民所具有的现实性上的先进性，以及奠基于这种先进性的领导地位和领导作用，使中国特色社会主义的法治过程，具有区别于现代西方法治，类似于中国古代德治的政治特征。

[①][②][③] 《中共中央关于坚持和完善中国特色社会主义制度、推进国家治理体系和治理能力现代化若干重大问题的决定》，《人民日报》2019年11月6日。

遵循党的领导、人民当家作主和依法治国的有机统一,就是要"以保证人民当家作主为根本,以增强党和国家活力、调动人民积极性为目标,扩大社会主义民主,发展社会主义政治文明"。① 实现三者在国家经济、社会、政治和文化生活等方方面面的有机联合,是新时代完善和发展中国特色社会主义制度和国家治理体系的根本原则和根本遵循。

(二) 体现社会主义的基本要求

随着中国社会主要矛盾的转化,国家治理的重心也应当发生一定程度的转化,即在推进发展的基础上着重解决发展的不平衡不充分问题,让发展成果惠及全体人民。在这一阶段,人民不仅有着日益增长的物质文化生活需要,而且对民主和法治、公平和正义、安全和环境等方面提出了更高要求。因此,这一时期衡量中国国家制度和治理体系的有效程度和完备程度的一项重要标准,就是伴随结构性矛盾和问题的解决,在社会各领域实现更加平衡更加充分的发展,以满足全体人民对于民主法治、公平正义和安全环境等方面提出的制度和治理要求。

邓小平对社会主义的本质有著名的界定,即"解放生产力,发展生产力,消除剥削,消除两极分化,最终达到共同富裕"。② 因此,我们一方面要建立健全适应生产力的解放和发展的制度体制和运行机制,以解决不发达(即束缚生产力发展的)问题;另一方面要建立健全实现社会公平公正分配的制度体制和政策体系,以解决发展的不平衡不充分(即发展成果公平公正分配的)问题。在某种意义上,前者可以被视为国家的发展问题,即让经济社会实现持续发展和普遍繁荣;后者可以被视为国家的治理问题,即通过公正的制度或政策安排实现发展成果让社会全体成员公平分享。因为国家制度和治理体系建设的一个内在规律就是在化解社会的内在矛盾和冲突的基础上降低制度的执行和治理成本,推进公平公正的社会秩序的形成,继而推进国家制度和治理体系与社会公共秩序的无缝对接。

---

① 《在首都各界纪念现行宪法公布施行三十周年大会上的讲话》(2012 年 12 月 4 日),《十八大以来重要文献选编》(上),中央文献出版社 2014 年版,第 88—89 页。
② 《邓小平文选》(第 3 卷),人民出版社 1993 年版,第 373 页。

三、完善和发展中国特色社会主义制度与国家治理体系的主要思路

在新时代推进中国特色社会主义制度和国家治理体系建设,其重心之一就是完善中国特色社会主义制度,"为党和国家事业发展、为人民幸福安康、为社会和谐稳定、为国家长治久安提供一整套更完备、更稳定、更管用的制度体系"。[①]

(一) 在推进国家治理体系中完善和发展中国特色社会主义制度

新时代要完善中国特色社会主义制度,其重心就是完善社会主义国家制度,健全党总揽全局、协调各方的领导制度体系,健全党的集中统一领导和全面领导的各项制度安排,将党的领导贯穿于中国特色社会主义制度体系的各个领域。同时,完善人民当家作主制度体系,确保人民依法通过各种途径和形式管理国家事务,管理经济文化事业,管理社会事务。在此基础上,围绕制度的制定、执行和监督,健全党和国家的行政和监督体系,形成决策科学、执行坚决、监督有力的权力运行机制,为中国特色社会主义制度体系奠定坚实的政治基础。

习近平指出:"国家治理体系和治理能力是一个国家制度和制度执行能力的集中体现,两者相辅相成。"[②] 改革开放 40 多年,中国的发展已经取得了举世瞩目的成就,在前一阶段,改革红利更多地体现在经济增长和社会发展方面,以经济社会发展的有效性证明了中国制度的合理性和有效性。随着中国特色社会主义进入新时代,中国的发展将迎来风险高发期和战略机遇期,中国面临的挑战增多、风险增大、不确定性和不可控因素增加,中国的经济、政治、社会、文化、生态文明建设的成效越来越依赖于国家治理体系的完备程度,依赖于国家治理能力或水平的高低。没有高层次高水平的国家治理,中国特色社会主义制度就无法发挥它的有效性和优越性,中国社会各方面的发展也就

[①][②] 习近平:《在省部级主要领导干部学习贯彻十八届三中全会精神全面深化改革专题研讨班上的讲话》,《人民日报》2014 年 2 月 17 日。

没有切实有效的制度保障。新时代要完善和发展中国特色社会主义制度,其核心就是要强化制度的执行力和监督力,在制度的执行和监督执行中把中国特色社会主义制度转化成为具有完备治理效能的制度体系。

完善中国特色社会主义制度体系是一项复杂的系统工程,为此,要遵循摸石过河与顶层设计相结合的方法论,尤其是着眼中国特色社会主义新时代和社会主义现代化建设后半程,在深刻把握现实要求和改革规律的基础上,加强制度设计,特别是在这些宏观制度的基础上,进一步完成对中观层面的制度设计与落实。从国家治理现代化的角度看,中国特色社会主义制度要涵盖诸如从基层治理、地方治理、地区治理到国家治理、跨国区域治理和全球治理等各个层次,为这些层次的治理提供相应的制度、体制和政策支撑。中国特色社会主义制度体系是由贯穿于国家治理的根本制度、基本制度和重要制度支撑起来的,在宏观的四梁八柱确立之后,还要完善微观层面的具体制度。

推进国家治理现代化是建设社会主义现代化国家的题中应有之义。马克思主义经典作家曾经给出建设社会主义新型国家形态的基本原则,但如何建设社会主义国家,如何管理社会主义社会,尚需理论和实践探索。在新时代,这种探索就是完善和发展中国特色社会主义和国家治理体系的具体实践。因此,我们必须遵循国家现代化的总体进程,认真总结我们党治国理政的历史经验,深刻把握古今中外国家治理的优良传统,深化对国家治理规律的认识,不断提高运用中国特色社会主义制度体系有效治理国家的能力。

"治道致太平",[1]"天下太平,万物安宁"。[2] 治理的主旨或目的之一就是塑造公平公正的社会秩序,以化解或解决社会在发展进程中的矛盾、冲突和问题。改革开放以来,我们历来重视改革发展稳定之间的关系,唯有妥善处理这三者之间的关系,改革才能行稳致远。改革的目的在于解放和发展生产力,在于推动经济增长和社会发展;但发展通常会带来社会的分化和失衡,甚至会带来社会的动荡;为此,就需要对社会进行治理,让发展成果为社会全体成员公平享用,实现社会在经济发展基础上的普遍繁荣,为改革和发展提供社会可承受可腾挪的空间。从这个意义上说,改革发展稳定之间的关系,内在地呼唤着

---

[1] 曹植:《精微篇》。
[2] 《吕氏春秋·大乐》。

治理的要求，同时这也是通过有效治理才能妥善解决的关系。鉴于此，我们应当从事关改革发展稳定的高度审视治理问题，重视深入学习掌握现代国家治理规律，从传统的管控思维转变为现代的治理思维，在全面深化改革中突出解决发展的不平衡不充分问题，推进中国特色社会主义制度和国家治理体系建设，为中国的持续发展普遍繁荣全面进步奠定坚实的制度和治理基础。

（二）在完善和发展中国特色社会主义制度中推进和提升国家治理体系

在新时代完善和发展中国特色社会主义制度和国家治理体系，另一个重心就是推进国家治理体系和治理能力现代化。"制度更加成熟更加定型是一个动态过程，治理能力现代化也是一个动态过程。"[①]"凡国之大事，治其大礼。"[②]任何一个国家的治理体系和治理能力都与这个国家的政治制度有着本质性的关联。虽然国家治理所涵盖的领域绝不仅限于政治领域，也绝非仅在政治这一个领域能够取得成功，但政治领域，或者说国家的政治制度居于国家治理结构和治理过程的核心地位，具有支配全局的统领意义。其中，最为重要的，就是国家政治的体制类型决定了国家治理的主体力量，有什么样的国家政治结构，就有什么样的国家治理主体。

在当代中国国家治理的结构和过程中，国家治理的主体就是中国共产党领导的全体中国人民。所谓国家治理体系，就是党领导人民管理国家的制度体系，所谓国家治理能力，就是党领导人民运用国家制度管理社会各方面事务的能力。正因此，党的十九届四中全会将党的领导制度和人民代表大会制度作为根本制度纳入中国特色社会主义制度体系之中，其主旨就是打造中国共产党领导的人民当家作主的制度体系，并且将这一制度体系作为推进新时代国家治理体系和治理能力现代化的制度基石。新时代推进国家治理体系，其重心就是坚持和完善党的领导制度体系和人民当家作主制度体系，从国家政治建设和制度建设的高度将中国共产党领导的中国人民打造为当代中国国家治理的真正主体。

新冠疫情期间人们讨论的"举国体制"也成为社会关注的焦点。这一体制

---

① 习近平：《在党的十九届四中全会第二次全体会议上的讲话》，《人民日报》2019年10月31日。
② 《周礼·大宗伯》。

在应变局、平风波、防疫情、战洪水、抗地震、化危机方面成绩卓著。"积力之所举,则无不胜也;众智之所为,则无不成也。"[1]举国体制的核心特征之一就是民主集中制,能够将充分的民主和正确的集中有机结合起来,做出及时有效正确的决策;另一特征就是国家具有强大的资源汲取、动员与整合能力,能够迅速集中优势力量,攻克主要目标;第三个特征就是能够超越局部和短期利益之争,为国家的全局和长远利益谋篇布局、蓄势积能。举国体制是一项宏大的系统工程,它所体现的是中国集约与整合各种资源,从而汇聚形成集中高效的国家制度的执行和治理效能。在当代中国国家制度和治理体系中,居于主体地位的就是中国共产党及其领导下的全体中国人民。对于处于国家制度和治理体系之领导核心地位的中国共产党,要健全党的集中统一领导和全面领导制度,形成上下贯通、执行有力的严密体系,把党的领导贯彻到党和国家的各方面和各环节;同时,改进党的领导方式和执政方式,着力提高党的执政能力和领导水平,将立党为公、执政为民的要求落实为全面从严治党的制度体系;把尊重民意、汇集民智、凝聚民力、改善民生贯穿党治国理政的各领域全过程,不断增强党的创造力、凝聚力、战斗力,确保党始终成为中国特色社会主义事业的坚强领导核心。

同时,现代国家治理需要全体人民共同参与,这既是现代公民的责任和使命,也是现代国家实现公共事务管理、推进公共秩序形成的基本前提。因此,推进"中国之治",还要充分激发全体人民的内在活力,直面当前我国政治沟通、有效参与的制度供给不足,基层社会组织发育不健全、不成熟等基本现实,探索人民有序参与国家治理的渠道,通过完善制度保证人民在国家各层次治理体系中的主体地位。此外,对当代中国而言,完善和发展中国特色社会主义制度和国家治理体系的主旨之一,还需要在确保国家对国民经济的主导力和控制力的前提下,合理安排政府与市场、与企业、与社会、与其他社会组织之间的关系,建构一个容纳社会自发运行(即市场机制)的各类资源相互联动、相互契合的配置体系,在此基础上建立一个合理、稳定、可持续的,可以应对正常状态和非常状态的现代国家制度和治理体系。

---

[1] 《淮南子·主术训》。

第十四章　在党的百年奋斗基础上继续开创中国式现代化道路和人类文明新形态

党的十九大报告明确指出,中国特色社会主义新时代要建立的是一个"富强民主文明和谐美丽的社会主义现代化强国",从 2035 年基本实现社会主义现代化到本世纪中叶全面建成社会主义现代化强国,是新时代中国特色社会主义发展的战略安排。新时代中国式现代化道路的开创,离不开党的百年奋斗的基础,离不开新时代中国特色社会主义的价值归属。

一、中国式现代化道路与民族伟大复兴

习近平在庆祝中国共产党成立 100 周年大会上的重要讲话中,通过回顾中国共产党百年奋斗历程,把 100 年来中国共产党团结带领中国人民进行的一切奋斗、一切牺牲、一切创造,归结为一个主题,即"实现中华民族伟大复兴"。[1] 通观百年来为振兴中华而进行的各种政治、经济、文化斗争,中国式现代化道路与中国特色社会主义的探索和发展一方面呈现了对民族复兴、现代化发展以及社会主义三大主题的不断融合,另一方面也呈现出以实现民族复兴为主题,中国的现代化战略从站起来、富起来到强起来的变迁历程。

---

[1] 习近平:《在庆祝中国共产党成立 100 周年大会上的讲话》,《人民日报》2021 年 7 月 16 日。

（一）民族复兴和中国早期现代化运动

1840年鸦片战争以后，西方列强在中华大地上恣意妄为，封建统治者孱弱无能，中国逐步成为半殖民地半封建社会，国家蒙辱、人民蒙难、文明蒙尘，中国人民和中华民族遭受了前所未有的劫难。从那时起，实现中华民族复兴就成了中华民族最伟大的梦想。从中国早期现代化的主题目标和动力来看，实现民族复兴一方面体现为反对列强入侵、争取民族独立的精神动力，另一方面体现为以发展实业，尽快让中国在侵略者面前站起来的现代化道路探索。在清朝最后50年间，虽然有不少试图挽救其衰亡命运而从事的现代化努力，但依然无法改变当时中国已濒临绝境的现实。19世纪末20世纪初，中国面临的形势与两次鸦片战争时期相比，变得异常严峻。从1894年到1905年10年中，中国连续遭到四次军事侵略与干涉——第一次中日战争（1894—1895年）；西方列强对中国采取掠夺领土和势力范围的大规模行动（1897—1898年）；八国联军直捣北京的大劫掠（1900年）；以及日俄两国在中国领土上爆发控制满洲的争夺战（1904—1905年）。其中每一次侵略与干涉对中国的损害都远远超过两次鸦片战争。丧权辱国接踵而至，大片领土被割让，十数亿两白银赔款，沿海和内河港口落入外国人的控制之中，不平等条约的商埠从1870年的15个增到1900年的40个，最后，中国沦为几乎所有西方工业国与日本共管的半殖民地。[①] 正如梁启超所说，"吾国四千余年大梦之唤醒，实自甲午战败割台湾偿二百兆以后始也"。[②] 变本加厉的丧权辱国的现实进一步推动了中华民族的觉醒，加大改革步伐、推动民族独立和复兴的愿望也无比强烈。

随着民族复兴和现代化运动的两条主线逐渐融合，中国进入了社会变革加速期。在辛亥革命前，为推动国家富强，"振兴实业"成为挽救民族危机的重要路径。20世纪初的中国社会各界收回利权运动便是当时"实业救国"的典型代表，并在一定程度上推动了近代中国资本主义经济的发展。在这次运动中，1904年至1910年，湖南、湖北、广东3省绅商收回粤汉铁路权；1905年7月至1908年3月，浙江和江苏绅商收回苏杭甬铁路权；1905年至1908年，直

[①] 罗荣渠：《现代化新论——世界与中国的现代化进程》，北京大学出版社1993年版，第305页。
[②] 梁启超：《戊戌政变记》，岳麓书社2011年版，第179页。

隶、山东、江苏、安徽4省绅商收回津镇铁路权,云南绅商收回滇越铁路权;1906年至1907年,四川绅商收回川汉铁路权。① 在当时的绅商看来,自甲午战争失败以来,外国在华投资设厂不断增加,"铁道、矿山固无论矣,而航路、保险、银行、制造,凡百事业,概归外人之手,大有经济上为列国共有之势"。② 因此,如果要振兴实业,"必自收回利权始"。在与资本主义交锋敌强我弱的强烈反差中,实业救国者力图以实业强国,改变中华民族贫弱的状态,"经济充足,则国赖以富以强;反之则立见衰微,不被灭于人者几希",③世界各国多以大倡实业来致富强,中国也不例外。

从辛亥革命后中国社会发展历程来看,本应在"把皇帝拉下马"后出现的资产阶级民主共和国并未如当时许多知识分子所愿建立,鸦片战争以来所积聚的富国强兵、振兴实业、发展资本主义的需求未能得到满足,民族独立、人民解放的历史任务也未能完成,更不用说强国富民的复兴之梦了。1912年6月,李大钊曾以"原望其有彼岸之可达,乃迟迟数月,固犹在惶恐滩中也"④描述当时革命未能如愿时诸多知识分子的失望之情。此后,至1949年新中国成立前,中国的现代化探索肩负起了民族救亡和重建国家的双重任务,对于中国发展道路的探索也是围绕着这一双重任务展开的。

正如恩格斯所指出的,"排除民族压迫是一切健康和自由的发展的基本条件"。⑤ 对于一个被压迫的民族而言,"只有当它作为一个独立的民族重新掌握自己的命运的时候,它的内部发展过程才会重新开始"。⑥ 为推动民族复兴,当时追求现代化的中国知识分子对现代西方文化的认识、对马克思主义的理解,主要是从它是否能够实现强国富民的实用价值出发来考虑问题的。20世纪20年代,随着新文化运动的深入发展和马克思主义的广泛传播,知识分子的阵营逐渐分化,出现了以什么主义改造中国社会、中国应该依靠什么制度发展实业的激烈论争。以张东荪为代表的一批知识分子认为,中国的现实国

---

① 虞和平主编:《中国现代化历程》(第1卷),江苏人民出版社2007年版,第184页。
② 同上书,第185页。
③ 陕魔:《兴办西北实业要论》,《夏声》1号,1908年2月26日。
④ 《李大钊文集》(上册),第1页,转引自陈旭麓:《近代中国社会的新陈代谢》,中国人民大学出版社2012年版,第342页。
⑤ 《马克思恩格斯全集》(第35卷),人民出版社1971年版,第261页。
⑥ 《马克思恩格斯全集》(第18卷),人民出版社1964年版,第630页。

情太贫穷,应该发展资本主义,开发实业。在马克思主义者看来,当时的中国必须发展实业,但要改变中国贫穷落后的状态,出路在于社会主义。"今日在中国想发展实业,非由纯粹生产者组织政府,以铲除国内的掠夺阶级,抵抗此世界的资本主义,依社会主义的组织经营实业不可。"[1]1933年《申报月刊》的"中国现代化问题号"特辑写道:"须知今后中国,……再不赶快顺着'现代化'的方向进展,不特无以'足兵',抑且无以'足食'。我们整个的民族,将难逃渐归淘汰,万劫不复的厄运。"[2]该特辑主要讨论了两个问题:一是中国现代化的困难和障碍是什么;二是中国现代化应当采取哪种方式。这些关于中国现代化进程的讨论以更具体和更有针对性的方式展示了在当时救亡图存的背景下,知识分子对中国现代化道路的思考。

(二) 党的初心使命与中国式现代化道路的变迁

中国共产党从成立之日起就同中国人民和中华民族的前途命运紧密联系在一起,把"为中国人民谋幸福、为中华民族谋复兴"确立为自己的初心使命。党的一大和二大先后提出党的最高纲领和最低纲领,旗帜鲜明地把社会主义和共产主义规定为自己的奋斗目标,又必须为达到中华民族完全独立而不断斗争。1922年6月,《中国共产党对于时局的主张》提出"中国的工农及一切受苦受难的民众所以这样穷,这样苦,这样受压迫,不用说乃是军阀尤其是帝国主义之赐"。"为自求解放计,必须力争整个的民族解放,推翻本国军阀及世界帝国主义,才有出路。"这也是中国共产党第一次对外公开发声。经过北伐战争、土地革命战争、抗日战争和解放战争的伟大斗争,中国共产党领导中国人民和中华民族赢得了新民主主义革命的全国性胜利,完成了鸦片战争以来困扰中国的"中国向何处去"之问,选择一条合适的现代化道路走向民族复兴的第一步。

中华人民共和国的成立为中国社会的发展揭开了新的一页,经历了110年屈辱和苦难的半殖民地半封建社会历史之后,中华民族终于在世界民族之林中站起来了,获得了来之不易的民族独立,为中华民族伟大复兴创造了重要

---

[1] 李大钊:《中国的社会主义与世界的资本主义》(1921年3月20日),《评论之评论》第1卷第2号。
[2] 参见《申报月刊》第2卷第7号,1933年7月15日。

前提。中华人民共和国成立后,中国的现代化进程发生了历史性转变。四分五裂、一盘散沙的中国前所未有地团结和统一在了一起。在新的基础上成立的新中国,现代化探索的动力主要体现为两个方面:一是进一步发扬民族自信心和凝聚力,推动民族复兴;二是实现由新民主主义向社会主义的转变,实现从一穷二白到富起来的迫切愿望。正如毛泽东在《新民主主义论》中所说的,"中国共产主义者对于马克思主义在中国的应用……必须将马克思主义的普遍真理和中国革命的具体实践完全地恰当地统一起来。就是说,和民族的特点相结合,经过一定的民族形式,才有用处,绝不能主观地公式地应用它"。[1] 此后,中国逐步摒弃了苏联模式的发展道路,实现了一穷二白、人口众多的东方大国大步迈进社会主义社会的伟大飞跃,在曲折中逐步探索出了一条适合中国国情的社会主义建设新路。

党的十一届三中全会开启了改革开放和社会主义现代化建设新时期,在这一时期,中国式现代化道路的探索与中国建设社会主义的正确道路、中华民族伟大复兴三线并进,开辟了中国特色社会主义建设的新阶段。从党的十三大指出社会主义初级阶段是"全民奋起,艰苦创业,实现中华民族伟大复兴的阶段",党的十六大强调"党从成立那一天起,就是中国工人阶级的先锋队,同时是中国人民和中华民族的先锋队,肩负着实现中华民族伟大复兴的庄严使命",到党的十七大指出,"社会主义和马克思主义在中国大地上焕发出勃勃生机,给人民带来更多福祉,使中华民族大踏步赶上时代前进潮流、迎来伟大复兴的光明前景",在中国现代化的探索历程中,中国共产党始终把在中国特色社会主义道路上实现中华民族的伟大复兴,作为庄严的使命,中国实现了从生产力相对落后的状况到经济总量跃居世界第二的历史性突破,实现了人民生活从温饱不足到总体小康、奔向全面小康的历史性跨越,推进了中华民族从站起来到富起来的伟大飞跃。

党的十八大强调,"在中国特色社会主义道路上实现中华民族伟大复兴,寄托着无数仁人志士、革命先烈的理想和夙愿"。党的十八大以来,中国特色社会主义进入新时代,围绕着坚持和发展中国特色社会主义,实现中华民族伟

---

[1] 《毛泽东选集》(第2卷),人民出版社1991年版,第707页。

大复兴这个主题,中国共产党面临的主要任务是实现第一个百年奋斗目标,开启实现第二个百年奋斗目标新征程,带领人民解决了我国社会主义现代化面临的一系列重大理论和现实问题,进一步深化了对中国特色社会主义现代化建设规律的认识,朝着实现中华民族伟大复兴的宏伟目标继续前进。这一目标,与党的初心与使命是一致的。建党百年来,中国共产党和中国人民以英勇顽强的伟大斗争,以中国式现代化道路的伟大成就向世界庄严宣告,中华民族迎来了从站起来、富起来到强起来的伟大飞跃,实现中华民族伟大复兴进入了不可逆转的历史进程。在这一进程中,党的历史使命,国家的前途命运和民族伟大复兴不断融合,形成一个合力、一种党和人民不可战胜的强大精神力量,正如恩格斯所说,"这样就有无数互相交错的力量,有无数个力的平行四边形,由此就产生出一个合力,即历史结果,而这个结果又可以看作一个作为整体的、不自觉地和不自主地起着作用的力量的产物"。① 这种"整体的、不自觉地和不自主地起着作用的力量"是百年来中国共产党为了人民、国家、民族,为了理想信念,锲而不舍的伟大斗争,是推进中国式现代化道路不断发展的不竭动力。

二、党的领导与独立自主的中国式现代化道路

走自己的路,是党百年奋斗得出的历史结论。中国共产党历来坚持独立自主开拓前进道路,坚持把国家和民族发展放在自己力量的基点上,坚持中国的事情必须由中国人民自己作主张、自己来处理。中国共产党是领导我们事业的核心力量。中国人民和中华民族之所以能够扭转近代以后的历史命运、取得今天的伟大成就,最根本的是有中国共产党的坚强领导。中国式现代化道路的形成和发展过程中,党的领导力体现了与社会主义现代化事业是内在统一的。

---

① 《马克思恩格斯选集》(第4卷),人民出版社1995年版,第697页。

（一）中国式现代化道路离不开独立自主

道路选择的自主性和民族独立虽然看似是一件不言而喻的事情，却是经过自鸦片战争到中华人民共和国成立这100多年的艰苦奋斗方争取到的。民族独立是一个国家自主性现代化建设的必要前提。正如恩格斯所指出的："排除民族压迫是一切健康和自由的发展的基本条件。"①对于一个被压迫的民族来说："只有当它作为一个独立的民族重新掌握自己的命运的时候，它的内部发展过程才会重新开始。"②

独立自主是中华民族精神之魂，是我们立党立国的重要原则。党的二大着眼于中国社会政治经济的现状和社会主要矛盾，认为加给中国人民（包括工人、农人、小资产阶级和民族资产阶级）最大痛苦的是资本帝国主义和军阀官僚的封建势力。中国共产党为工农目前利益考虑，提出在现阶段的奋斗目标是：工人、贫农和小资产阶级建立民主主义革命的联合战线，推翻国际帝国主义压迫以达到中华民族完全独立，打倒军阀以消除内乱、建设国内和平，统一中国为真正民主共和国。毛泽东在党的七大政治报告中指出，我们的将来纲领或最高纲领，是要将中国推进到社会主义社会和共产主义社会去的。但是一切中国共产党人，必须为着现阶段的目标而奋斗，为着反对民族压迫和封建压迫，为着使中国人民脱离殖民地、半殖民地、半封建的悲惨命运，建立一个在无产阶级领导下的以农民解放为主要内容的新民主主义性质的独立、自由、民主、统一和富强的中国而奋斗。③"只有经过民主主义，才能达到社会主义，这是马克思主义的天经地义。""没有一个由共产党领导的新式的资产阶级性质的彻底的民主革命，要想在殖民地半殖民地半封建的废墟上建立起社会主义社会来，那只是完全的空想。"④1949年，中国人民经过100多年艰苦卓绝的奋斗，终于获得了民族独立。这就为中国自主地进行社会主义现代化探索提供了必要条件。

---

① 《马克思恩格斯全集》（第36卷），人民出版社2015年版，第261页。
② 《马克思恩格斯全集》（第18卷），人民出版社1964年版，第630页。
③ 参见《毛泽东选集》（第3卷），人民出版社1991年版，第1058、1059页。
④ 《毛泽东选集》（第3卷），人民出版社1991年版，第1060页。

20世纪80年代和90年代之交,国际局势发生了巨大变化:苏联解体,东欧剧变。它带来两方面的变化:冷战结束,世界政治格局走向多极化,对中国的改革开放和现代化建设创造了有利条件;但世界社会主义运动处于低潮,西方有些人得意扬扬地说20世纪最大遗产是社会主义的试验和失败,国内也有一些人感到惶惑。面对这种严峻的局势,中国应该怎么办?邓小平冷静地指出:"别人的事情我们管不了,只讲一个道理:中国的社会主义是变不了的。中国肯定要沿着自己选择的社会主义道路走到底。谁也压不垮我们。只要中国不垮,世界上就有五分之一的人口在坚持社会主义。我们对社会主义的前途充满信心。"[1] 1992年,邓小平的南方谈话和党的十四大第一次比较系统地回答了如何建设社会主义、如何巩固和发展社会主义的基本问题。在发展道路上,强调解放思想、实事求是、走自己的路,建设有中国特色的社会主义。党的十四大报告指出:我国经济体制改革确定什么样的目标模式,是关系整个社会主义现代化建设全局的一个重大问题。这个问题的核心,就是正确认识和处理计划与市场的关系。江泽民在报告中明确提出:中国经济体制改革的目标是建立社会主义市场经济体制。他对这个目标作了具体的解释:"我们要建立的社会主义市场经济体制,就是要使市场在社会主义国家宏观调控下对资源配置起基础性作用,使经济活动遵循价值规律的要求,适应供求关系的变化;通过价格杠杆的竞争机制的功能,把资源配置到效益较好的环节中去,并给企业以压力和动力,实现优胜劣汰;运用市场对各种经济信号反应比较灵敏的优点,促进生产和需求的及时协调。同时也要看到市场有其自身的弱点和消极方面,必须加强和改善国家对经济的宏观调控。"[2] 把社会主义基本制度和市场经济体制紧紧结合在一起,作为经济体制改革的目标,是一项前无古人的开创性事业,是社会主义发展史上的重大突破,是中国共产党在新的历史时期的重大决断。此后,中国的改革开放和现代化建设事业在人们面前展现出新的面貌。

人类历史上没有一个民族、一个国家可以通过依赖外部力量、照搬外国模式、跟在他人后面亦步亦趋实现强大和振兴。那样做的结果,不是必然遭遇失

---

[1]《邓小平文选》(第3卷),人民出版社1993年版,第320—321页。
[2]《江泽民文选》(第1卷),人民出版社2006年版,第222、218、224、226—227页。

败,就是必然成为他人的附庸。只要我们坚持独立自主、自力更生,既虚心学习借鉴国外的有益经验,又坚定民族自尊心和自信心,不信邪、不怕压,就一定能够把中国发展进步的命运始终牢牢掌握在自己手中。

(二) 党的领导为中国式现代化提供了稳定局面

中国特色社会主义最本质的特征是中国共产党领导。中国式现代化道路的形成和发展过程中,党的领导力体现了与社会主义现代化事业是内在统一的。马克思、恩格斯在《共产党宣言》中指出,无产阶级政党既是社会化大生产的产物,也是实现生产资料社会占有的政治工具。"在无产阶级和资产阶级的斗争所经历的各个发展阶段上,共产党人始终代表整个运动的利益。"[1]

社会主义是共产党的崇高事业,社会主义制度的建立、完善和巩固都离不开共产党的领导。从中国式现代化的历程来看,正是依靠一代代共产党人接力奋斗,坚守为人民谋幸福,为中华民族谋复兴的初心和使命,中国沿着社会主义道路大踏步赶上了时代,中华民族迎来了从站起来、富起来到强起来的伟大飞跃,迎来了伟大复兴前所未有的光明前景。

中国式现代化道路的最大优势在于党的领导。党的领导保证了政治经济等重大关系的有效调节,有利于为现代化建设提供安定团结的政治局面。邓小平曾指出,"在中国这样的大国,要把几亿人口的思想和力量统一起来建设社会主义,没有一个由具有高度觉悟性、纪律性和自我牺牲精神的党员组成的能够真正代表和团结人民群众的党,没有这样一个党的统一领导,是不可能设想的,那就只会四分五裂,一事无成"。[2] 改革开放以来,中国现代化道路的发展则以改革开放40多年的实践对这一难题进行了解答。在与各种各样的挑战、风险、阻力和矛盾进行斗争的过程中,中国社会之所以能够维持总体稳定,有赖于中国共产党对各方重大关系的有效调节,保证了各方力量的统筹协调,集中力量进行社会主义现代化建设。"社会主义同资本主义比较,它的优越性就在于能做到全国一盘棋,集中力量,保证重点。"[3]这是我们成就中国式现代

---

[1] 《马克思恩格斯文集》(第2卷),人民出版社2009年版,第44页。
[2] 《邓小平文选》(第2卷),人民出版社1994年版,第341—342页。
[3] 《邓小平文选》(第3卷),人民出版社1993年版,第16—17页。

化道路事业的重要法宝。

现代化发展理论表明,由于后发型现代化社会缺乏产生成熟的市民社会的内在条件,社会的发展不可避免地要依赖于强有力的国家、政府加以推动。即使在西方国家实现现代化的初期,国家依然是社会制度创新不可或缺的因素。对此,研究中国现代化问题的美国学者吉尔伯特·罗兹曼(Gilbert Rossman)曾指出:"一个国家的行政管理实行高度的中央集权有助于力量的协调和资源的征用以支持现代化进程;高度分化和专门化的制度的发展,为政治作用的稳步扩大作好准备,这是现代化发展的典型过程;行政体制中的中央、行省和地方三级的接合能为有效的政治管理作出重要贡献;具备一支干练而谙熟规章制度的行政官员这种传统,对于扩大现代化所必需的政治手段具有决定意义。"[①]中国的经济发展由一个强大且发展导向的国家机器所带领,其首要目标是经济发展,强调政治稳定是经济发展的先决条件。在贯彻和执行长期性战略计划时,避免了民主体制中因经常性变化而产生的不稳定因素所带来的干扰。[②] 苏联问题专家大卫·科茨(David M. Kotz)从分析国家在经济转型中的作用出发,比较了俄罗斯与中国的经济转型经验,认为俄罗斯转型的主旨是国家从对经济生活的管制中快速退出,中国则采取了国家指导下的转型战略,"是抓住而不是放手"。如逐步放开价格控制、长期推迟国企私有化、在大型国企的决策中保留国家指令、实行扩张性货币政策、国家对银行系统持续控制、国家控制跨国贸易和资本流动等。他对这一战略持肯定态度,认为社会中唯一能指导从计划经济到市场经济转型的机构就是国家。[③] 现代化的实践表明,在关系国计民生的重要领域、关键行业、重大工程,如果仅仅依靠某个地区或某个部门的力量,是难以办到的。从"两弹一星"工程、量子通信等高科技项目,到高铁、桥梁、港口、天眼、大飞机等重大工程,从大气污染防治行动、打赢蓝天保卫战,到援藏、精准扶贫等重大民生工程,中国共产党领导人民

---

① 吉尔伯特·罗兹曼:《中国的现代化》,国家社会科学基金"比较现代化"课题组译,江苏人民出版社 1995 年版,第 78 页。
② 参见《北京大学中国与世界研究中心"人民共和国 60 年与中国模式"内部学术研讨会文集》,2008 年 12 月 20 日。
③ 参见 David M. Kotz, "The Role of the State in Economic Transformation: Comparing the Transition Experiences of Russia and China", http://www.umass.edu/economics/publications/2005 - 04.pdf。

不仅创造了世所罕见的经济快速发展和社会长期稳定两大奇迹,而且成功走出了中国式现代化道路。

(三)党的领导保证了中国现代化进程的持续性

从战略上谋划长远发展,一张蓝图绘到底,是中国共产党一以贯之的领导方法,保证了中华民族复兴之路能够走得又快又稳,改革开放事业能够获得巨大成功。邓小平曾指出:"美国把它的制度吹得那么好,可是总统竞选时一个说法,刚上任一个说法,中期选举一个说法,临近下一届大选时又是一个说法。美国还说我们的政策不稳定,同美国比起来,我们的政策稳定得多。"[1]这一评价一针见血地指出了中国式现代化道路在党的领导下与西方模式的差异。

新中国成立以来,党的领导体现了实现社会主义现代化的战略布局的持续性和一脉相承。以编制和实施国民经济和社会发展五年规划为例,从1953年开始,我国已经连续编制实施了14个五年规划,串联起中国式现代化道路的伟大进程,彰显了中国特色社会主义制度的强大生命力。在14个五年规划中,在计划经济体制下社会主义建设时期,"一五"计划到"五五"计划旨在推进社会主义工业化建设和实现"四个现代化",强调通过完全的政府指令性计划优先发展重工业,建立独立完整的工业体系与国民经济体系。从改革开放伊始到党的十八大之前的中国特色社会主义建设时期,"六五"计划到"十二五"规划实施的35年开启了改革开放事业和中国特色社会主义现代化的建设征程,实现了从解决人民温饱问题到总体实现小康社会、再迈向全面建设小康社会的发展成就,提前实现了国内生产总值到20世纪末比1980年"翻两番"的经济建设目标,推进了从传统计划体制向社会主义市场经济体制的转变、经济增长方式从粗放型向集约型的不断转型。党的十八大以后,我们进入中国特色社会主义建设新时代。"十三五"规划明确定位"十三五"时期是全面建成小康社会决胜阶段,期间,我国经济社会发展取得了全方位、开创性的历史成就,发生了深层次、根本性历史变革,为开启全面建设社会主义现代化国家新征程奠定了坚实基础。据统计,2019年国内生产总值达到99.1万亿元、占全球经

---

[1] 《邓小平文选》(第3卷),人民出版社1993年版,第31页。

济比重达 16%,对世界经济增长的贡献率达到 30% 左右,人均国内生产总值突破 1 万美元。2020 年,居民生活质量显著提升,2019 年全国居民恩格尔系数降至 28.2%,比 2015 年下降 2.4 个百分点,居民平均预期寿命 2019 年达 77.3 岁,比世界平均预期寿命高近 5 岁。[①] 正在实施的"十四五"规划既聚焦"十四五"时期的阶段性任务,又锚定 2035 年远景目标,做好了"两个百年"奋斗目标的有机衔接,体现了党和国家的战略意图,以及全面建设社会主义现代化国家新征程的宏伟蓝图。在党的领导下,我国长期坚持用"五年规划"引领国民经济社会发展,将不同时期国家发展的阶段性规划和中长期远景目标紧密结合,描绘民族复兴雄伟图景,带领一代代人民不懈奋斗,接力发展。

实现中华民族的伟大复兴,一直是中国无数志士仁人顽强追求的目标,也是时代潮流中的突出主题。中国的革命、建设、改革归根到底都是为了实现这个目标。这可以说是贯穿 20 世纪中国历史的基本线索。在党的领导下,中国社会主义在进行探索和建设的同时,能够将现代化建设与民族复兴相结合,使其成为党和人民的共同目标和追求。新中国的成立跨出了实现中华民族伟大复兴的第一步,没有经济上的独立,政治上的独立是不巩固的、缺乏保障的。在恢复了遭受战乱严重破坏的国民经济后,全体中国人民又立刻在祖国大地上展开大规模经济建设。1964 年 12 月,周恩来在第三届全国人民代表大会第一次会议上作政府工作报告时,提出要努力实现"四个现代化"的宏伟目标。他说:"中国人民不是懒汉儒夫,过去没有,今后也决不会依赖别人过活。我们完全能够依靠自己的力量,建立一个独立的完整的现代化的国民经济体系。同时,我们仍要在力所能及的范围内,认真地加强对外援助,努力做出更大的国际主义贡献。"[②]党的十一届三中全会后,以邓小平为核心的党中央,果断地实现了工作重点的根本转移,下决心排除一切干扰,一心一意搞经济建设,努力实现"四个现代化"。邓小平客观地分析了中国同发达国家经济上的差距,提出从 20 世纪 80 年代到 21 世纪中叶分三步实现现代化的战略目标:到 80 年代末实现国内生产总值翻一番,基本解决温饱;到 20 世纪末再翻一番,进入小康社会;到 21 世纪中叶再翻两番建成中等水平的发达国家。坚持社会主义

[①] 《"十三五"时期我国经济社会发展成就与经验启示》,《人民日报》2020 年 9 月 22 日。
[②] 《周恩来选集》(下卷),人民出版社 1984 年版,第 440—441 页。

道路也好,坚持改革开放也好,奉行独立自主的和平外交政策也好,一个重要原因是:只有这样做,才能保证既定战略目标的实现,才能实现中华民族的伟大复兴。

党的十八大以来,中国特色社会主义进入新时代,中华民族迎来了从站起来、富起来到强起来的伟大飞跃。正如习近平在参观《复兴之路》展览时所说的:"经过鸦片战争以来170多年的持续奋斗,中华民族伟大复兴展现出光明的前景。现在,我们比历史上任何时期都更接近中华民族伟大复兴的目标,比历史上任何时期都更有信心、有能力实现这个目标。"[1]党的十九大站在新的更高的历史起点上,对实现第二个百年奋斗目标做出分两个阶段推进的战略安排,提出到2035年基本实现社会主义现代化,到本世纪中叶把我国建成富强民主文明和谐美丽的社会主义现代化强国。实现中华民族伟大复兴,是近代以来中国人民最伟大的梦想。中国共产党一经成立,就把实现共产主义作为党的最高理想和最终目标,义无反顾地肩负起实现中华民族伟大复兴的历史使命,团结带领人民进行了艰苦卓绝的斗争,谱写了气吞山河的壮丽史诗。[2] 党的十九大报告明确指出,"中国特色社会主义进入了新时代",建成社会主义现代化强国,是夺取新时代中国特色社会主义的伟大胜利不可或缺的部分,"从全面建成小康社会到基本实现现代化,再到全面建成社会主义现代化强国,是新时代中国特色社会主义的战略安排"。中华民族从未如此接近伟大复兴。

历史和现实都证明,没有中国共产党,就没有新中国,就没有中华民族的伟大复兴。治理好我们这个世界上最大的政党和人口众多的国家,必须坚持党的全面领导特别是党中央集中统一领导,坚持民主集中制,确保党始终总揽全局、协调各方。从第一个五年计划到第十四个五年规划,一以贯之的主题是把我国建设成为社会主义现代化国家。以民族伟大复兴为主线,以党的领导为保障,使得我们的社会主义现代化建设的意志和决心始终不动摇。在这个过程中,我们党对建设社会主义现代化国家在认识上不断深入、在战略上不断

---

[1] 《习近平谈治国理政》,外文出版社2014年版,第35—36页。
[2] 习近平:《决胜全面建成小康社会　夺取新时代中国特色社会主义伟大胜利——在中国共产党第十九次全国代表大会上的报告》,人民出版社2017年版,第13页。

成熟、在实践上不断丰富,加速了我国现代化发展进程,为新发展阶段全面建设社会主义现代化国家奠定了实践基础、理论基础和制度基础。

三、中国式现代化道路与人类文明新形态

习近平在庆祝中国共产党成立 100 周年大会上的讲话中提出,我们坚持和发展中国特色社会主义,推动物质文明、政治文明、精神文明、社会文明、生态文明协调发展,创造了中国式现代化新道路,创造了人类文明新形态。

(一) 中国式现代化是人口规模巨大的现代化

截至 2022 年,中国是世界上人口最多的国家,人口问题始终是一个全局性、战略性问题。正如英国著名思想家罗素(Bertrand Russell)在《中国问题》中谈到的:"中国的人口占到全世界的四分之一,所发生的问题即使对中国以外的任何人没有影响,本身也具有深远的重要性,事实上,在未来的两个世纪里,无论中国朝好的方向发展,还是朝坏的方向发展,都将对世界的局势产生决定性的影响。"[1]发展为了人民,这是马克思主义政治经济学的根本立场。中国式现代化道路的探索是在一个幅员辽阔、人口众多、经济发展落后的农业大国中进行的。在现代化历史进程中,除美国外,几乎都是小国或中等规模的国家成功实现现代化,没有人口众多的农业大国实现现代化。梁启超曾指出:"中国以地太大民族太大之故,故其运动进步,常甚延缓。"[2]大国之大,也有大国之重。在 2022 年新年贺词中,习近平说:"全面小康、摆脱贫困是我们党给人民的交代,也是对世界的贡献。让大家过上更好生活,我们不能满足于眼前的成绩,还有很长的路要走。"[3]国家乡村振兴局发布的数据显示,2021 年,全国脱贫人口人均纯收入达到 12 550 元,同比增加 1 810 元、增长 16.9%;脱贫地区农民人均可支配收入 14 051 元,同比增加 1 463 元、增长 11.6%;脱贫人

---

[1] 罗素:《中国问题》,秦悦译,学林出版社 1996 年版,第 1 页。
[2] 梁启超:《中国史叙论》,《饮冰室文集》之六,中华书局 1936 年版,第 12 页。
[3] 《国家主席习近平发表二〇二二年新年贺词》,《人民日报》2022 年 1 月 1 日。

口收入、脱贫地区农民收入的增速分别比全国农民平均水平高出6.4和1.1个百分点。①脱贫摘帽不是终点,而是新生活、新奋斗的起点,这意味着在脱贫攻坚战取得了全面胜利之后,需要继续巩固拓展脱贫攻坚成果。基于中国庞大的人口基数,乡村振兴依然是实现中华民族伟大复兴的重大任务之一。为实现第二个百年奋斗目标,需要继续进行伟大斗争,以解决发展不平衡不充分问题、缩小城乡区域发展差距、实现人的全面发展和全体人民共同富裕的任务。

(二) 中国式现代化是全体人民共同富裕的现代化

社会主义现代化的社会建设,要求全面提高人民生活水平,建设共同发展、共同繁荣、共同富裕的社会主义社会。共同富裕是社会主义的本质要求,它是一个系统工程,具有复杂性和长期性,它的实现离不开一代代人民群众团结起来、共同斗争,展现了中国共产党引领民族复兴的中国梦的历史担当。新中国成立后,毛泽东指出,"现在我们实行这么一种制度,这么一种计划,是可以一年一年走向更富更强的,一年一年可以看到更富更强些。而这个富,是共同的富,这个强,是共同的强,大家都有份"。②改革开放以来,邓小平总结以往经验教训,再一次强调了共同富裕及其实现方式问题,将共同富裕作为社会主义基本原则之一,将共同富裕概括为社会主义的本质内涵。江泽民强调:"实现共同富裕是社会主义的根本原则和本质特征,绝不能动摇。"③胡锦涛谈道:"使全体人民共享改革发展成果,使全体人民朝着共同富裕的方向稳步前进。"④习近平指出,"共同富裕是全体人民共同富裕,是人民群众物质生活和精神生活都富裕,不是少数人的富裕,也不是整齐划一的平均主义,要深入研究不同阶段的目标,分阶段促进共同富裕。"⑤党的十九大在谋划第二个百年奋斗目标时,聚焦共同富裕提出了明确目标:2035年全体人民共同富裕迈出坚实步伐,21世纪中叶全体人民共同富裕基本实现。党的十九届五中全会在

---

① 《2021年脱贫地区农民人均可支配收入同比增长11.6%》,《人民日报》2022年3月27日。
② 《毛泽东文集》(第6卷),人民出版社1999年版,第495页。
③ 《江泽民文选》(第1卷),人民出版社2006年版,第466页。
④ 《胡锦涛文选》(第2卷),人民出版社2016年版,第291页。
⑤ 习近平:《扎实推动共同富裕》,《求是》2021年第20期。

谋划 2035 年远景目标时,将"全体人民共同富裕取得更为明显的实质性进展"纳入其中。全体人民共同富裕的现代化,既是适应我国社会主要矛盾的变化,更好满足人民日益增长的美好生活需要的积极应对,也是社会主义制度优越性的集中体现,是实现中华民族伟大复兴梦想的重要组成部分。

(三) 中国式现代化是物质文明和精神文明相协调的现代化

改革开放以来,面对经济、文化、社会、外交等方面的主要风险,中国共产党领导人民积极应对、敢于挑战,以坚定的斗争精神处理现代化进程中物质文明和精神文明之间协调发展的基本关系。1983 年,邓小平在党的十二届二中全会上作了《党在组织战线和思想战线上的迫切任务》的长篇讲话,他指出:"思想战线上的战士,都应当是人类灵魂工程师。在当前这个转变时期,在社会主义精神文明建设和整个社会主义建设事业中,他们在思想教育方面的责任尤其重大。"[1] 1986 年,党的十二届六中全会通过的《中共中央关于社会主义精神文明建设指导方针的决议》提出了社会主义精神文明的战略地位问题,写道:"以马克思主义为指导的社会主义精神文明是社会主义社会的重要特征。在社会主义时期,物质文明为精神文明的发展提供物质条件和实践经验,精神文明又为物质文明的发展提供精神动力和智力支持,为它的正确发展方向提供有力的思想保证。"[2] 习近平指出,"只有物质文明建设和精神文明建设都搞好,国家物质力量和精神力量都增强,全国各族人民物质生活和精神生活都改善,中国特色社会主义事业才能顺利向前推进。"[3] 中国进行的是社会主义现代化建设,而不是搞别的什么现代化。这就要求在向第二个百年奋斗目标迈进的过程中,既要把工作重点放在物质文明建设上,也就是发展生产力;也要不断加强精神文明建设,始终坚持社会主义方向,提高人民的思想文化素质,增强人民的精神力量。从长远来看,这个问题关系到中国式现代化道路的事业将由什么样的人来接班,关系到党和国家、民族的命运和前途。

---

[1] 《邓小平文选》(第 3 卷),人民出版社 1993 年版,第 40 页。
[2] 《十二大以来重要文献选编》(下),人民出版社 1988 年版,第 1176 页。
[3] 习近平:《胸怀大局把握大势着眼大事　努力把宣传思想工作做得更好》,《人民日报》2013 年 8 月 21 日。

（四）中国式现代化是人与自然和谐共生的现代化

生态文明建设是关系到中华民族永续发展的根本大计。从党的十七大首次提出建设生态文明,到十八大明确提出"美丽中国"战略、将生态文明建设列入中国特色社会主义事业"五位一体"总体布局之中,再到十九大第一次将"美丽"作为社会主义现代化强国的限定词之一,不仅丰富了第二个百年奋斗目标的内容,还实现了"五位一体"总体布局与全面建成社会主义现代化强国的有效对接。近年来,蓝天保卫战、碧水保卫战、净土保卫战取得了一定成绩,根据《2021中国生态环境状况公报》,2021年全国生态环境质量主要指标顺利完成,生态环境质量明显改善。全国空气质量持续向好,地表水环境质量稳步改善,管辖海域海水水质整体持续向好。全国土壤环境风险得到基本管控,土壤污染加重趋势得到初步遏制。全国自然生态状况总体稳定。全国城市声环境质量总体向好。辐射环境质量和重点设施周围辐射环境水平总体良好。单位国内生产总值二氧化碳排放下降达到"十四五"序时进度。① 从"十三五"提出要坚决打好污染防治攻坚战,到"十四五"强调要深入打好污染防治攻坚战,意味着随着现代化步伐的推进,在向第二个百年奋斗目标迈进过程中,生态文明建设触及的矛盾和问题层次更深、领域更广,要求也更高,将面临更加严峻的斗争形势,意味着在新的征程中的伟大斗争,将有利于实现中华民族更高质量、更有效率、更可持续、更为安全的现代化发展之路。

（五）中国式现代化是走和平发展道路的现代化

对于时代主题的把握,关系到我们各项事业的兴衰成败。中华人民共和国成立之初,确立了独立自主的和平外交政策,为战后国际格局注入了和平能量。20世纪50年代,中国同印度、缅甸共同倡导的互相尊重主权和领土完整、互不侵犯、互不干涉内政、平等互利、和平共处五项原则,为推动建立公正合理的国际政治经济秩序发挥了重要作用。20世纪80年代,邓小平关于"和平与发展"两大时代主题的战略判断,为我们指明了前进方向。走和平发展道

---

① "《2021中国生态环境状况公报》发布,生态环境质量明显改善",澎湃新闻,http://www.thepaper.cn/newsDetail_forward_1827536,2022年5月27日。

路的现代化,"是中华民族热爱和平的文化传统的继承和发扬,是中国人民从自身经历中形成的自觉选择,是思想自信和实践自觉的有机统一"。① 列宁在《给美国工人的信》中这样写道:"资产阶级的文明带来了它的美好的果实。美国在发展人类联合劳动的生产力方面,在应用机器和一切最新技术奇迹方面,都在自由和文明的国家中间占第一位。同时美国也成了贫富间鸿沟最深的国家之一,在那里一方面是一小撮卑鄙龌龊的沉溺于奢侈生活的亿万富翁,另外一方面是千百万永远在饥饿线上挣扎的劳苦大众。"② 与一些老牌资本主义国家走暴力掠夺殖民地的道路,以其他国家落后为代价实现自身现代化的那种模式相反,走和平发展道路的中国式现代化,积极参与重大国际和地区热点问题解决,以实际行动维护世界和平,积极促进全球共同发展。在现代化进程的新起点上,第二个百年奋斗目标的实现,离不开中国人民的自强奋斗,以及对时代主题的深刻把握。中国式现代化的现实成就,则是和平与发展的时代,民族得以复兴,人类继续进步的可靠保证。

四、中国式现代化道路百年探索的世界历史意义

社会主义并不是空想,它源于实践和运动,也体现于不同国家的实际结果之中。对于社会主义国家而言,只有结合本国本民族的实际,积极反思并解决实际问题,才能使本国的社会主义发展显示出独特的生命力和优越性。中国式现代化道路的百年探索具有重大和深远的世界历史意义。

(一) 推动了世界社会主义运动的发展

当今世界正处于大发展大变革大调整时期,需要从世界社会主义发展大背景下深入思考和研究中国特色社会主义。中国特色社会主义现代化有力地

---

① 《习近平在德国发表重要演讲:中国坚定不移走和平发展道路》,《人民日报》2014 年 3 月 30 日。
② 《列宁全集》(第 28 卷),人民出版社 1956 年版,第 43—44 页,转引自:米哈伊尔·穆切德洛夫:《马克思列宁主义理论中的文明概念(摘译)》,刘漠云、张念东摘译,《马列主义研究资料》1982 年第 5 辑。

充实和丰富了人类社会发展的规律,也极大地发展和丰富了社会主义自身发展的规律。作为共产主义运动逻辑的组成部分,中国特色社会主义始终坚持科学社会主义基本原则,以实现人的全面发展、社会全面进步为目标。不可否认的是,中国已成为世界社会主义运动的中流砥柱,还为社会主义事业发展进入更高阶段提供了强大基础。中国建成社会主义现代化强国意味着,不仅进一步证明科学社会主义的强大生机和活力,使科学社会主义走向当代高峰,还使社会主义道路在世界范围内彰显出巨大吸引力,将引领世界社会主义的前进方向,推进世界社会主义运动向前发展。

自20世纪70年代末以来,几乎所有社会主义国家、发展中国家都进行了不同程度的改革及社会转型。欧洲开发银行曾经对29个独联体国家和转型国家做过调查,结论是"转型"15年后,只有30%的人认为现在生活得比以前好。也就是说,经过多年改革,这些国家获得成功的只是少数,大多数遭遇惨重失败。[1] 中国特色社会主义道路的开启,不但成了世界社会主义运动复兴的新起点,而且在一定意义上可以说,它把世界社会主义运动重新推向高潮。中国特色社会主义道路在振兴中华民族的同时也振兴了世界社会主义运动。[2]

当今世界正经历百年未有之大变局,从世界社会主义500年的大视野来看,社会主义和资本主义之间依然面临着广泛、多样和复杂的斗争。世界社会主义500年,从空想到科学、从理论到实践、从一国实践到多国发展,反映了人类对美好社会制度的执着追求,深刻改变着世界历史的发展进程。[3] 我们依然处在马克思主义所指明的历史时代。社会主义作为新的社会制度,一直在世界资本主义的包围之中生存发展,在社会主义和资本主义长期共存的时代,不同文明和不同思想文化相互激荡,充满着不同的价值观和社会制度之争。苏东剧变后,邓小平在谈到社会主义发展道路的曲折性时指出,"封建主义代替奴隶社会,资本主义代替封建主义,社会主义经历一个长过程发展后必然代

---

[1] 林毅夫:《发展与转型:思潮、战略和自生能力》,《文汇报》2007年11月4日。
[2] 陈宝:《中国特色社会主义道路在世界社会主义运动中的地位论析》,《学习与实践》2011年第4期。
[3] 参见中共中央宣传部编:《习近平新时代中国特色社会主义思想三十讲》,学习出版社2018年版,第2页。

替资本主义。这是社会历史发展不可逆转的总趋势,但道路总是曲折的。资本主义代替封建主义的几百年间,发生过多少次王朝复辟?所以,从一定意义上说,某种暂时复辟也是难以完全避免的规律性现象。一些国家出现严重曲折,社会主义好像被削弱了,但人民经受锻炼,从中吸收教训,将促使社会主义向着更加健康的方向发展。因此,不要惊慌失措,不要认为马克思主义就消失了,没用了,失败了。哪有这回事"。[①] 中国的现代化道路是在同全球化相联系而不是相脱离的进程中形成和发展起来的,目的是使中国在社会主义基础上实现现代化。恩格斯在《英国工人阶级状况》一文中谈到人民关心共产主义时说过一段话,他说共产主义"不仅仅是工人的事业,而是全人类的事业"。[②] 社会主义革命从文明中挣脱了资产阶级的枷锁,对人类进步事业来说,中国对世界的贡献不只是经济上、物质上的,还包括制度上、思想上的贡献。中国式现代化道路的成功、中华民族伟大复兴的实现,将进一步充实人类社会发展的规律,也极大地丰富社会主义自身发展的规律。

习近平在庆祝中国共产党成立95周年大会上明确指出,中国共产党自成立以来取得的辉煌成就已经"使具有500年历史的社会主义主张在世界上人口最多的国家成功开辟出具有高度现实性和可行性的正确道路,让科学社会主义在21世纪焕发出新的蓬勃生机"。中国的现代化道路是在同全球化相联系而不是相脱离的进程中形成和发展起来的,目的是使中国在社会主义基础上实现现代化。中国特色社会主义道路,"在世界近代以来后兴大国崛起的历史上是一条前所未有的全新战略道路,在世界现实社会主义的历史上是一条前所未有的全新战略道路,在马克思主义发展史上也是一条前所未有的全新战略道路"。[③]

对待科学的理论必须有科学的态度。在科学社会主义理论方面,中国特色社会主义道路在坚持科学社会主义基本原理的基础上,以新的丰富内容建构了当代科学社会主义新的理论形态。恩格斯深刻指出:"马克思的整个世界观不是教义,而是方法。它提供的不是现成的教条,而是进一步研究的出发点

[①] 《邓小平文选》(第3卷),人民出版社1993年版,第382—383页。
[②] 《马克思恩格斯全集》(第2卷),人民出版社1957年版,第586页。
[③] 郑必坚:《思考的历程》,中共中央党校出版社2006年版,第98页。

和供这种研究使用的方法。"恩格斯还指出,我们的理论"是一种历史的产物,它在不同的时代具有完全不同的形式,同时具有完全不同的内容"。科学社会主义基本原则不能丢,丢了就不是社会主义。同时,科学社会主义也绝不是一成不变的教条。习近平指出,"中国特色社会主义,是科学社会主义理论逻辑和中国社会发展历史逻辑的辩证统一,是根植于中国大地、反映中国人民意愿、适应中国和时代发展进步要求的科学社会主义"。[①] 中国特色社会主义道路对世界社会主义运动的意义最根本的方面就是创新和发展了科学社会主义理论。

尽管由于人类历史发展阶段以及经济、社会全球运动结构的限制,科学社会主义的现实实践尚未发展为世界性的潮流,[②]但中国特色社会主义道路在一定意义上揭示了苏东剧变并不是资本主义向社会主义历史演变的结束,苏东剧变摧毁的不是科学社会主义本身,而是科学社会主义错误实践所形成的"苏联模式";中国特色社会主义的成功实践证明,科学社会主义只要遵循马克思主义的科学发展与实践,其所拥有的内在生命力与活力依然是巨大的,依然能够创造出比资本主义更加合理、更加有效、更加全面的现代化道路。

(二) 丰富和发展了现代化理论

改革开放以来,特别是苏东剧变后,中国特色社会主义道路打破了发展中国家对西方发展模式的路径依赖,走出了一条有别于西方模式和苏联模式的独特道路,在收获成绩的同时,也进一步发展了现代化理论。

一方面,中国特色社会主义现代化丰富和发展了现代化的内涵,体现了带有本国鲜明特色的现代化探索之路。与人类社会的现代化始于欧洲一样,现代化理论发端于欧洲。当代中国现代化理论与比较现代化进程研究的主要开创者罗荣渠在《现代化新论——世界与中国的现代化进程》中归纳了国内外有关现代化含义的四类界说:第一,现代化指在近代资本主义兴起后的特定国际关系格局下,经济上落后国家通过技术革命,在经济和技术上赶上世界先进水平的历史过程。中国共产党及其政府领导人在阐述中国的社会主义现代化

[①] 《习近平谈治国理政》,外文出版社2014年版,第43页。
[②] 林尚立:《当代中国政治:基础与发展》,中国大百科全书出版社2016年版,第98页。

方针与政策时所一贯明确表述的,正是这一思想。1954年,周恩来就提出要把中国建设成为"一个强大的社会主义的现代化的工业国家"。第二,把现代化视为工业化,是经济落后国家实现工业化的进程。在他看来,这种观点与第一种并无实质区别,前者更注重政治立论。第三,现代化是自科学革命以来,人类急剧变动的过程的统称,这种变化不仅限于经济领域,同时也发生在知识增长、政治发展、社会动员、心理适应等各个方面。这种现代化观点注意到社会制度即结构与工业化和经济发展的关系,认为科学革命具有改变人类环境的巨大力量,造成特殊的社会变迁方式,而社会各单元对这一新环境和变化的适应与调整的过程就是现代化。第四,现代化主要是一种心理态度、价值观和生活方式的改变过程,是代表这个历史时代的一种"文明的形式",这主要是从社会学、文化人类学、心理学的角度考察现代化的。韦伯就是这一观点的代表。

在世界现代化的历史视野和理论视野中,现代化曾经是资本主义的专利,以资本主义的方式完成一个国家的工业化、城市化和市场化,似乎是人类实现现代化的唯一路径。1938年10月,毛泽东在中国共产党第六届中央委员会扩大的第六次全体会议上就指出:"马克思列宁主义的伟大力量,就在于它是和各个国家具体的革命实践相联系的。对于中国共产党说来,就是要学会把马克思列宁主义的理论应用于中国的具体的环境。成为伟大中华民族的一部分而和这个民族血肉相联的共产党员,离开中国特点来谈马克思主义,只是抽象的空洞的马克思主义。因此,使马克思主义在中国具体化,使之在其每一表现中带着必须有的中国的特性,即是说,按照中国的特点去应用它,成为全党亟待了解并亟须解决的问题。"[1]中国特色社会主义道路就是始终立足于社会主义初级阶段基本国情的社会发展道路。脱离社会主义初级阶段的基本国情也就不可能有中国特色社会主义,更谈不上发展中国特色社会主义。扎根于本国国情的背后是承认发展道路和模式的多样性。1988年5月,邓小平在会见莫桑比克总统若阿金·希萨诺(Joaquim Alberto Chissano)时曾谈道:"要讲社会主义,也只能讲符合莫桑比克实际情况的社会主义。世界上的问题不可

---

[1] 《毛泽东选集》(第2卷),人民出版社1991年版,第534页。

能都用一个模式解决,中国有中国自己的模式,莫桑比克应该有莫桑比克自己的模式。"①

马克思主义必定随着时代、实践和科学的发展而不断发展,不可能一成不变,社会主义从来都是在开拓中前进的。② 在这一意义上,中国式现代化提供了不同于资本主义现代化道路的可能性,证明了人类文明发展道路的多样性而非单一性。中国特色社会主义现代化道路的成功,也启示着以中国为代表的发展中国家对发展理念、对现代化理论所进行的重新解读,展示了马克思主义强大的生命力。

另一方面,中国特色社会主义现代化发展道路体现了现代化实现方式的超越。近代以来,现代化是世界发展的历史潮流,实现现代化是世界各国发展普遍面临的历史任务。走什么样的发展道路,是包括中国在内的所有发展中国家面临的一道难题。

中国式现代化道路打破了西方现代化模式的垄断地位。现代化的历史运动发端于西方,同资本主义发展相生相伴,由此形成的西方资本主义国家的现代化发展道路,成为许多国家发展现代化的道路和路径选择的依据。第二次世界大战结束以来,除了以苏联为代表的社会主义国家,多数发展中国家的现代化都是仿照西方模式进行的。当时西方为发展中国家指出的现代化路径,实质上就是"市场化""自由化"和"私有化"。20世纪80年代,一些拉美国家信奉"市场万能""重增长,轻分配",导致高失业率及贫富两极分化严重,甚至一度是世界上收入分配差距最大的地区,"拉美化"也成了经济社会发展失衡的代名词。正如提出"北京共识"这一概念的乔舒亚·雷默(Joshua Ramo)所言,"拉丁美洲国家长期形成的是易受影响的出口经济,同时自身却没有任何必要的内部政治经济变革以获得持续发展"。③ 可以说,新自由主义在全球泛滥,令广大发展中国家饱尝苦果。

改革开放初期,中国也同拉美各国一样,凭借低廉的劳动力成本吸引外

---

① 《邓小平文选》(第3卷),人民出版社1993年版,第261页。
② 《习近平谈治国理政》,外文出版社2014年版,第23页。
③ 《"北京共识"论之父:拉美国家应借鉴中国模式》,凤凰网,http://news.ifeng.com/history/special/zhongguojingyan/200909/0923_8129_1361587.shtml,2009年9月23日。

资。在对外贸易中,以出口劳动密集型产品为主,在某种程度上,同其他第三世界国家一样,仰发达国家之鼻息。一些西方学者还一度热衷于讨论,"西方国家现代化过程的逻辑是否同样适用于中国的现代化过程"。[①] 但经过40多年的改革开放,中国却向世界展现了发展中国家实现现代化的另一全新面貌。中国把现代化发展放在自己力量的基点上,根据中国自己的实际情况和自己的条件,确立适合自己的现代化目标和议程,走中国自己的现代化道路,发挥社会主义制度优越性,依靠自力更生在世界上人口规模最大的国家建设社会主义现代化。正如习近平所说的:"世界上没有放之四海而皆准的具体发展模式,也没有一成不变的发展道路。历史条件的多样性,决定了各国选择发展道路的多样性。人类历史上,没有一个民族、没有一个国家可以通过依赖外部力量、跟在他人后面亦步亦趋实现强大和振兴。那样做的结果,不是必然遭遇失败,就是必然成为他人的附庸。"[②]

(三) 对人类文明做出了新贡献

"中国应当对于人类有较大的贡献。"这是新中国成立之初,毛泽东在《纪念孙中山先生》一文中提出的名句。从中国现代化道路对人类文明的贡献这一视角出发,中国道路作为一条民族复兴的道路,在人类文明历史和现代化进程中发挥着重要的作用和意义。"中国特色社会主义现代化道路的不断开拓,本身就是对于人类文明和世界和平发展的伟大贡献。"[③]"这就使中国在与经济全球化接轨、利用全球化提供的机遇实现自身的发展的成功经验,具有重要的世界意义。"[④]

恩格斯在《共产党宣言》1883年德文版序言中深刻地指出:"每一历史时代的经济生产以及必然由此产生的社会结构,是该时代政治的和精神的历史的基础。"[⑤]在这里,恩格斯不但揭示了生产力决定生产关系、经济基础决定上

[①] Bruce J. Dickson, *Red Capitalists in China: The Party, Private Entrepreneurs, and Prospects for Political Change*, Cambridge University Press, 2003.
[②] 《习近平谈治国理政》,外文出版社2014年版,第29页。
[③] 侯惠勤:《中国特色社会主义的价值基础》,《思想政治工作研究》2009年第8期。
[④] 徐崇温:《中国特色社会主义道路的世界意义》,《中国特色社会主义研究》2009年第4期。
[⑤] 《马克思恩格斯文集》(第2卷),人民出版社2009年版,第9页。

层建筑的客观历史规律,也说明了人类文明社会的经济实力是这一社会赖以存在的基础。在这一意义上,判断一种发展模式有没有对人类文明社会做出贡献以及贡献究竟有多大,主要是看这一发展模式有没有增加人类文明社会的物质财富,有没有增加其经济实力以及究竟增加了多少。

1985年4月,邓小平在会见外宾时曾指出:"现在我们干的是中国几千年来从未干过的事。这场改革不仅影响中国,而且会影响世界。"[1]2014年,约瑟夫·斯蒂格利茨在《中国世纪》一文中写道,当人们书写2014年的历史时,一个很少被人关注但很重要的事实是:2014年是美国能够宣称自己是世界上最大的经济体的最后一年,中国正在回到她在人类历史上曾长期占有的位置。[2]现代化是世界体系的塑造者与推动力量,中国对世界现代化历史进程的贡献实际体现出"中国道路"对于世界体系的影响力和重塑力。

党的十八大报告提出要"建设优秀传统文化传承体系,弘扬中华优秀传统文化"。党的十九大报告则提出,要"推动中华优秀传统文化创造性转化、创新性发展,继承革命文化,发展社会主义先进文化"。从这一视角出发,中国特色社会主义道路解构了西方中心主义的话语体系,揭示和彰显了人类文明发展的多样性。立基于东方文化之上的中国道路真正使西方模式走下神坛,解构了西方中心主义的话语体系,丰富了人类发展的道路。中国道路所包含的富有生命力的价值观念、制度模式,对人类社会发展具有独特的宝贵价值。[3]

恩格斯在《路德维希·费尔巴哈和德国古典哲学的终结》中曾谈道:"历史同认识一样,永远不会在人类的一种完美的理想状态中最终结束;完美的社会、完美的'国家'是只有在幻想中才能存在的东西;相反,一切依次更替的历史状态都只是人类社会由低级到高级的无穷发展进程中的暂时阶段。每一个阶段都是必然的,因此,对它发生的那个时代和那些条件说来,都有它存在的理由;但是对它自己内部逐渐发展起来的新的、更高的条件来说,它就变成过时的和没有存在的理由了;它不得不让位于更高的阶段,而这个更高的阶段也

---

[1] 《邓小平文选》(第3卷),人民出版社1993年版,第118页。
[2] Joseph E. Stiglitz,"Chinese Century",*Vanity Fair*,Dec.2014.
[3] 郭万超:《"中国道路"的世界历史意义》,《光明日报》2014年7月30日。

要走向衰落和灭亡。"[1]从中国近百年来的现代化发展历程看,每一个阶段都是必然的,有它存在的理由,而一切依次更替的历史状态都只是人类社会由低级到高级的无穷发展进程中的暂时阶段,对于中国下一步"应该怎么样",它需要适应新的、更高的条件,不断向前发展。

1956年,毛泽东在《纪念孙中山先生》一文中说,到21世纪时,中国的面目更要大变,将变为一个强大的社会主义工业国。他强调,"中国应当对于人类有较大的贡献"。[2] 在全球化的背景下,今天和未来的中国特色社会主义实践不仅对中国道路本身至关重要,对于同时代的西方及发展中国家而言也是重要的。中国道路对"什么样的生活才是良善的"这一永恒之问的回答,对社会主义的最终目标的追求,将在展现东西方发展道路多样化的同时,提供一份中国式的答卷。

---

[1] 《马克思恩格斯文集》(第4卷),人民出版社2009年版,第270页。
[2] 《毛泽东著作选读》(下册),人民出版社1986年版,第755页。

后　　记

党的二十大报告系统地科学阐述了中国式现代化的基本内涵、中国特色、本质要求，以及应当坚持的重大原则等一系列主题，为我们进一步深化关于中国式现代化的研究奠定了科学的理论基础。

早在改革开放初期，邓小平便提出了"中国式的现代化"这一命题。从这个意义上说，中国的改革开放进程，就是中国式现代化道路的开创进程，当然，它与中国的革命和建设进程有着历史性的继承关系。本书的撰写主旨，就是从革命奠基、制度奠基、道路开辟和创造拓展这四个方面总体性地回顾中国式现代化的历史进程，展现中国式现代化的生成逻辑。

对于如此宏大的主题，作者有感于学识有限，只想在此领域做一些初步尝试，本书第一篇由陈兰馨撰写，第二篇由来庆立撰写，第三篇由陈祥勤撰写，第四篇由马丽雅撰写，全书由陈祥勤统稿，希望专家和学者批评指正。

最后，感谢上海社会科学院中国马克思主义研究所中外马克思主义比较研究室同仁的鼎力合作，感谢出版社编辑董汉玲老师的辛勤付出。

2023 年 9 月

图书在版编目(CIP)数据

中国式现代化道路的生成逻辑研究 / 陈祥勤等著
.— 上海：上海社会科学院出版社，2023
（马克思主义理论学位点培优培育）
ISBN 978-7-5520-4166-8

Ⅰ.①中… Ⅱ.①陈… Ⅲ.①中国特色—社会主义建设模式—研究 Ⅳ.①D616

中国国家版本馆 CIP 数据核字(2023)第 156286 号

中国式现代化道路的生成逻辑研究

著　　者：陈祥勤　马丽雅　来庆立　陈兰馨
责任编辑：董汉玲
封面设计：金　峰
出版发行：上海社会科学院出版社
　　　　　上海顺昌路 622 号　邮编 200025
　　　　　电话总机 021-63315947　销售热线 021-53063735
　　　　　http://www.sassp.cn　E-mail:sassp@sassp.cn
排　　版：南京展望文化发展有限公司
印　　刷：苏州市古得堡数码印刷有限公司
开　　本：710 毫米×1010 毫米　1/16
印　　张：14.5
字　　数：224 千
版　　次：2023 年 9 月第 1 版　2024 年 11 月第 2 次印刷

ISBN 978-7-5520-4166-8/D·700　　　　　定价：78.00 元

版权所有　翻印必究